幼儿教师职前师德教育研究

主 编 郑忠平
编 委 陈鹤松 赵一璇
　　　 宁秋萍 邱海英

北京理工大学出版社
BEIJING INSTITUTE OF TECHNOLOGY PRESS

版权专有　侵权必究

图书在版编目（CIP）数据

幼儿教师职前师德教育研究／郑忠平主编．—北京：北京理工大学出版社，2019.12
ISBN 978－7－5682－8054－9

Ⅰ．①幼…　Ⅱ．①郑…　Ⅲ．①幼教人员－师德－研究　Ⅳ．①G615

中国版本图书馆 CIP 数据核字（2020）第 013849 号

出版发行 ／ 北京理工大学出版社有限责任公司
社　　址 ／ 北京市海淀区中关村南大街 5 号
邮　　编 ／ 100081
电　　话 ／ (010) 68914775（总编室）
　　　　　　(010) 82562903（教材售后服务热线）
　　　　　　(010) 68948351（其他图书服务热线）
网　　址 ／ http：//www.bitpress.com.cn
经　　销 ／ 全国各地新华书店
印　　刷 ／ 三河市天利华印刷装订有限公司
开　　本 ／ 787 毫米 × 1092 毫米　1/16
印　　张 ／ 15　　　　　　　　　　　　　　　　　　责任编辑 ／ 刘　派
字　　数 ／ 348 千字　　　　　　　　　　　　　　　文案编辑 ／ 韩　泽
版　　次 ／ 2019 年 12 月第 1 版　2019 年 12 月第 1 次印刷　责任校对 ／ 周瑞红
定　　价 ／ 85.00 元　　　　　　　　　　　　　　　责任印制 ／ 施胜娟

图书出现印装质量问题，请拨打售后服务热线，本社负责调换

前　言

"弘我教化，昌我民智"，是历史赋予幼儿教师的伟大使命；"学高为师，身正为范"是幼儿教师的人生圭臬。

我国历来重视师德。战国时期就提出："师也者，教之以事而喻诸德者也。保也者，慎其身以辅翼之而归诸道者也"（《礼记·文王世子》）。即是说，要用具体事例教导和以此说明各种德行的人，要以自己谨慎的言行来辅佐世子使归于正道的人。从孔子到孙中山都提倡师者修德，追求"师范端严，学明德尊"的境界。党的十八大报告明确指出："加强教师队伍建设，提高教师的师德和业务能力。"党的十九大报告强调"加强师德师风建设，培养高素质教师队伍，倡导全社会尊师重道。"2014 年教师节前夕，习近平总书记在与北京师范大学师生座谈时，号召全国教师做有理想信念、有道德情操、有扎实学识、有仁爱之心的"四有"好老师。其中，有道德情操是成为好老师的前提，也是对好老师的道德要求。幼儿教育师德为先，最根本的使命是立德树人，对幼儿教师职业的第一要求即"德高为师，身正为范"。这也是国家对幼儿教师师德的高要求和高标准。

幼儿教育作为国民教育的重要组成部分，是终身教育的开端。幼儿教育对于一个国家的意义不言而喻，直接影响着国家一代又一代人。幼儿教育主要是幼儿教师在幼儿园或其他专门开设的幼儿教育机构对稚嫩弱小的幼儿的教育。幼儿教师的职业道德和水平将直接关系到幼儿身心健康的和谐发展。创办世界上第一所幼儿园的德国教育家福禄贝尔就曾形象地把幼儿园比喻成花园，把幼儿比喻成花草树木，把幼儿教师比喻成园丁，幼儿的发展就如同培植花草树木的过程。幼儿教师作为儿童启蒙教育的教师，其职业道德素养的高低将直接影响到下一代人的成长和发展。可见作为幼儿教师，其师德自然不能仅仅局限于一般的教师师德，而应结合自身特点表现出独特性。正如习近平总书记所强调："教师职业的特殊性决定了教师必须是道德高尚的人群。一个人遇到好老师是人生的幸运，一个学校拥有好老师是学校的光荣，一个民族源源不断涌现出一批又一批好老师则是民族的希望。'师者，人之模范也。'合格的老师首先要是道德上的合格者，好老师首先应该是以德施教、以德立身的楷模。"

《国务院关于当前发展学前教育的若干意见》（国发〔2010〕41 号）强调："加快建设一支师德高尚、热爱儿童、业务精良、结构合理的幼儿教师队伍。"然而，近年来一些师源性虐童事件频发，引发了公众对幼儿教师师德的关注和质疑。这一系列事件严重损害了教师自古以来"尊师重道"的神圣职业声誉，教师的"为人师表"形象受到严重地毁坏，并由此引发人们深思其背后的原因。幼儿教师自身修养、知识技能对幼儿的教育培养起着重要作用。幼儿师范院校培养的幼儿师范生是未来的幼儿教师，掌握扎实的专业知识、高超的教育技能和具备良好的师德素养，是当代幼儿教师必须具备的基本职业操守。但受当前社会上一些不良价值观影响，幼儿园某些幼儿教师出现形形色色、或大或小的师德问题，少数幼儿教师厌岗怠业，言行失范，体罚或变相体罚幼儿等，让社会越来越感到幼儿教师师德水平参差不齐。教育部2018年11月印发了《新时代幼儿园教师职业行为十项准则》，更彰显了当前社会对幼儿教师师德现状的担忧。

幼儿师范生的师德教育已成为社会关注的焦点问题，幼儿师范院校也开始重视这一问题，力争从源头上杜绝这种现象的发生。然而，目前我国多数幼儿师范院校的师德教育还是存在一些问题。一是忽视幼儿教师的职前师德教育。主要就是缺乏完善的师德教育课程体系，师德教育教学内容与时代发展失衡，师德教育途径形式单一，只注重知识的传授，不注重结合幼儿师范生思想品质形成与发展规律，缺乏"晓之以理，动之以情，炼之以志，树之以信，导之以行"。二是幼儿师范生师德教育的内容与方法单一。对幼儿师范生的职前师德教育，重"灌输说教"轻"体验实践"，重"制度强制"轻"自我修养"，大多是对师德知识和规范的灌输和说教，缺乏师德实践情境的构建，忽略了学生自身的主体性。师德教育专注于理想化师德品质的宣传和教师个人道德品质的培育，对教育教学过程中实际遇到的伦理困境的解决，以及教师伦理思维方式的提升重视不够。三是师德教育的专业化程度不高。师德教育是一个完整的学科体系，涉及师德认知、师德情感、师德意志、师德行为，以及职业幸福、职业公正、职业义务论、教师良心论、职业荣誉等方面。但目前的职前师德教育，部分还停留在将师德简单理解为思想政治道德或者思想道德；部分将师德一味地拔高，将其放在一个无人触及的高度，实际上是将师德虚置，削弱其效果，难以发挥其作为一种规范的作用。此外，我国目前尚未制定统一的幼儿教师师德规范，也是导致幼儿教师专业性程度不高的重要原因。

日趋激烈综合国力竞争要求教育和培养更多高素质的新型人才，以适应日新月异的发展。培养高素质的人才关键是教师的素质，而教师的师德可以看作是灵魂之所在。因为师德直接关系到教育对象的教育目标的实现。教师发展，师德是关键。正如习近平总书记所说："国无德不兴，人无德不立，育人的根本在于立德。"为此，我们要大力加强幼儿师范生的师德教育，落实教育部《关于实施卓越教师培养计划2.0的意见》中全面开展师德养成教育的要求："将学习贯彻习近平总书记对教师的殷切希望和要求作为师范生师德教育的首要任务和重点内容，将'四有'好老师标准、四个'引路人'、四个'相统一'和'四个服务'等要求细化落实到教师培养全过程。"特别是"要在加强品德修养上下功夫，教育引导学生培育和践行社会主义核心价值观，踏踏实实修好品德，成为有大爱大德大情怀的人。""要把立德树人的成效作为检验学校一切工作的根本标准，真正做到以文化人、以德育人，不断提高学生思想水平、政治觉悟、道德品质、文化素养，做到明大德、守公德、严私德。"给学生心灵埋下真善美的种子，引导学生扣好人生第一粒扣子，以助于幼儿师范生树立良好的师德，提高其师德境界，使其忠诚于幼儿教育事业，在今后的保育教育工作中发挥示范表率作用，促进其职业发展，并时刻彰显自身的师德魅力。因此，幼儿师范院校的师德教育是不可或缺的重要内容，具有重要的理论价值与现实意义。

目前，国内已经有较多学者对教师师德进行了深入的研究，但是大多研究的是高校教师师德建设和中小学教师的师德状况，属于对在职教师的师德教育，其中绝大多数都是偏重教育和灌输的论述。尽管也有一些关于幼儿教师职业道德的教材或著作，但关于幼儿教师的师德教育，特别是对幼儿师范生进行师德教育的研究及成果实属稀缺，而且目前全社会对幼儿师范生师德教育的重视力度不够，实效性仍偏低。故探究如何提升幼儿师范生师德教育并形成成果，非常重要且必要，这不仅对幼儿师范生良好师德品质的形成、未来幼儿教师师德水平的提高有着积极的作用，而且对新时期幼儿师范院校和幼儿园教师师德建设的实效性也有参考和借鉴价值。

由于编者学识及时间有限，疏漏之处在所难免，恳请诸位专家学者和广大读者不吝赐教。

编　者

2018 年 8 月

目录
Contents

·第一篇· 本质探寻：幼儿教师师德的内涵

第一章 幼儿教师师德概述 ·· 2
 第一节 幼儿教师师德 ··· 2
 第二节 幼儿教师师德的内涵 ·· 11
 第三节 幼儿教师师德的功能和价值 ·· 26

第二章 幼儿教师师德范畴 ··· 30
 第一节 幼儿教师职业理想 ·· 30
 第二节 幼儿教师职业义务 ·· 34
 第三节 幼儿教师职业良心 ·· 38
 第四节 幼儿教师职业公正 ·· 42
 第五节 幼儿教师职业荣誉 ·· 45
 第六节 幼儿教师职业幸福 ·· 48

第三章 幼儿教师师德规范 ··· 53
 第一节 师德规范的概念、本质、域限 ·· 53
 第二节 爱国守法：幼儿教师师德的前提 ··· 55
 第三节 幼儿为本：幼儿教师师德的核心 ··· 60
 第四节 敬业公平：幼儿教师师德的基石 ··· 66
 第五节 保教并育：幼儿教师师德的职责 ··· 70
 第六节 为人师表：幼儿教师师德的结晶 ··· 73
 第七节 终身学习：幼儿教师师德的保障 ··· 76

·第二篇· 现实认知：幼儿师范生师德教育的现实

第四章 幼儿师范生师德教育的方法与模式 ··· 84
 第一节 幼儿师范生发展特征对师德教育的影响 ·· 84
 第二节 幼儿师范生师德教育的常用方式与途径 ·· 88

第三节　幼儿师范生师德教育的基本教育模式 ……………………… 93

第五章　幼儿师范生师德教育的现状与原因 ………………………… 98
第一节　幼儿师范生的师德教育与专业成长 ……………………… 98
第二节　幼儿师范生师德教育现状的调查呈现 …………………… 106
第三节　幼儿师范生师德教育现状及成因分析 …………………… 121

·第三篇·　途径探索：幼儿教师职前师德的教育

第六章　幼儿教师师德形成发展的基本规律及师德教育任务 ……… 132
第一节　幼儿教师师德形成发展的基本规律 ……………………… 132
第二节　幼儿教师职前师德教育的任务 …………………………… 134

第七章　幼儿教师职前师德教育路径 …………………………………… 143
第一节　国外师德教育的经验借鉴 ………………………………… 143
第二节　增强幼儿师范生的职业认同 ……………………………… 151
第三节　加强幼儿师范生的德性养成 ……………………………… 157
第四节　优化师德教育的课程与教学模式 ………………………… 159
第五节　加强师德教育师资队伍建设，促进幼儿师范生师德自律 … 166
第六节　健全幼儿教师职前师德教育的考核标准 ………………… 171

·附　录·

附录一　教育部关于进一步加强和改进师德建设的意见 …………… 180
附录二　《幼儿园教师专业标准（试行）》 …………………………… 184
附录三　《幼儿园教育指导纲要（试行）》 …………………………… 188
附录四　《3～6岁儿童学习与发展指南》 …………………………… 196
附录五　《新时代幼儿园教师职业行为十项准则》 ………………… 221

参考文献 …………………………………………………………………… 223

第一篇
本质探寻：幼儿教师师德的内涵

第一章　幼儿教师师德概述

道德是维系人们生活和谐的纽带，社会的发展和人类文明的进步都离不开人们对道德的认同和具体的道德行为。幼儿教师是幼儿教育工作的主要实施者，他们对幼儿的发展与成长影响巨大，在幼儿的身心发展中扮演着重要的角色。幼儿教师的道德水平直接影响着幼儿的茁壮成长与健康发展，决定着幼儿教师的专业发展水平和幼儿园的保教质量。

第一节　幼儿教师师德

一、道德与道德规范

（一）道德概念

1. 道德概念

在西方古代文化中，"道德"（morality）一词起源于拉丁语的"mores"，意为礼节、风俗和习惯，也有规范规则、行为品质和善恶评价等含义。古希腊伟大哲学家苏格拉底提出"美德即知识"，他认为道德即为知识，而知识、智慧是教育的结果。马克思主义认为，道德本质上是一种社会意识形态，属于社会的上层建筑，由社会存在决定的。道德就是在一定的经济基础上产生的一种社会意识形态和上层建筑，依靠内心信念和社会舆论、风俗习惯等方式来调整人与人、人与社会以及人与自然之间相互关系的行为规范总和。在我国，"道"是一切行为应遵守的最基本的行为准则，"德"是对生活中"善"的现象的总称。因此，"道德"就成了人们生活中善行的概括。

在我国文化典籍中，"道德"含义广泛。从词源上说，"道"与"德"分开使用。"道"一字，最早见于《诗经》："周道如砥，其值如矢。"这里的"道"，即道路之意。"德"一字的历史起源已难考定，但据考古发现，西周大盂鼎铭文内已铸有"德"字。《周书》《诗经》《尚书》已经使用"德"字，多指德行、品德之义。据《释名·释言语》解释："德，得也，得事宜也。"又据《说文解字》解释："德，外得于人，内得于己也。"指处理好人与社会的关系，对人对己都有好处。春秋时期的思想家老子所著《道德经》一书，分为《道经》和《德经》。老子曰："道生之，德畜之，物形之，势成之。是以万物莫不尊道而贵德。道之尊，德之贵，夫莫之命而常自然。"其中，"道"意指天地的本原、规律；"德"则通"得"，指基于道而有的天地万物的本性，化育有得，也指德行、品德。但是，在当时"道"

和"德"是两个概念,并无道德一词。最早把"道德"二字连用的是战国末期的荀子《劝学篇》中:"故学至乎礼而止矣,夫是之谓道德之极。"意思是一切都按礼而行,就达到了道德的最高境界。荀子之后,道德的概念在广泛流传中,其内涵不断得到丰富和扩充。

一般来说,我们认为道德是指一定社会调整人们之间以及个人和社会之间关系的行为规范的总和,它是指衡量行为是否正当的观念标准。不同的对错标准是在特定生产能力、生产关系和生活形态下自然形成的。道德包括伦理思想和在伦理思想指导下人的道德践履以及道德意识、道德情感、道德意志、道德品质等。道德能比较直接地反映人类在社会生活中的相互关系,并使这些关系更全面、更细致地体现在人们的行为中。而人类的社会生活大体上可以划分为社会公共生活、职业劳动生活和婚姻家庭生活三个领域,因此,道德也就相应表现为社会公德、职业道德和家庭美德三个方面。从另一角度来说,由于一个社会一般有社会公认的道德规范,所以我们也可以将只涉及个人、个人之间、家庭等的私人关系的道德称为私德,涉及社会公共部分的道德称为社会公德。

道德是一种由人们在实际生活中根据人们的需求而逐步形成的一种具有普遍约束力的行为规范,它具有良好的群众基础,往往流传较为广泛,形成共识。但我们必须把道德与法律相分别:尽管二者都是行为规范,但法律具有国家强制力性质,而道德是一种心灵的契约;道德靠人们自觉遵守,靠舆论来实现道德的力量,约束力比法律弱很多;二者的形成不同,道德是人们约定俗成,法律则是由国家制定的;二者所代表的利益也不一样,法律一般是当权者管理的有力工具,而道德是群众在生活中的利益体现,有一定差距。

2. 道德内涵

(1) 道德的核心内容是人与人之间、人与社会之间的关系。

道德关注的核心是如何正确处理人与人之间、人与社会之间的关系。道德以规范、规则的形式表达社会的外在客观要求,内化为个人信仰、观念、品行,对个人的思想行为加以规范和约束,以维持社会运转和个人生存,促进个人和社会共生互利。

(2) 道德的调节手段是社会舆论、传统习惯和内心信念。

与法律手段相比,道德是一种弹性调节手段,具有不确定性和灵活性。当社会舆论、传统习惯与内心信念相抵触时,内心信念往往会起决定性作用。

(3) 道德的评价标准是善与恶。

凡是有利于社会发展进步的,我们视之为"善";凡是阻碍社会发展进步的,我们视之为"恶"。善恶标准具有相对性和历史性,在阶级社会里还具有阶级性。

(4) 道德既是一种社会规范,也是一种个体观念、品质、修养和境界。

作为调节个人与社会关系的社会规范的总和,道德是复杂的、具体的、多元的,但是每个社会阶段都会形成那个时代的核心价值规范体系。道德在个体身上则往往表现为道德观念、道德品质、道德修养和道德行为。

(二) 道德规范

道德规范是对人们的道德行为和道德关系的普遍规律的反映和概括,是社会规范的一种形式,是从一定社会或阶级利益出发,用以调整人与人之间的利益关系的行为准则,也是判断、评价人们行为善恶的标准。在人们社会生活的实践中逐步形成的,是社会发展的客观要求和人们的主观认识相统一的产物。

道德规范是道德意识现象的内容之一，是人们的道德行为和道德关系普遍规律的反映，是一定社会或阶级对人们行为的基本要求的概括，是人们的社会关系在道德生活中的体现。它源于人们的道德生活和社会实践，又高于人们的道德生活和社会实践，是社会为了调整人们之间以及个人与社会之间的关系，要求人们所遵循的行为准则。历史上不同时代、不同阶级的道德规范，都是从相应的时代要求和阶级利益出发，经过概括而形成的，并用以指导人们的道德生活和道德行为。

道德规范是指判断善与恶、正当与不正当、正义与非正义、荣与辱、诚实与虚伪、权利与义务等道德准则。人们能够按照道德规范的要求行为，就是善行；违反道德规范的行为，就是恶行。

道德规范是由一定的社会物质条件和社会关系所决定的，同时又是一定社会或一定阶级的人们自觉行为的产物。道德规范随着社会的发展而不断发展，具有历史性和继承性。在阶级社会和有阶级存在的社会，道德规范的形成、发展及其在实践中的贯彻，同现实社会的阶级关系和阶级斗争有密切的关系。

不同社会、不同阶级有不同的道德规范。马克思认为，人们的行为，凡是有利于社会进步和社会发展的，就是合乎道德的，反之就是不道德的。肯定道德规范的历史性和阶级性，并不否认道德本身的继承性。任何先进阶级的道德规范总是要继承和发展先前社会中的有积极和进步作用的道德规范。

（三）道德与道德规范的特性分析

1. 道德的抽象性与道德规范的具体性

道德的本质是抽象的，在对其本质的把握上依然要依靠其他概念的补充。但其他概念的补充并不能完全表征道德的本质，只能说明道德的内容。道德的本质是每个个体在与人交往中言行举止所表现的思想品质。但个体何种言行举止是道德的，则需要道德内容的说明与规定。因此，必须从本质和内容两个方面来回答"道德是什么"。而目前普遍将道德解释为"……的规范和准则的总和"，尽管是对道德抽象性的具体说明，但毕竟缺失了有关道德本质的表征。可以看出，道德是需要"……的规范和准则"的具体内容来丰富的，而道德规范是说明和丰富道德内容的最为重要的元素之一。

2. 道德的目的性与道德规范的工具性

"人性的本质在于对生命意义的精神性企求，所以，道德的本质或本质功能也只是对人的生活意义的求索和生存质量的提升。"[①] 道德是人之所以为人的本质性和目的性需求。人所不断求索和提升的道德在不同文化背景下有不同的内容，如在中国文化中，最高的道德偶像是"圣贤之人""至善之人"；而在西方文化中，强调以"真美"为善，追求真理的人被誉为有德之人，但是，任何一种文化背景下道德的指向都是绝对完美的并吸引人类不断地向其靠拢。由此可见，道德是指标、方向和目的，而达成某种目标需要某些可实际操作的手段和工具，与道德相联系的规范就是迈向理想道德的手段和工具，是可操

---

① 檀传宝. 信仰教育与道德教育 [M]. 北京：教育科学出版社，1999：16.

作的手段与工具。有关道德的规范就是要帮助道德主体具备道德品质，体验一种道德生活的工具和手段。

3. 道德的层次性与道德规范的层次性

"至善""至美"的理想道德是每个人都向往却又永远无法达到的，但并不能因此就武断地认为每个人都是不道德的。这主要的原因就在于道德具有层次性：是否具备最高层次的道德并不是判断一个人是否道德的必要条件，而底线道德的缺失才是判断一个人不道德的充要条件。事实上，理想道德与底线道德是道德发展中的两极，一般来说，具有理想道德的人寥寥无几，底线道德的触犯者与其拥有者相比同样也是屈指可数。理想道德的主要表现是许多完美的道德理念，其主要通过宣传、教育和引导等形式发挥作用。底线道德的主要表现是各种法律规定、条文，其作用通过禁止、惩罚等约束力量实现。与理想道德和底线道德相比，我们多数人的道德实践都需要一般的道德品质来参与。也就是说，一般道德是我们道德实践的主要内容。因此，道德的层次性决定了作为其手段的规范也具有不同的层次：道德理想、道德原则和道德规则。道德理想主要发挥激励作用，道德原则发挥引导作用，而道德规则主要发挥约束作用。

4. 道德的自律性与道德规范的他律性

道德是人之所以为人的最高目的，人之所以具有人格、尊严，都在于人有道德。与此同时，道德的实现不仅基于人有天生向善的可能，更依靠人的自觉、自律以及自省。所以，道德无论从其本质或实现途径来说，都具有明显的自律性。因而，离开了道德主体的自律，一切旨在追求一种道德生活的努力都是徒劳。人的道德发展一般要经历无律、他律和自律三个阶段性。只有当人在理性的帮助下接受道德规范，发展到具有"义务心""责任感"和"善良意志"之后才能成为一个有道德的人。因此，旨在追求一种道德生活的规范，主要发挥他律作用。道德代替不了道德规范的他律作用，而道德规范同样也无法复制道德的自律意志。

二、职业道德

（一）职业道德概念

职业道德是指人们一定的职业活动中所形成和应当遵循的道德准则和道德规范，以及应当具备的道德观念、道德情感和道德品质。

职业道德是社会道德的重要组成部分，是调整职业内部、职业之间、职业与社会之间的各种关系的行为准则。职业道德不仅指一种行为要求，而且还包括本行业对社会所承担的道德责任和道德义务，维护的是社会秩序或职业秩序。通过从业人员的职业观念、职业态度、职业技能、职业纪律和职业作风以及它们的社会效果表现出来。不同的职业人员在特定的职业活动中形成了特殊的职业关系，为了协调工作，需要一种适应职业特点的同时能调节职业关系的手段。不同的职业有不同的职业道德，如恩格斯所说："实际上，每一个阶级，甚至每一个行业，都有各自的道德。"人们现在生活在一个普遍职业化分工的时代，职业群体从各方面主导着现实生活，职业道德也成为全社会的主导道德。职业道德的优劣直接关系到人们的切身利益，关系到整个社会道德风尚的好坏和道德水平的高低。

职业道德不是从来就有的，它与人们的职业实践活动密切相关。随着社会生产的发展和社会分工的出现，人们在社会生活中从事不同的职业。而从事某种特定职业的人们有着共同的劳动方式，由于经受共同的职业训练，往往具有共同的职业兴趣、爱好、习惯和心理传统，结成某些特殊关系，形成特殊的职业责任和职业纪律，从而产生特殊的行为规范和道德要求，这就是职业道德。

（二）职业道德的特性分析

1. 特定性和有限性

职业道德作为一定职业范围内的道德，它同特定的职业实践相联系，它的各种规范和习俗是由本职业的具体权利、义务和职业内容决定的，不具有全社会的普遍适用性。根据职业的特点，职业道德只能对从事特定职业的人起调节作用，而对于从事其他职业的人就不一定适用。这就是说，职业道德的调节作用，主要是针对从事同一职业人员的内部关系及本行业从业人员同其服务对象之间的关系，而对于不属于本职业的人或本职业的人员在该职业之外的行为活动，往往起不到调节和约束作用。

2. 灵活性和多样性

职业道德与具体的职业相联系，职业道德是依据本职业的业务内容、活动条件、交往范围以及从业人员的承受能力而制定的行为规范和道德准则，而职业具有多样性，每种职业都有着具体、明确、细致的道德要求。这些要求既有较正式的制度、章程、守则和公约等，也有一些不成文的行规、风俗和习惯，甚至还有一些非正式的标语、口号、誓词等。也就是说，每种职业道德又必须具有具体、灵活、多样、明确的特点，以便从业人员理解、记忆、接受、掌握和执行，并在严格规范职业行为的同时养成良好的职业习惯。

3. 实践性和规范性

职业活动都是具体的实践活动，一个从业者的职业道德认知、情感、意志、信念、觉悟、良心、行为规范等，都必须通过职业的实践活动，在自己的行为中表现出来，并且接受行业职业道德的评价和自我评价。因此，根据职业实践经验概括出来的职业道德规范，具有较强的针对性和实践性。而职业道德作为一种行为规范，为从业人员的职业行为提供着"应该怎样去做，不应该怎样去做"的标准，对从业人员的职业行为具有重要的引导作用。能使人们在职业活动中自觉规范自己的言行，也是从业人员在职业活动中对各种关系和矛盾加以调节和引导的重要依据，还是人们评价一个从业人员职业行为的标准，能促使从业人员职业道德修养及道德水平的不断提高。

4. 稳定性和继承性

职业道德具有较强的相对稳定性和历史继承性的特点。职业道德的内容往往表现为某一职业所特有的道德传统和道德准则。一般来说，职业道德它所反映的是本职业的特殊利益和要求，而这些要求是在长期反复的特定的职业实践和职业生活方式中形成。在历经朝代的更替、社会的发展变化过程中，各行各业职业道德的内容都会作为传统，在本职业中世代相传，从而使职业道德的内容不断丰富、发展、优化和深化，但它的总方向和一些基本内容却较少发生变化，在这个基础上长期积累逐渐形成的相对稳定的职业心理、道德传统、道德观念以及道德规范、道德品质，则成为职业道德相对的稳定性和继承性。

三、教师师德

教师是履行教育教学职责的专业人员,他们承担着教书育人,培养社会主义事业合格建设者和可靠接班人,提高民族素质的使命。教师这一身份决定了他们在教育活动中,既要传播人类文化知识和技能,又要注重学生的思想道德、体质、审美情趣等方面的发展,这必将对教师的师德提出较高的要求。

(一) 教师师德的含义

教师师德,是指教师在从事教育教学活动过程中形成的,用以调节教师与他人、教师与集体、教师与社会等相互关系时所必须遵守的基本道德规范和行为准则,以及在此基础上所表现出来的道德观念、情操和品质。

教师师德包括意识和行为两大部分。教师师德意识引导着教师的道德行为,它是道德行为内在的规范,教师师德行为则反映出教师道德意识的程度。为了更好地适应当今教育的需要,只有将道德意识与行为统一起来,才能达到较高的道德意识水平。因而,教师师德是教师对自己所从事职业的道德规范的认识和实践所达到的自觉程度,也是教师在这一特殊职业工作中形成和发展起来的品德。可以理解为,现代意义上的师德涵盖个人道德品质和作为专业人员的道德两方面的内容,并且这两方面内容相互融合、相互渗透。师德包括教师个人的道德品质、思想情感、信仰、信念、对待职业的态度等这些精神方面的要素。

教师师德从道义上规定了教师在教育教学活动中以什么样的思想、感情、态度和作风去待人接物、处理问题、做好工作,为社会尽职尽责。它是教师行业的特殊道德要求,是调整教师与教师、教师与学生、教师与学校领导、教师与学生家长以及教师与社会其他方面关系的行为准则,是一般社会道德在教师职业中的特殊体现。一位教师能否成为让人民满意的教师,能否成为让学生尊敬和信赖的人,能否将自己毕生的精力献给培养人才的教育事业,都与他的职业道德水平有着密切的关系。

(二) 教师师德的特征分析

1. 鲜明的继承性

教师师德是从教师的职业劳动和教育的实践活动中概括出来的,是教师在长期的教书育人中不断总结提炼出来的,是世世代代的教师处理与学生、同行、上级、学生家长等关系的经验和结晶。在不同的时代、不同的社会形态中都是存在的并且能够沿用的。

2. 强烈的责任感

教师的根本任务是教书育人,为学生的全面发展打下良好的基础,为社会的繁荣进步培养合格的人才。教师师德具有强烈的责任感,是教师自觉、积极职业态度形成的基础,是教师教育、教学和自身发展的重要精神动力。教育人、培养人是一个长期的过程,一种良好行为习惯的养成与一种缺点的克服等都需要教师付出长期、大量的复杂性劳动,这种在时间、空间上的全面投入,都需要教师以高度的责任心和使命感,用持之以恒的精神与坚韧不拔的毅力去对待自己所从事的崇高事业。

3. 独特的示范性

教师职业是一种道德服务，教师本身的人格、道德修养就是一种教育力量，教师的言行举止和思想道德观念，对学生、对社会都有示范作用，学生必然耳濡目染。教育家苏霍姆林斯基曾经这样告诉教师："你不仅仅是活的知识库，不仅仅是一名专家，善于把理智财富传授给年青一代，并在他们心灵中点燃求知欲望和热爱知识的火花，你是创造未来人的雕塑家，是不同于他人的特殊雕塑家，教育创造真正的人，就是你的职业。"教师师德具有教育人、感化人的作用。无论是教师个人的道德品质，还是教师的集体风貌，都具有独特的示范性。要做未来人的雕塑家，就要求教师不仅要用渊博的学识教育人，还要用高尚的人格感染人，努力使自己成为学生直接模仿的典型，对学生的学习和成长起到示范作用，成为学生做人的引路者。

4. 广泛的社会性

教师师德作为一种社会意识，是一定社会道德关系的体现，它的最显著的特点是社会性，它必然要反映一定历史条件下的某种社会关系和社会价值观。社会主义核心价值观作为一种精神航标，对于建设和谐社会具有重大的引领和指导作用。师德是社会主义核心价值观在教育活动中的具体体现，社会主义核心价值观对师德具有引领和指导作用。教师积极践行社会主义核心价值观，一方面可以用自己坚定的理想信念、高尚的职业道德为学生和社会的发展树立崇高的道德标杆，推动社会良好道德风尚的形成；另一方面，作为人类灵魂工程师，教师的修身立德、为人师表，教师崇高的师德不仅能抵制社会的不正之风，还能用自己的言行去感染和影响社会，促进和谐社会的发展。

5. 影响的深远性

如果一位教师拥有崇高的职业道德理想，散发着令人尊敬的人格魅力，那么他将成为强有力的教育力量和榜样，对学生的成长将产生深远的影响，甚至影响到他们对人生道路的选择。就影响广度而言，教师道德不仅影响在校学生，还会通过学生影响到学生的家庭，并通过家庭延伸到周围社区甚至整个社会。从影响深度而言，教师道德在教育过程中不仅作用于学生的感官，还深入到学生的心灵，影响并塑造学生的品质；不仅影响学生在校时期的成长，还会影响他的一生，进而影响到整个社会的发展。尤其是对学生而言，这种影响会延伸到他学习、生活的方方面面，因为一个人的思想观念一旦受到影响，那么他随之产生的行为也会发生变化。

6. 高度的自觉性

教师是以个体的脑力劳动作为主要的劳动方式，这一劳动方式具有独立性、灵活性和自主性的特点。教师的许多工作，诸如教师精心备课、认真批改作业、平等友爱地尊重并教育学生，真诚有效地与家长沟通等，都是处于无人监督的情况下，需要教师自觉地完成。此外，教师对学生的教育和影响并不仅仅局限在课堂和学校，在任何时间、任何地点，教师都会自觉或不自觉地对学生产生影响。这种劳动时间和劳动空间的灵活性，要求教师在遵守职业道德方面具有高度的自觉性。正如叶澜教授在《教师角色与教师发展新探》中所提出的："教育是一个使教育者和受教育者都变得更完善的职业，而且，只有当教育者自觉地完善自己时，才能更有利于学生的完善与发展。"因此，师德的高度自觉性对学生成长的影响至关重要。

（三）教师师德的作用

1. 教育作用

通过教师师德的学习，可以让教师正确认识教师劳动的意义和价值，培养教师的道德信念，形成教师的职业风范，塑造理想的教师人格，从而提高教师的精神境界和师德水平，强化教师的事业心、责任感和自豪感。

2. 调节作用

调节作用是教师师德最基本、最重要的作用。教师在工作过程中需要调节多方面的关系，如教师与学生的关系、教师与教师的关系、教师与社会的关系等。协调这些关系单靠行政指令难以奏效，这就需要一种来自教师的更灵活有效的调节体系——教师师德。

3. 导向作用

教师师德的导向作用体现在教师师德的内容为教师的职业行为和师德修养指明了行动的方向。在教育活动中，教师居于主导地位，对学生的品德形成和成长具有重要的指导作用。教师师德的导向作用集中体现在教师师德的原则、规范和要求之中。教师师德的原则、规范和要求，本质上就是教师职业的"行为准则"，它给教师指出了正确的行动方向，是教师在工作生活中的行动指南。

4. 促进作用

教师师德对教育教学工作有直接的促进作用，教师师德主要是针对教育教学工作而言。严格遵循教师师德的规范和要求，有利于教师在职业活动中选择正确的道德行为，避免走弯路，从而保证教育教学工作的顺利进行。同时，教师师德不仅是对教师行为的约束，更是教师不断提升自我的行为标杆。

5. 评价作用

教师师德是社会为培养与之相适应的人而对教师工作提出的道德要求。教师师德既是规范教师工作行为的准则，也是社会、学校和自己对教师工作进行评价的依据。以教师师德为评价尺度，衡量教师行为是否符合社会的要求、是否符合职业规律、是否与职业道德要求相一致，从而分析原因，找出不足，促使教师工作进一步改善。

6. 示范作用

教师师德内化到教师思想中就会规范其言行举止，这使教师师德以人格化、形象化的方式对学生起到示范教育的作用，同时对整个社会的文明起到示范作用。教师要做好教育工作，必然要与社会打交道，实现社会教育、家庭教育与学校教育的统一。当教师严格遵循教师师德，以高尚的道德面貌出现在社会活动中时，他们的道德风貌、人格形象便会对社会各方面产生积极影响，这些都体现了教师师德对社会文明的示范作用。

四、幼儿教师师德

幼儿教育是教育系统的最初教育阶段，幼儿教师职业是一种关注心灵和生命成长的职业，是一种以育人为中心的职业，是建立在人格发展基础上，传承社会文明的职业。幼儿教师师德是幼儿教师职业素质的根本和核心，决定着幼儿教师职业活动的过程、目标和结果。

(一) 幼儿教师师德的概念

幼儿教师师德是指幼儿教师在从事教育保育过程中形成的，用以调节幼儿教师与他人、集体、社会等相互关系时所必须遵守的基本道德准则和行为规范，以及在此基础上所表现出来的道德观念、道德情操和道德品质。该定义一方面揭示了幼儿教师师德的独特性，说明它是幼儿教师这一职业所特有的，是与幼儿教师这一职业密切联系的专门性道德；另一方面，它揭示了幼儿教师师德的基本内涵，说明它不只是幼儿教师在职业生活中所要遵守的行为规范和道德准则，还包括从规范和准则中得而形成的观念、意识和行为品质。

(二) 幼儿教师师德的特点分析

1. 幼儿教师师德标准具有较高的严格性

由于幼儿教师的任务主要是对幼儿的人格加以影响和培养，帮助他们塑造高尚的灵魂，而不是简单地从外部去"雕琢"，这就对幼儿教师师德提出了高标准、全方位的要求。幼儿教师师德标准的严格性具体体现在社会对教师师德要求的高层次性，体现在对教师师德要求的全面性。

2. 幼儿教师师德意识具有强烈的自觉性

前面已论述教师师德具有高度的自觉性，基于幼儿教师责任的重大及其劳动的特殊性，因此，幼儿教师师德对幼儿教师自觉性的要求就提高了。幼儿教师个人基于信仰和理念，往往对自身也有较高的要求。由于教师的劳动性和自由性，在某种意义上，教师的劳动就表现为"良心活"的特点。

3. 幼儿教师师德行为具有独特的示范性

这一特征是由教师劳动手段的示范性和幼儿的向师性、模仿性决定的。幼儿教师师德特别强调行为的示范性。它不仅是教师自身行为的规范和准则，而且是教育培养学生的重要手段和方式，发挥着"以身立教"的突出作用。教师宛如一本"立体教科书"，以自身行为的独特示范完成教师职责。

4. 幼儿教师师德影响具有潜在的深远性

幼儿教师师德的影响深入到幼儿的心灵，不仅影响到幼儿的今天，而且影响到幼儿的未来，甚至影响其一辈子。这种影响具有潜在性，它所产生的效果不一定立竿见影，往往具有迟效性和后显性。幼儿教师师德的影响还具有广泛性，它不仅作用于每一个幼儿，而且会通过幼儿影响到家庭和社会。

5. 幼儿教师师德内容具有鲜明的时代性

幼儿教师师德有自己的发展历史和独特内容，体现着人类的智慧和文明。中国传统教师道德具有自己的特点，如强调个体道德服从整体道德，在此基础上对教师提出综合的道德要求，倡导以积极入世为道德追求，重在启发内心自觉。而当今幼儿教师师德的内容继承了优良的文化传统和优秀的师德遗产，如以身作则、诲人不倦、循循善诱、因材施教、为师重德等，涉及教师责任、教师职业良心等范畴。这就要求幼儿教师师德在内容上应与时俱进，应不断反映时代的要求。

(三)幼儿教师师德的本质

1. 幼儿教师师德是幼儿教师从事教育教学活动必须遵守的职业伦理

幼儿教师是人类灵魂的工程师,是幼儿成长的引路人。幼儿教师的思想政治素质和职业道德水平直接关系到幼儿的健康成长,影响着国家的前途命运和民族的未来。因而,幼儿教师在教育教学活动中要自觉遵守职业伦理,必须严格要求自己,培养高尚的职业道德。

2. 幼儿教师师德体现为特定的道德规范体系

幼儿教师师德主要是要求幼儿教师树立正确的教育观,具有热爱教育的事业心和全心全意培育幼儿的道德责任感以及良好的道德品质。教师职业是光荣的、高尚的。百年大计,教育为本,而要办好教育,关键在于教师,教师肩负着为社会培养千万合格人才的重任。幼儿阶段是一个人成才的最初教育阶段,这个阶段形成的道德品质往往能够影响人的一生,而在这个阶段对幼儿影响较大的主要是幼儿教师。因此,在实践中,幼儿教师师德就体现为一系列的道德规范体系,引导着幼儿教师的职业工作。

3. 幼儿教师师德是从教育活动的特殊利益关系中引申出来的

幼儿教师师德是教育劳动过程中人与人之间关系的反映,是通过教育劳动表现出来的。教育劳动的社会职能主要是培养教育出具有良好品德、掌握一定科学文化知识、体魄健全的人才,并使这些人才能够为社会发展服务。教育劳动的社会职能决定了幼儿教师必须树立起为社会培养全面发展人才的道德责任感。而幼儿教师面对身心发展尚未成熟的幼儿,在培养和发展他们心智的同时,还要注意维护他们的身体健康。因此,幼儿教师在实际的教育劳动中往往需要扮演多种角色,以践行幼儿教师师德。

第二节 幼儿教师师德的内涵

一、幼儿教师师德的灵魂:教育之爱

"爱"是幼儿教师师德的灵魂,也是教师育人的动力之源。爱是教师与幼儿之间直接、稳固的联结点,是打开幼儿心灵的金钥匙。苏霍姆林斯基就将教师热爱学生视为"教育的奥秘"。我国学前教育的泰斗陈鹤琴先生在《怎样做人民的幼稚园教师》一文中写道:"热爱儿童是做一个优秀教师的起码条件……一个热爱儿童的教师,他是全心全意地为儿童谋幸福,继续不断地改进自己的工作的。反之,一个不热爱儿童的教师,他是不会时时刻刻想到如何指导儿童的生活,如何使儿童得到合理的教养的。"

(一)"爱"的精髓

1. 热爱幼教事业和幼儿

"爱"意味着幼儿教师对幼教事业、对幼儿的热爱以及自爱,而其中对幼儿的热爱又成为核心的核心。高尔基曾经说过:"谁爱孩子,孩子就爱谁,只有爱孩子的人,他才可以教育孩子。"近代教育家夏丏尊强调:"教育如果没有爱,就等于无水之地,热爱学生不仅是师德具体表现,也是促进学生创造力发展的关键因素。"教师对幼儿没有真正的爱,就不会

有真正意义上的教育。对幼教职业来说，其工作对象是最"脆弱"的生命，需要幼儿教师对生命充满热爱、敬畏之情，更需要懂得这个阶段的教育对每个幼儿个体生命的重要影响。幼儿的心是玻璃心，需要幼儿教师悉心呵护、耐心教导。正如法国著名作家雨果所说的："花的事业是尊贵的，果实的事业是甜美的，让我们做叶的事业吧，因为叶的事业是平凡而谦逊的。"

幼儿教师对幼儿的"爱"必须是排除了私心和杂念的父母般温暖慈祥的爱、恩师般高尚纯洁的爱。这种爱能更好地为幼儿的学习和生活创造一种和谐、温暖、健康的精神环境，让其感到愉快、安全和自由，从而在积极、愉快、向上的情绪中自觉地接受教育，积极主动地得到发展。

鲁迅先生曾说："教育是植根于爱的。"爱是教育的源泉，幼儿教师有了爱，才会用伯乐的眼光去发现幼儿的闪光点，对幼儿充满信心和爱心，才会有追求卓越和创新的精神。崇高的师爱表现是要爱幼儿成长过程中的每一微小的"闪光点"，爱他们具有极大的可塑性，爱他们在教育过程中的能动性，爱他们成长过程中孕育出来的教育劳动成果。"爱"要面向全体幼儿，"金凤凰"固然可爱，而"丑小鸭"更需要阳光，多给他们一份爱心，一声赞美，一个微笑。要善于发现每一个幼儿的优点，并不失时机地给予表扬和鼓励，使每个幼儿都能感受到教师的关心和爱，从而帮助幼儿形成正确的自我评价，对别人和周围事物形成积极的态度，让幼儿的身心在教师以爱的教育态度和民主的教育方式所营造的精神环境里健康快乐地成长。这样才能在执教中，把一份"爱"传输给幼儿，让这份"爱"去影响社会、感恩社会、回报社会。

2. "爱"以理解、尊重和信任为基础

教育活动本身就是教师与孩子精神的传递和心灵的互动，是一种生命与生命的相互交融，更是生命与生命之间的相互摄养。正如哲学家雅斯贝尔斯在《什么是教育》一书中所说："教育意味着一棵树摇动另一棵树，一朵云推动另一朵云，一个灵魂唤醒另一个灵魂。"教育的过程，甚至每一个教育细节都充满着教育者与被教育者之间的相互理解、尊重和爱，教育也正因为人生命的独特和教育内容的丰富多样而变得更具魅力。

爱幼儿就要了解、关心和体察幼儿，真正了解幼儿的内心世界，运用恰当的教育方法来教育幼儿，使幼儿健康成长。每个幼儿都是一个独立的生命个体，都有属于自己的内心世界。幼儿教师要提高教学水平就必须走进幼儿的内心世界。只有充分了解幼儿，懂得幼儿的心意，才能和幼儿交上朋友，幼儿才会充分信任你、喜欢你、亲近你。教育家卢梭曾经指出：儿童是有他特有的看法、想法和感情的，如果想用我们的看法、想法和感情去代替他们的看法、想法和感情，那简直是最愚蠢的事情。儿童的思想不成熟、行为不稳定，经常会做出一些错事来。但幼儿犯错在所难免，作为幼儿教师不应该急着去批评他们，而是应该抓住教育时机，正确地教育他们，帮助其纠正错误。

尊重是教育的前提。爱幼儿就要尊重他们的人格，因为每个幼儿都是一个独立的个体，都有要求独立行动、独立自主的倾向，都有较强的自尊心。因此，幼儿教师必须以幼儿为本，决不能把自己的意志强加于幼儿。要充分理解幼儿、尊重幼儿、欣赏幼儿，既要循循善诱，促使其个性健康发展，更要尊重幼儿的自尊心，建立良好的相互关系。特别是在教育保育活动中，要发现他们的闪光点，挖掘他们的创造潜能。

教师关爱幼儿就要尽一切努力去理解幼儿。只有学会理解幼儿，教师才能够体会到幼儿的心情，也就能够摆正自己的心态。理解幼儿具体到行为上可以归结为善于倾听。倾听不仅是要求教师用耳朵听，更要用心听。大多幼儿语言表达能力有限，有时不能完整地表述一句话，此时首先要求教师要有听的耐心，要让幼儿觉得教师很想听他说话，这样幼儿才会有说下去的勇气。此外，要求教师站在幼儿的角度理解幼儿话中具体的意思，要有根据地揣测，让幼儿知道老师是懂他的，这样幼儿才有与老师交流的信心。再者，要求教师要给予幼儿积极的回应，让幼儿觉得自己说得很好，这样幼儿才会期待下一次与老师的谈话。幼儿乐于与老师交流，那么教师与幼儿间的关系就会日渐亲密，日后的工作开展起来也就轻松多了。

信任儿童是教育的基本原则。信任儿童才会得到儿童对自己的敬爱和信服。孟子曾说："爱人者，人恒爱之。"当幼儿教师赢得了儿童信任，儿童就会把老师当作一个可以亲近的人，老师可以更好的辅导儿童，获得成功的体验，教育也就会收到了良好的效果。实践证明，只要我们信任儿童，就能调动儿童向上的积极性。幼儿虽小，但却有着无穷的潜力。用赏识的目光去注视他们，对幼儿多肯定少否定，多鼓励少批评。当幼儿羞怯地说"老师我不会"时，我们就应该微笑地对他说"加油，只要再努力一点，你就能学会"。当幼儿对自己没有信心时，我们就应该坚定地告诉他："孩子你是最棒的，老师相信你一定行！"

3. 保护幼儿的生命安全

道德的基本要求在于尊重生命、尊重生命成长的自然规律。尊重生命是道德要求的底线。尊重和保护幼儿生命是师德的基本要求，不尊重生命尤其是不尊重幼儿、忽视幼儿生命的教师是不道德的。师德理应包括教师对生命尤其是幼儿生命的尊重和保护。

幼儿教师的劳动对象是有血有肉的、有思想有活力的幼儿生命个体。传道、授业、解惑并不是幼儿教师职责的全部，幼儿教师的职责首先表现在维护每一个弱小生命的独特价值，引领他们实现源于精神内部的、具有个性色彩的社会化过程，激励他们不断地去追求比当前更高、更完善、更美好的自我。职业特点及幼儿生命的成长性决定了幼儿教师有责任、有义务尊重和保护幼儿的生命安全，提升幼儿的生命质量。

爱幼儿特别要保护幼儿的生命安全，这是幼儿教师爱幼儿的最高体现。幼儿教师面对的幼儿是未成年人，这些幼儿缺乏自我保护必需的能力，这就要求幼儿教师更应该对幼儿的安全负责。安全包括"身体安全"和"心理安全"两个方面，当幼儿的身心安全受到威胁时，不管是从法律的角度，还是从道德规范的角度，幼儿教师都不应回避责任，应责无旁贷地担负着保护他们的责任和义务。

幼儿身体的各个器官、系统尚处于不断发育中，其肌体组织比较柔嫩，易受到损伤，易感染各种疾病。同时，幼儿的认知水平比较低下，又活泼好动，极易发生意外伤害事故。因此，对幼儿进行初步的安全教育极为重要。教师要将幼儿的生命安全放在首位，这是保证每一个幼儿各方面能力均衡发展的前提。对幼儿生命安全的保护是幼儿教师的首要职责，也是幼儿教师对幼儿实施教育的基础。保护幼儿的生命安全包括：一是随时关注幼儿身边的危险，确保幼儿在园安全；二是具有生命意识，注重选择合适的教育内容和方法对幼儿进行生命安全教育，通过多种方式引导幼儿认识生命、珍惜生命、热爱生命；三是要为幼儿创建安全的教育和生活环境，通过多种渠道增强幼儿的安全防护意识，教给幼儿多种自我保护的方法，提高幼儿的安全意识、抗险能力和自救能力，让幼儿在安全的环境中健康成长；四是在危急时刻，幼儿教师应该挺身而出，保障幼儿的生命安全。

（二）"爱"的培育

教师要有仁爱之心。爱是教育的灵魂，没有爱就没有教育。教师要用爱培育爱、激发爱、传播爱，通过真情、真心、真诚拉近同幼儿的距离，滋润幼儿的心田。教师应该把自己的温暖和情感倾注到每一个幼儿身上，用欣赏的态度增强幼儿的信心，用信任树立幼儿的自尊，让每一个幼儿都健康成长，让每一个孩子都享受成功的喜悦。我听过不少优秀教师的事迹，他们能够把全部身心扑在幼儿身上，如有的老师把自己有限的工资用来资助贫困幼儿，深恐幼儿失学，有的老师把自己的收入用来购买教学用具，有的老师背着幼儿上学，牵着幼儿的手过急流、走险路，有的老师拖着残疾之躯坚守在岗位上，这些事迹感人至深、催人泪下，这就是人间大爱。我们要在广大教师中、在全社会大力宣传和弘扬优秀教师的先进事迹和高尚品德。

1. 提高培养师爱的认识

俗话说："知之深则爱之切。"师爱作为一种情感，是建立在一定的认识基础上的。要培养师爱，必须提高认识。一是必须对自己所从事的职业有一个深刻的认识。只有认识到教育事业的重要性，并无怨无悔为之而奋斗的人，才会表现出高度的责任感和对幼儿无私的爱。当然，这种爱并不是对幼儿的缺点的姑息和错误行为的迁就，而是具有高度的原则性。二是必须对幼儿的心理和行为特点有一个深刻的认识，并根据这些特点采用相应的教育方式和手段来对幼儿加以培养和帮助，为他们实现自己的理想创造有利条件，努力把他们培育成为德才兼备的有用之才。只有这样，师爱才可能实在、具体地体现出来。

2. 在自觉实践中培养师爱

师爱并不是凭空产生的，它是在教育活动中萌发并渐臻于成熟的。因此，幼儿教师要善于利用教育活动来培养师爱，使幼儿积极投入到活动中去，向他们提供力所能及的关心、指导和帮助，并尽量让幼儿在活动中受到锻炼，获得成功。在师生都付出了辛勤汗水的同时，幼儿教师对幼儿的爱才能体现出来，而幼儿也将充分体验到这种高尚的情感，受到熏陶，为建立融洽的师生关系和教育教学工作环境起到积极的推动作用。

（1）学会与幼儿交流。

幼儿教师要与幼儿相处得好，得到幼儿的尊敬和信任，首要的就是要用实际行动让幼儿感受到教师对他的尊重。具体到幼儿教师的行为上，就是幼儿教师应该特别注意自己的语言，学会与幼儿交流。语言分为言语性语言与非言语性语言。言语性语言主要是说的语言，非言语性语言主要包括肢体语言等。在言语性语言的交流上，幼儿教师语调要柔和，音量要适中，语速应该适当放慢，发音要准确，说话前要三思。在非语言性语言交流方面，幼儿教师要具备丰富的肢体语言，以弥补幼儿无法正确理解言语性语言的不足。幼儿教师在上课或活动的过程中，应该将肢体语言与口头语言结合起来，这样幼儿才能够更好地理解。在面部表情方面，幼儿教师需要特别注意。面部表情往往能够非常直观地表达出一个人的情感，而这样直观的表达也非常容易被幼儿捕捉到。幼儿教师与幼儿相处时最适合的表情就是微笑，幼儿教师的微笑能够给幼儿传达关心和爱护，能够有效地拉近师生间的距离，对于建立良好的师生关系有很大的帮助。此外，眼神也是举足轻重的，眼睛是心灵的窗户，这扇窗户也是表达与交流感情的最好途径，幼儿教师在眼神中表达出来的对幼儿的爱，幼儿是能够感受到的。

（2）学会关注幼儿。

无论是从幼儿的成长需要还是从幼儿教师的工作需要来看，幼儿教师对幼儿无条件的积极关注都是非常必要的。从安全的角度考虑，需要幼儿教师时刻注意幼儿安全，避免突发事件的发生；关注幼儿，对幼儿来说也是一种激励，并觉得自己是受重视的；幼儿教师也需要通过对幼儿的关注来见证幼儿的成长，并获得对自己的肯定。幼儿教师需要关注每一个幼儿，以根据幼儿各自的特点因材施教；要时刻关注幼儿，不能有所松懈，以免意外发生；幼儿教师还要不分巨细地关注幼儿，有时看似很小的事情有可能会引发巨大的连锁反应。当然，幼儿教师对幼儿无条件的积极关注并不是说幼儿教师一发现有什么迹象就马上采取措施，而是在关注的前提下学会取舍，取有用的信息采取有关措施，舍无用的信息让幼儿体验被信任的感觉。

（3）理顺和建立良好的相互关系。

师爱可以建立良好的相互关系，而这种关系又可以促进师爱的升华，师爱正是在师生关系中形成和发展的。但在实际的教育教学活动中，这种关系的发展并不是一帆风顺的，师生间可能发生各种矛盾和冲突，这时，幼儿教师应站在培养幼儿的立场上，以高度的觉悟、深挚的情感和博大的胸怀来加以对待，运用正确的方法来妥善处理。人非草木，当幼儿对幼儿教师的这一切努力领会以后，他们自然会转变态度，乐于接受幼儿教师的教诲。这一过程，恰恰就蕴含着师爱这种情感成分，它正是通过这一过程形成和发展起来的。

3. 在自身修为中培养师爱

（1）培养宽容之心。

宽容折射着人性的光芒，体现了厚德载物的气度，展示了海纳百川的胸怀。保持宽容、宽厚的心态，一方面能获得众人的拥戴，另一方面能净化自我的心灵。宽以待人，就是宽以待己；与人为善，就是与己为善。只有宽容地看待人生和体谅他人，才可以获得一个自在的人生。

培养宽容之心，应做到以下三个方面。一要原谅他人过错。这是一种豁达和大度，可以化冲突为祥和，化干戈为玉帛。幼儿教师面对的是正在成长中的幼儿，由于幼儿处在各方面都未成熟的状态，难免会犯错误甚至与幼儿教师发生冲突，这就更需要幼儿教师以"宽仁之心"对待。二要培养同情之心。同情之心是个体所具有的易于、愿意并能够对他者处境、遭遇或情感状态产生同感的心理状态或态度倾向，具有"向他性""反应性"和"能动性"等特征。[①] 同情是理解的条件，也是理解的向导。幼儿教师的同情心是打开幼儿心扉、走进幼儿心灵的钥匙，也是培育幼儿同情心的重要条件。三要强调求同存异。宽容意味着多样、和而不同，即容许他人的不同之处，容许不同个性的自由生长，容许他人的不同观点，不把自己的观点强加给别人。幼儿教师要尊重幼儿的独立见解和体验，鼓励幼儿敢于表达个人的观点，这有助于培养其创新精神和能力。

当然，宽容并不等于是非不分，纵容放任，也不是曲直不辨、麻木不仁。宽容意味着一

---

① 石中英．社会同情与公民形成［J］．北京师范大学学报（社会科学版），2012（2）：5-11．

个人的自爱达到了能够使自己做到诚实、开朗,在生活中保持乐于进取的程度,宽容是善意的理解和理解之后的爱和关怀。真正的宽容总是真诚自然的。宽容是一种无声的教育,它以爱为基础。其更高境界是不仅不计较个人的得失,还能以德报怨,更能用自己的爱与真诚温暖他人的心灵。

(2) 养成"惠"的风范。

倡导"惠",这是孔子的处世之道,也是儒家所提倡的一种君子美德。"惠"即恩惠、实惠,意为给他人以好处,让利于他人,施惠于他人。在物质层面体现在与大家分享,在精神层面体现在不断鼓励。儒家不仅将"惠民"作为仁政思想的重要方面,"不惠则无以聚民",而且对于能够施惠于民的人更是大加赞赏。如孔子称赞子产"有君子之道四焉:其行己也恭,其事上也敬,其养民也惠,其使民也义"(《论语·公冶长》),称其为"惠人"。而要做到"惠",孔子认为首先要保证人民"足食","惠民"的最高标准是"博施济众",这不仅是仁道的表现,更是最高的圣德。为达到"惠民"的目标,孔子提出了"庶、富、教"的思想。

在教育实践中,要调动孩子的学习积极性,激发孩子追求进步的渴望,教师就必须"以惠使人"。"惠"即发现每个孩子的独特性,肯定每个孩子的价值。教师应当赏识孩子、鼓励孩子。不论面对的是什么样的孩子,都能从中发现积极的因素,并以此为基础,设计一个符合孩子"最近发展区"的目标,引导孩子为实现这一目标而奋斗。真正看到每个孩子的独特价值,不断鼓励孩子的自信心,这样的教师才"足以使人"。《学记》记载:"知其心,然后能救其失也。教也者,长善而救其失者也。"这就要求教师对孩子的态度要慈善,要关心、关爱、关怀孩子。"惠人"是在了解孩子特点的前提下的智慧之举。以物质名利诱惑他人固然是惠,但只是浅层次的惠,高级状态的惠是以伟大的理想启迪他人、吸引他人。从这一意义上说,幼儿教师就是智慧的使者,是文明的化身。当然,惠是需要审时度势的。幼儿教师需要抓住有利的时机,在幼儿需要表扬时给予赞赏,在幼儿经受挫折时给予鼓励,这样才能达到促进幼儿全面发展的目的。

4. 严慈相济,良师益友

赞科夫曾在《和教师的谈话》中写道:"不能把教师对儿童的爱仅仅设想为用慈祥的、关注的态度对待他们,这种态度当然是需要的,但是对学生的爱,首先应当表现在教师毫无保留地献出自己的精力、才能和知识,以便在对自己的教学和教育上,在他们精神成长上取得最好的成果。因此,教师对儿童的爱应当同合理的严格要求相适合。"关爱幼儿是幼儿教师的职责,同时必然还要对幼儿有着严格的要求,做到严慈相济,做幼儿的良师益友。

师爱有爱和严双重内涵。严慈结合,才是师爱的完美体现。慈爱幼儿是人之天性。宋代袁采在《袁氏世范》中说:"父母于其子婴孺之时,爱恋尤厚,抚育无所不至。盖由气血初分,相去未远,而婴孺声音笑貌自能取爱于人。亦造物者设为自然之理,使之生生不穷。"出于"养儿防老"的期望,更有"望子成龙"的企盼,父母自然对子女慈爱有加,但对子女的过分溺爱,反而对幼儿的成长极为不利。颜之推在《颜氏家训》中指出:"吾见世间无教而有爱,每不能然。饮食运为,恣其所欲,宜诫反奖,应呵反笑,至有识知,谓法当尔。骄慢已习方复制之捶挞至死而无威忿怒日隆而增怨,逮于成长,终为败德。"他还主张:"当及婴稚,识人颜色,知人喜怒,便加教诲,使为则为,使止则止。比及数岁,可省笞罚。父母威严而有慈，则子女畏慎而生孝矣。"

幼儿的自制力比较差，需要引导、规范、纠错，需要激励幼儿自省、自律、自强、自策，教师需要学会把璞玉雕琢成碧玉。正如每个家庭中都有严父慈母，正因为有了严慈相济的教育才能让幼儿顺利地成长成才。对幼儿，我们需要付出我们的爱心、耐心，但是我们更要严格要求幼儿在各方面都能养成良好的习惯，形成良好的品质。在许多情况下，幼儿教师使用惩罚并不能保证幼儿改正错误，也不能保证幼儿懂得应该怎样做。作为幼儿教师，我们应该正视幼儿的错误，在不伤害他的情况下，"晓之以理，动之以情"，对幼儿出现的不良现象进行纠正，从根源让他认识到错误所在。既要严格，又要不失关爱，既要有积极荣誉性道德教育，又要有人格尊严的启发，老师的情感要很有感染力、渗透力，表现出对教育的忠诚，对幼儿的爱护。

对幼儿严慈相济，就是对幼儿的严格要求必须建立在爱的基础上。假如对幼儿的严格要求没有建立在爱的基础上，很容易导致幼儿将这种严格要求理解为教师对自己的"苛求"。《礼记·学记》中说："凡学之道，严师为难，师严然后道尊，道尊然后民知敬学。"著名教育家马卡连柯则论述了自己教育孩子的基本原则："尽可能多地要求一个人，也要尽可能地尊重一个人。""把严格要求人和尊重人结合起来，这不是两种不同的东西，而是同一种东西。"因此，严慈相济中的"爱"是有目的的，是服从社会要求的、理智的、严格的爱。

要做到严慈相济中的"严"，首先，必须建立在善意的基础上，是在"慈"的基础上对于幼儿常规的"严格"要求。其次，幼儿教师对幼儿的严要有一定的限度与分寸，是适度的严，必须能够为幼儿所真正理解与接受。再次，幼儿教师对幼儿的严必须是客观、合理的要求，是幼儿教师发自内心地关爱幼儿，并把对幼儿的严和爱付诸行动的。最后，必须是幼儿能力范围内能够做到的。总之，爱与严是共生的。爱是严的基础，严是爱的升华。只有在爱的基础上严格要求幼儿，这种严格要求才会真正得到实现，也才不会被幼儿理解为幼儿教师的苛刻或与自己过不去。总之，真正的爱必须体现在严格要求之中，只爱不严不是真正的爱，而是害。

做幼儿的良师益友，这是针对幼儿教师师德角色规定的。一方面，应该做幼儿发展的指导者、促进者、点拨者、合作者、帮助者、引导者、辅导者等，这就要求幼儿教师在履行这一职业角色时，注意不断提升自己的职业精神、树立自己的职业信念、改善自己的职业道德、丰富自己的职业知识、提高自己的职业能力，最终发展成为教育的行家与教学的里手，即良师。另一方面，应该做有利于幼儿发展的朋友。这就要求幼儿教师在履行这一职业角色时，务必把幼儿当作有独立人格的人来看待。幼儿教师只有成为幼儿的益友，才能全面地了解幼儿、理解幼儿、宽容幼儿与信任幼儿。要特别指出的是，幼儿教师只有做到将心比心，让幼儿真正感受到幼儿教师对他们的爱和关心，幼儿才愿意和幼儿教师做朋友。

二、幼儿教师师德的基础：教育责任

幼儿教师师德的基础是"责任"。先哲曾经谆谆告诫我们：有一种爱，就叫责任。爱有多深，责任心就有多重。教育的真正语言是责任，而不是权力。提高幼儿教育的师资水平，不断提高幼儿教师的社会责任感，是促使我国幼教事业不断发展的基础。幼教事业的发展取决于教育的质量，更取决于教师的认真负责精神。

（一）幼儿教师的教育责任

对于教师的责任，著名教育学家陶行知先生这样讲："先生不应该专教书，他的责任是教人做人；学生不应该专读书，他的责任是学习人生之道。"教师的责任就在于用自己高尚的道德品质去感染自己的学生，如果教师自己本身品行不端，又何谈教书育人，为人师表呢？孔子曰："其身正，不令而行；其身不正，虽令不从。"爱因斯坦说："学生对教师尊重的唯一源泉在于教师的德与才。"作为幼儿教师，他的责任不仅仅是把知识传授给幼儿，同时还要教育幼儿做人、成人、成才。卢梭的至理名言："你要记住，在敢于担当培养一个人的任务以前，自己就必须要造就成一个人，自己就必须是一个值得推崇的模范。"这些名言为我们提供了最有说服力的佐证。

周济在《爱与责任——师德之魂》一文中强调：当代教师至少面临三项主要责任，即职业责任、社会责任和国家责任。[①] 职业责任是指从事职业活动的主体必须承担的职责和任务。职业责任的本质应包括一个人的职业认知、情感以及为达到职业价值做出的努力。幼儿教师的职业责任就是面对幼儿群体，要具有正确的保育和教育的责任认知，对自己的工作任务有着积极的态度和情绪，为了促进幼儿全面健康成长而努力做出的一系列行为和表现。

幼儿教师的教育责任是指教师在保教活动中应当践履的行为和对行为后果的承担。一般认为，幼儿教师的教育责任是幼儿教师基于角色应当负担的法定义务、职业责任和道德义务的统一。教育责任的根本特征蕴含在教师"应当"践履的教育教学行为中，其中对保教行为后果所承担的责任是教育责任的核心所在。

（二）幼儿教师教育责任的界限

目前，我们对教育责任的规范比较模糊，幼儿园、幼儿教师承担的教育责任日益增多，压力逐渐增强，从而导致幼儿园及教师无力承担教育责任。一是家庭教育责任转移到幼儿园。一部分家长把幼儿家庭教育的责任全部交付给幼儿园或幼儿教师，甚至幼儿教师承担了对幼儿全部的教养和监护责任，家长就有意或无意地放弃对幼儿的教育权，致使家庭的教育责任处于"真空"或"半真空"的状态，从而导致家庭教育的缺失。[②] 近年来引起社会广泛关注的农村"留守儿童"的教育问题就是这一现象最集中的体现和反映。二是社会教育责任转移到幼儿园。我国的社会教育特别是社区教育欠缺，人们对社会生活的教育责任意识也比较淡漠，社会资源未得到充分合理的利用，潜在的社会教育资源的发掘又明显缺乏，社会应担当的教育责任呈削弱或淡化的态势，导致一些原本应由社区承担的社会教育责任也部分甚至全部地转移给幼儿园和幼儿教师。

如此一来，幼儿园一定程度上承载了外界给予的重负，承担了不该也无法承担的重任。尤其是在孩子问题增多的情况下，越来越多的幼儿教师除肩负着保教任务外，实际上几乎承担了对幼儿全部的教养和监护责任，甚至还要试图控制不良社会风气的影响或努力创建良好的社会资源。这些社会责任并非是来自理论或由法律赋予教师的，而是完全由多种社会职能

---

① 周济．爱与责任——师德之魂 [J]．人民教育，2005（8）：3．
② 刘春花．对教育责任失衡的思考 [J]．教育发展研究，2005（11）．

及其他社会角色向教师转移的,使得幼儿教师承担了他们不该也无法承担的重任。特别是当幼儿教师在履行某些社会责任的过程中,遇到某些在现在理论和社会规范的逻辑框架中尚未确定和难以清楚地界定的边界问题时,他们的压力就更大。而且超出幼儿教师职责的社会责任,并不仅仅意味着更多的精力投入,更包含较多幼儿教师履行这些责任时可能发生的意外事件或行为过失,以及由此引发的法律责任和其他责任,尤其是那些在相当时间内难以解除和转移的社会责任给幼儿教师造成的心理压力或思想负担。

毫无疑问,在幼儿的发展上,作为幼儿教师负有一定的教育责任,关键是要考虑如何使幼儿教师切实地承担起教育责任。一是幼儿教师教育责任扩大但不至于无限。发展幼儿的素质不仅仅是幼儿园和幼儿教师的责任,基于影响幼儿成长的诸多因素中有许多因素不在幼儿园与幼儿教师的控制之下,幼儿教师对幼儿的成长只能担负有限的教育责任。二是教育责任加重但不至于无限。幼儿教师教育责任的核心是对保教活动后果的承担。因而,认为只要提高对幼儿教师自身道德的要求标准,就能一劳永逸地解决所有教育责任的承担问题,这不是异想天开就是自欺欺人。实现教育责任在于幼儿教师的能力而不是道德,在于教育机制而不是道德说教。教育责任加重到幼儿教师不堪重负只能选择逃避教育责任。显然,过多的责任实际上就是消解责任,而过重的责任就会使幼儿教师无力承担教育责任。因此,给幼儿教师适量适度的教育责任,才能真正使幼儿教师切实担负起教育责任。

而要使幼儿教师切实承担起教育责任需要科学合理的措施。一是要明确界定教育责任。幼儿的教育是幼儿园、家庭、社会的共同责任。幼儿的教育责任首先是幼儿的父母,幼儿教育责任的起点在家庭,其次是幼儿园和幼儿教师,紧接着是社会。基于此,健全和完善教育立法,澄清幼儿园、家庭的教育责任,明确家庭、幼儿园和社会的责任分担,确保家庭切实担当起其应承担的教育责任,是解决问题的先导和前提。创建有利于幼儿成长和发展的社会环境,充分利用社区教育资源,是充实幼儿课余生活、完善家庭和幼儿园教育的有效途径。二是要坚持责权相统一。强化责任承担的基础是坚持责任、权利的统一。教育责任不仅是一种道德义务,而且是一种法律义务,有义务必有权利。只有处理好责权两者关系,才能从根本上强化责任承担。三是要明确操作规程。专业化程度的提高有助于幼儿教师有效地履行自己的职责,也有助于加强公众对幼儿教育的信任。在无法普遍快速地提高幼儿教师素质的情况下,明确学科的操作规程显然是使幼儿教师履行有限教育责任的有效办法,尤其是增强操作规程的训练,无疑会提升保教活动的专业化程度,从而将教育责任置于一个相对可靠的履行环境之中。

(三) 幼儿教师教育责任的培养路径

1. 职前培养

(1) 在课程教学中渗透培养。

幼儿师范院校在人才培养过程中,要教育引导幼儿师范生理解幼儿教师职业的价值,充分认识到幼儿教师并不是人们想象中单纯地带着幼儿玩耍,而是要承担着保教结合的任务,注重幼儿的全面发展。幼儿教师指引着幼儿前进的方向,满足幼儿的求知欲望。幼儿教师的工作内容是复杂烦琐的,极重的工作任务需要幼儿教师投入大量的时间和精力,付出极大的耐心、爱心和责任心,同时还要能够从心理上接受这样的辛苦和忙碌,克服排斥心理或消极情绪，并从每日工作中获得成就感和满足感。只有认识和理解幼儿教师身上肩负的重任对幼儿产生长远的影响，甚至对整个幼儿教育事业发展及其影响，才能够不断激发自己的职业感和价值感，不断增强对幼儿教师职业的热爱，从而愿意主动承担工作所负有的责任。

（2）通过教学观摩的方式，帮助幼儿师范生形成良好的责任认知。

责任认知指个体对于自身应承担的责任及其要求的觉察与认知，诸如对责任的内容、范围、意义的理解，对自己履行责任情况的觉察、反思等，是从事一切工作的首要条件。班杜拉的社会观察理论指出，人们在通过对他人行为的观察中可以习得新的行为。通过见实习的教学观摩活动，经验型的专家教师在课堂上所展示他们对教育和教学责任的理解，并以自己生动、真实的教学活动加以阐释责任的内涵，作为观摩者的幼儿师范生，会自觉不自觉地接受到这种教学榜样的优质行为的影响，并在自己已有教育观念和实践经验的支撑下，形成良好的教育责任认知。

（3）创设积极的学校氛围，培养幼儿师范生的责任情感。

责任情感是指人们对自身所应承担的责任抱有积极态度和情绪。责任情感是幼儿教师在充分了解工作内容基础上具备的一种精神体验、心理状态，趋向于对责任客体的一种主体上的价值认同感、亲切感。责任情感在人们的责任行为中起着一种重要的调节作用，其要求是"动之以情"，是使人们自觉自愿地做出自身所应承担的责任行为，增强人们的责任意识和责任感，使人们对自己做出某种符合自身角色的责任行为时唤起内心的一种幸福感、满足感，获得一种精神上的愉悦。要培养与提升幼儿师范生责任心，对于幼儿师范院校来说，一要创建积极的学校文化氛围，提升教师的责任情感。教师责任情感的形成，离不开积极的学校文化氛围。在积极的氛围下，教师受到持续的激励和潜移默化的影响，这对于他们责任情感的培养来说，非常有益。二要培养大学教师的责任情感。要培养与提升大学教师责任心，就要使其在教书育人工作中不断陶冶这种责任情感，在这种情感的驱动下，使其不断地把自身的责任内化为自己的行为操守和价值准则。"学高为师，身正为范"是每一个教师所应具有的道德操守和行为准则，也是教师职业的崇高使命。只有在责任认知和责任情感的驱动下，才能折射出教师的人格魅力，才能增强对幼儿师范生的吸引力，才能教会学生求知和做人。

2. 在职培养

（1）提高培训的时效性，增强幼儿教师的教育责任认知。

幼儿园加强幼儿教师的在职培训，重视幼儿教师对教育责任认知的教育，帮助幼儿教师明晰教育责任。仅仅通过改造幼儿教师个体的人格或者提高幼儿教师个体的师德境界的途径是不理想的，因为一名幼儿教师对自己教育职责范围及教育失责所带来的后果的不明确，即使其具有良好的师德，也很难具有合理正确的教育责任认知。从责任心理学的视角来看，幼儿教师在教育过程中能把教育的相关活动作为学术问题来研究和探讨，投入一定时间和精力加以研究，研究保教活动本身、研究幼儿、反思自己，那么幼儿教师就会形成对教育内涵和教育责任的正确认知，并会以合理的教育责任认知指导自己的保教工作。

（2）建立完善引导机制，促进幼儿教师自觉履行教育责任。

引导机制是对幼儿教师的职业行为做出一定规范要求，并采用合理的考评和激励方式增强幼儿教师履行教育责任的自觉性。

第一，建立必要的问责制度，规范幼儿教师的职业行为。对幼儿教师问责既有对幼儿教师做好分内应做之事即尽责的肯定，也有对幼儿教师没有做好分内应做之事后果的否定和追究，即对失职或渎职追究责任。幼儿园建立公平合理的问责制度，检查幼儿教师是否达到职业标准，有效规范幼儿教师的职业行为，从而促使幼儿教师更加自觉履行教育责任，慎重地选择行动，避免不良的后果，并对推卸自己应承担的责任的幼儿教师予以一定的处罚或警示。

第二，建立合理的评价机制，激励幼儿教师的职业情感。幼儿园要建立科学合理的评价机制，才能有效激励幼儿教师不断获得更大的进步和发展。因而，评价标准要科学合理，能够全面地评价幼儿教师的行为和态度。评价要涉及幼儿教师各个方面，还要注重评价过程，发掘每个教师的闪光点，让幼儿教师体会到工作的价值和乐趣，享受工作的成就感和满足感。

第三，完善公平的奖励机制，提高幼儿教师的职业荣誉感。适当的物质奖励和精神奖励可以提升幼儿教师工作兴趣和热情，特别是要关注幼儿教师的精神层面，满足心理需求。因而，幼儿园领导要经常与幼儿教师沟通交流，及时了解幼儿教师的想法，认可和鼓励幼儿教师的工作，给幼儿教师支持和力量，从而促使其更好履行教育责任，不断提高幼儿教师的职业成就感和满足感。

3. 自我锤炼

幼儿教师要依照《幼儿园教师专业标准》所强调的幼儿为本、师德为先、能力为重和终身学习等基本理念，自觉反省反思工作，加强自我锤炼。

（1）牢记幼儿教师职业的崇高使命，完善自身的责任行为。

幼儿教师责任行为的要求是"导之以行"，即在责任认知和责任情感的引导下，使自己采取正确的责任行为。幼儿具有很强的模仿能力，幼儿教师的一言一行，都会影响他们。言传身教是每位幼儿教师所应具有的道德操守和行为准则，也是幼儿教师职业的崇高使命，从而很好地规整和完善幼儿教师的责任行为，教会幼儿求知、做人，引导他们树立正确的人生观和价值观。所以，每位幼儿教师都要在保教活动中，坚持"知""情""意""行"的有机统一，不断培养与提升教育责任的自觉意识。

（2）调整工作心态，学会自我鼓励。

幼儿教师工作内容十分艰巨、细致，每天面对着幼儿、家长、幼儿园以及社会各种环境，具有极大的压力。幼儿教师要学会调整自己的心态，学会控制自己的情绪，要时常进行自我鼓励，把不好的感受转变为积极向上的斗志，克服工作中的各种难关。不能任由消极情绪蔓延，绝不能把不好的情绪发泄在幼儿身上。幼儿教师要保持平和的心态面对各种问题，学习对自己进行肯定和表扬，看到自身的进步和努力，不断激发自己工作的热情，增强职业认同感。

（3）平凡工作中无私奉献。

幼儿教师的责任不是在轰轰烈烈中展示，而是在平凡、普通、细微甚至琐碎中体现。幼儿是国家的未来。当一张张可爱、单纯的脸庞出现在我们的面前时，我们要清楚自己的责任是多么重大，我们要明白一位优秀的幼儿教师将会给幼儿创造一个灿烂的前途，为幼儿的明天负责。俗话说："庄稼误了是一季，孩子误了是一生。"一个幼儿对于整个社会是不起眼的，但是对于一个家庭却是百分之百的，幼儿教师掌握着他们的命运，而幼儿教师有无责任心对他们的影响是深远的。也许因为种种原因，我们有的幼儿教师专业知识还不够丰富，专业技能还不够扎实。但是相信只要是一个有责任心的幼儿教师，只要她用心关爱每个幼儿，那么她就一定不会误了幼儿的成长。

三、幼儿教师师德的焦点：以身作则

幼儿教师不仅要用行动来爱幼儿，更要用行动以身作则影响孩子。因为幼儿正是通过模仿来感知世界，通过自己的行动来认识世界。幼儿教师是幼儿的榜样，幼儿教师平时的一言一行都潜移默化地影响着幼儿。

（一）幼儿教师应以身作则

以身作则是教师师德的特征，即幼儿教师以自己的行为为幼儿做出榜样。在幼儿的心目中，幼儿教师的话就是真理，幼儿教师的言行就是道德标准，幼儿教师的思想行为和作风品质，每时每刻都熏陶和影响着幼儿。苏联政治家、革命家米哈伊尔·伊万诺维奇·加里宁在《论共产主义教育和教学》（1948）一书中指出："教师的世界观、他的品行、他的生活，他对每一现象的态度，都这样或那样地影响着全体学生。"

以身作则的关键不在于是否以身做出榜样，而在于做出什么样的"榜样"。因为幼儿教师的"身"和"则"就是他的人格，把人格客观地呈现于幼儿面前，它就是"榜样"，是存在的事实，不以幼儿教师主观愿望的"做"与"不做"为转移。而且，无论幼儿教师教什么，如何教，无论幼儿教师以什么标准来要求幼儿，怎样要求，都没有办法把自我的人格同他们分隔开来。幼儿教师的人格是示范性人格，发挥着示范作用。

幼儿信任和尊重幼儿教师，把幼儿教师作为自己学习的榜样，幼儿教师的一言一行，对幼儿起着潜移默化的作用。幼儿具有极强的模仿能力，他们的眼睛是摄像机，幼儿教师的一言一行都是他们模仿的对象，模仿是他们学习和成长的重要方式。但是，幼儿对大人的模仿无关是非对错，是好是坏，学龄前的幼儿没有辨别是非的能力，他们不会对自己的见闻加以过滤，往往照单全收，所以，不良的行为如果被孩子看到听到，就容易被模仿。另外，幼儿对幼儿教师、家长等权威式的人存在天然的崇拜，他们坚信幼儿教师的话，也相信幼儿教师做的事一定没有错，在对这种对权威人士的崇拜下，幼儿模仿学习的热情就更加高涨了。这个时候，如果幼儿教师不注意自己的言行举止，幼儿的成长就会受到不良影响。

因此，幼儿教师必须具有高尚的师德和作风，时时严格要求自己，充分注意自己的一言一行，要求于幼儿的必须率先垂范，因为幼儿时刻在以敏锐的目光关注幼儿教师的言行，这是人世间最严格的监督。苏霍姆林斯基说："儿童的心灵是敏感的，它是为接受一切好的东西而敞开的。如果幼儿教师诱导儿童学习好榜样，鼓励仿效一切好的行为，那么，儿童身上的所有缺点就会没有痛苦创伤地、不觉难受地逐渐消失。"

（二）以身作则的培养

以身作则的幼儿教师是懂得自尊自爱的教师。人们对幼儿教师的严格审视也是对高尚的期待，这正是为人师者提升自我人格的土壤。幼儿教师在事事处处为幼儿作出榜样时，也会给自己拓展出发展空间。这并不仅仅是为了他人，为了社会责任，也是为了自我价值的实现。

1. 幼儿教师的着装与仪表

幼儿教师的着装风格直接影响幼儿的服饰审美观点，幼儿从幼儿教师身上学会分辨服饰的雅俗，提高他们的审美能力，树立正确的审美观。总之，幼儿教师的穿戴、发型、服饰都要自然得体、整齐卫生、美观大方，这样既有利于塑造幼儿教师自身的美好形象，又是对幼儿的一种尊重，给幼儿一种美的感受，使幼儿受到美的陶冶，以培养幼儿良好的生活作风。一般来说，幼儿教师应穿平底鞋，因为幼儿园站的时候多，同时，高跟鞋发出的声音影响会幼儿，易转移幼儿注意力；下装应穿裤子，和幼儿交流或帮助幼儿的时候需要蹲下，穿裙子不方便；在妆容上，不要化浓妆，自然妆容或者淡妆为宜；不戴饰品，以免不甚丢失被幼儿捡到而误食。

2. 幼儿教师语言的魅力

3～6岁的幼儿正处在语言的敏感时期，他们的语言大部分是通过没有外界压力的自然观察和模仿得来的，他们缺乏语言的识别能力。如果没有良好的语言示范，幼儿的语言就得不到正确的发展。在幼儿园，幼儿教师无疑是幼儿们模仿的对象和学习的榜样。对于幼儿教师的一言一行、一腔一式甚至某个口头禅，幼儿都非常敏感，并且乐于模仿。

幼儿教师面对的是一个特殊群体，幼儿的年龄、思想等特点决定了幼儿教师的语言要准确。准确是指幼儿教师正确的发音和语法，这要求幼儿教师对语言的运用比较准确适度。不能太过"儿童化"，将汽车说成"嘟嘟"，也不能太过"成人化"，将早晨景色描述成"雄鸡报晓"。此外，趣味性的语言能够贴近幼儿心理，能使语言更具活力，比空泛的说教更具效力。

3. 幼儿教师的身教

幼儿教师要教育好幼儿具有高尚的道德品质，除了理论上的说服，更重要的是以榜样的行为举止去影响幼儿。在教育中，无声的身教往往胜于有声的言传。幼儿优秀品德的培养，要靠幼儿教师的高尚品德来熏陶；幼儿的坚定信念，要靠幼儿教师的崇高理想来启迪；幼儿教师的身教，甚至每一个细小行为、文明习惯，都会对幼儿的世界观和道德品质起到潜移默化的影响。陈鹤琴先生在《怎样做人民的幼稚园教师》中提道："作为一名优秀的教师，首先需要做到的就是要热爱儿童，不管教师做出什么样的举动，都会在无形之中对儿童产生一定的影响。"由此可见，幼儿教师要教育好幼儿，一定要以自己的先进思想、高尚品质、优美情操去感染幼儿。幼儿教师那美好的一言一行都会通过幼儿的眼睛在其心灵的底片上留下印象，对他们的精神世界起着无声无息的滋养作用。

四、幼儿教师师德的纽带：家园共育

《幼儿园教育指导纲要》在指导要点中指出："社会学习是一个漫长的积累过程，需要幼儿园、家庭和社会密切合作、协调一致，共同促进幼儿良好社会性品质的形成。"一个人要均衡而有个性地健康成长，离不开学校、家庭、社会教育三方面的合力。著名的教育家陈鹤琴先生说过："幼儿教育是一种很复杂的事情，不是家庭一方面可以单独胜任的，也不是幼儿园一方面能单独胜任的，必定要两方面共同合作方能得到充分的功效。"

幼儿教育是一项全面、烦琐的工程，它的成功将会影响幼儿的未来，所以不管是家长还是幼儿教师都应该重视幼儿的学前教育。家长应该积极地与学校、幼儿教师配合，了解幼儿在幼儿园的情况，在家同样施教，和幼儿教师一起探讨如何改正幼儿的缺点，发扬优点，让幼儿在幼儿教师和家长的正确引导下一步步地健康成长。有一句话概括了家长教育工作的重要性，即"忽略了一个家长，就等于放弃了一个孩子的教育"。虽然家长因各自身份、素质不同，言行举止也各不相同，但他们和幼儿教师有一个共同的点，那就是教育幼儿。在幼儿园里，家长工作是衡量一个班级工作成绩的标准之一。

家园共育是幼儿健康成长的基础，是幼儿园工作的重要环节。幼儿教师每天面对的不仅是幼儿，还有幼儿的家长。每个幼儿不仅有父母，还有与之有密切关系的许多位"家长"，像爷爷奶奶等，可以说一个幼儿有多位家长。幼儿教师要做好家长工作确实不易，幼儿教师与家长接触的频率比中小学教师要高得多，他们每天至少与幼儿家长见两次面。因此，做好家园共育工作尤为重要。

（一）家园共育的形成

幼儿从不同的家庭来到幼儿园，面对新的环境，在心理上会产生一定的压力。特别是现在的幼儿大多数是独生子女，在家中往往是一家人围着转的核心人物，但到了幼儿园他就要考虑别的同伴的喜好与意见。独生子女的增多使幼儿的同伴越来越少，这种现象也导致他们在人际关系中无所适从，正如我国心理学家丁瓒教授所说："人类的心理适应，最主要的就是对人际关系的适应，所以人类的心理病态，主要是由于人际关系失败而来的。"良好的环境少不了幼儿教师与家长、幼儿园与家庭的共同努力。

本节主要是以幼儿教师在家园共育中应该努力做到的几个方面加以论述的，家长、幼儿园和家庭也是影响家园共育的因素，在这里不再赘述。

1. 对每一位家长报以微笑

微笑服务在当今社会是各行各业都提倡的，幼儿教育也不例外。早晨，当家长送幼儿到教室门口时，看到面带笑容的幼儿教师，听到幼儿教师与幼儿亲切的问候，也许家长一天的好心情就是从此开始；下午，当工作了一天的家长来接幼儿时，幼儿教师微笑着对他说："你的孩子真棒，今天学会了穿衣服。"也许他的劳累会立刻减轻许多；当家长有事耽误了接幼儿时，面对心急如焚、满脸歉意的家长，幼儿教师依旧微笑地说："没关系的，你别着急！"这又怎能不让家长感动、宽心呢？微笑的魅力是无穷的，对于幼儿教师，它是你打开家长心扉的钥匙。

2. 对家长一视同仁

幼儿来自不同的家庭，家长所受过的教育和从事的职业也各不相同。幼儿教师不应该存在以貌取人的世俗观，无论家长相貌、衣着或职业等如何不同，都应尊重每一位家长，真诚地对待每一位家长和幼儿，不分贵贱，不论亲疏。而且家长在对待幼儿的问题上都很重视，也都能积极主动地与幼儿教师交流。当然，由于家长的性格以及对幼儿园和教师的信任程度不同，所以幼儿教师在与家长的交流过程中要注意"区别对待"，注意方式方法。

3. 让家长参与体验

为加强与家长的沟通，可召开家长会，讲解这一学期的教育目标和家园合作教育的要求,并可组织讨论,听取家长的意见和建议。家长会的形式要多样化、人情化,让家长在轻松、和谐、友好的气氛中了解幼儿教师的所作所为,并适时提出配合要求。

4. 加强与家长的联系

幼儿教师要利用家长接送幼儿之际,以与家长交流有关教育幼儿的情况,向家长反映问题,提出要求,商讨解决的方法。这种谈话一般时间比较短,因此,内容不宜过多,必要时可以另约时间做较长时间的谈话。对于工作繁忙无暇接送幼儿的家长,幼儿教师可以利用电话和家长联系。幼儿教师要记住这类家长的电话,了解最佳的通话时间,和家长适时联系,此外要确保每位家长都有幼儿教师的电话号码。

5. 加强对家长的反馈

幼儿教师要针对班上幼儿各时期的一些问题,设计各种问卷调查表,请家长帮助填写,以便幼儿教师了解孩子和家长的情况。既可以让家长了解幼儿初入园时的感受,又便于幼儿教师有针对性地展开工作,并及时地调整活动安排。也可以使用围绕幼儿园的教育目标和近期的教育任务,结合幼儿个体发展实际编写的家园联系手册,让家长可经常从手册中得知幼儿的进步、问题及幼儿园对家庭在配合教育方面的具体要求等内容。通过家园不断地交流信息,多方位多渠道地做好家长工作,增强家长们重视幼儿保教的意识,促使家长背负责任感,能和班级幼儿教师密切配合,相互配合促进幼儿的发展。

(二) 家园共育的要求

1. 幼儿教师要尊重家长

家庭是社会的细胞,是幼儿健康成长的重要场所,家长则是幼儿的第一任教师。幼儿入园后,他们的生活仍然与家庭保持着密切关系,家长的教育具有重要意义。另外,幼儿教师的工作除了和幼儿打交道,不可避免地会和幼儿的家长进行接触,和他们一起交流幼儿的学习、生活情况,一起商讨培养幼儿的方法。因此,教师与家长交往的过程中,首先要尊重对方,真诚相待,对所有家长一视同仁,不训斥、指责家长。不能巴结、谄媚家境条件好的家长等。

2. 幼儿教师要争取家长的支持与配合

身为一名幼儿教师,不仅要时刻关心幼儿的一举一动,还应加强与家长的情感沟通与信息交流。幼儿教师要有强烈的责任感和角色意识,要明确自己在家园合作中扮演的角色——教师是家园合作活动的发起者、组织者与参与者。只有幼儿教师的积极态度被家长接纳,幼儿教师与家长沟通、交流的道路畅通,幼儿园才能得到更多的来自家长方面的支持。而家长与幼儿园的合作伙伴关系一旦建立,双方才会为了幼儿的健康成长而齐心协力。

3. 幼儿教师要帮助家长树立正确的育儿观

现实中,许多家长由于对幼儿年龄特点不了解,不知道如何教育幼儿。有时教育幼儿的方式很不恰当,一味地溺爱,甚至放纵。而幼儿教师是有一定育儿知识的专业人员,遇到问题应通过各种方式启发、引导家长,让他们了解幼儿的身心特点,更新教育观念,掌握正确的育儿方法。幼儿教师可以通过家园联系册、家长开放日、家长沙龙等方式,向家长宣传幼儿园的保教工作,同时拉近与家长的距离。让家长有机会充分了解幼儿园的教育情况。在此基础上,积极配合老师,实现家园共育。

4. 幼儿教师要强化服务意识

很多幼儿教师比较年轻，尚没有为人父母的角色体验，有的即便是已经为人父母，在与家长沟通时，也常常会遇到难以达成共识的局面，这就要求幼儿教师要学会换位思考，设身处地为家长着想，了解父母的角色，并从父母的角度去体会家长的心情和需求，解除家长的后顾之忧。例如幼儿在集体活动中有时手或头碰破一点皮，家长接幼儿时十分惊讶、十分心疼是正常的，而有的幼儿教师却表现得若无其事，认为家长大惊小怪，那么，一件小事立即会使家长觉得幼儿教师对其孩子不够关心，对工作不够负责，进而影响家长与幼儿教师的关系，给家园沟通设置了障碍。如果幼儿教师能站在孩子父母的角度去心疼孩子，很自然地就会理解家长的心情，处事态度也会大不相同，那么家园沟通就不会受阻。幼儿教师与家长的沟通双方都有责任，但幼儿教师更应主动些，并且要努力为沟通渠道创造条件。幼儿教师要真正从狭隘的教育观中走出来，必须充分认识到，家长工作的最终目的在于实现家园合作，共同为幼儿奠定良好的素质基础。

总之，实现家园共育，幼儿教师应该积极、主动、理性地从整合教育资源的角度，培养自己的合作精神，尊重家长，主动沟通，换位思考。善于与不同类型的家长相处，遭到家长误解时幼儿教师要保持冷静，善于自控；遇到矛盾时，幼儿教师要主动反思，积极争取家长的支持与配合。

第三节 幼儿教师师德的功能和价值

一、幼儿教师师德的功能

幼儿教师师德的功能即幼儿教师师德对幼儿教师个人、幼儿教师集体、幼儿教育事业和社会所产生的影响。幼儿教师师德的功能是多方面的，各项功能之间相互影响、相互作用。

（一）幼儿教师师德的认知功能

幼儿教师师德的认知功能是指帮助幼儿教师正确认识自己在教育活动过程中对幼儿、集体、社会应尽的责任和义务，并在此基础上形成一定的道德观念和道德判断能力，从而提高幼儿教师的精神境界和师德水平，强化幼儿教师的事业心、责任感和自豪感。幼儿教师师德的认识功能表现在可以帮助幼儿教师正确认识自己劳动的意义和价值。

（二）幼儿教师师德的教育功能

幼儿教师师德的教育功能是指通过幼儿教师的师德原则、规范、范畴的学习和引导，运用说理感化、评价、激励、示范来教育幼儿教师正确认识和对待自己所从事的职业，正确认识自己，善待他人，正确认识对他人、对社会应尽的责任和义务，以此形成幼儿教师的道德信念、风范和判断能力，塑造理想的幼儿教师人格，从而提高幼儿教师的精神境界和师德水平，强化幼儿教师的事业心、责任感和自豪感。幼儿教师师德的教育功能表现在可以帮助幼儿教师正确认识其职业的意义和价值。

幼儿教师的道德信念、职业风范和人格，在保教活动中对幼儿产生重要的教育作用；幼儿教师的人格、品性、德操对幼儿人格的形成起着奠基作用；幼儿教师良好的师德对幼儿思想品德的形成和学业的发展起着催化和激励作用；幼儿教师文明的言谈举止对幼儿行为习惯的形成起着修正作用；幼儿教师良好的心理素质对幼儿心理品质的形成起着完善作用。

（三）幼儿教师师德的调节功能

幼儿教师师德的调节功能是指幼儿教师师德通过教育、评价、沟通等方式和途径，指导和纠正幼儿教师的职业行为，协调保教过程中的各种关系。它是幼儿教师师德最基本、最重要的功能。这种调节表现为外部调节和内部调节两种。外部调节主要是借助于幼儿教师师德规范的外在要求，借助于舆论、风俗、习惯的调节手段来进行；内部调节主要是靠幼儿教师的内心信念和道德良心来进行。正如康德所说，"头顶的星空"和"心中的道德律"是神圣而令人赞叹和敬畏的。

在幼儿教师的保教过程中存在着多方面的关系需要调节，如幼儿教师与幼儿的关系、幼儿教师与幼儿教师的关系、幼儿教师与孩子家长的关系、幼儿教师与社会的关系等，还有一些其他个人利益矛盾。协调这些复杂关系和矛盾，不能只靠行政命令、制度、各种奖惩措施，还需要一种来自幼儿教师的更灵活有效的调节手段——幼儿教师师德。幼儿教师师德是规范教师职业行为的道德准则，让幼儿教师知道什么是应该做的，什么是不应该做的，什么是合理的，什么是不合理的。从而增强幼儿教师保教活动中的道德意识，选择正确的教育行为。同时，通过幼儿教师师德的调节作用，还可以把保教活动中的各种关系制约在一定的秩序之中。

（四）幼儿教师师德的导向功能

幼儿教师师德的导向功能是指教师职业道德的内容为幼儿教师的职业行为和师德修养指明了努力的方向。在保教活动中，幼儿教师居于主导地位，对幼儿的品德形成和健康成长具有重要的指导作用。幼儿教师师德的导向作用集中体现在幼儿教师的师德原则、规范和要求之中。幼儿教师的师德原则、规范和要求，从本质上说，都是一种对教师职业要求的"行为准则"。这种行为准则根据其规定的内容可分为两种类型，即：应当怎样的行为准则与不应当怎样的行为准则。这种"应当怎样"和"不应当怎样"的行为准则，不仅规定明确具体，而且导向性强，给幼儿教师指出了明确的行动方向。

（五）幼儿教师师德的促进功能

幼儿教师师德是幼儿教师职业的核心，是幼儿教师职业行为的精神基础和内在动力，对保教工作和社会精神文明的建设具有促进作用。

对教育教学工作的直接促进作用表现在幼儿教师师德规范和要求有利于幼儿教师在保教活动中选择正确的道德行为、避免不道德的行为，从而保证保教工作的顺利进行。另一方面，保教工作的顺利完成能促进幼儿进步，继而让幼儿教师得到家长的感激、领导的肯定，使其充满成就感，信心倍增，干劲十足，然后再反过来促使保教工作更上一层楼。

对社会道德建设的促进作用表现在：加强幼儿教师师德建设，提高幼儿教师的道德素养，营造良好的行业之风，对于其他职业乃至整个社会的道德建设都将产生积极的影响。同时，幼儿教师的道德品质、敬业精神和行为表现对幼儿成长有着重大影响，幼儿会带着这样的影响走向社会，在各自的学习和生活中自觉或不自觉地影响他人。而且，幼儿教师师德还会对其家庭成员、亲朋好友、左邻右舍乃至其他人员都产生直接或间接的影响，进而促进整个社会的道德建设。

二、幼儿教师师德的价值

（一）幼儿教师师德是履行幼儿教师职责的根本

幼儿教师职业从思想上引导幼儿走向符合社会与生活要求的方向，因此，既崇高又神圣的幼儿教师职业对幼儿教师个人提出了很高的要求和标准。《国家中长期教育改革与发展规划纲要（2010—2020年）》指出："严格教师资质，提升教师素质，努力造就一支师德高尚、业务精湛、结构合理、充满活力的高素质专业化教师队伍……加强师德建设。加强教师职业理想和职业道德教育，增强广大教师教书育人的责任感和使命感。教师要关爱孩子，严谨笃学，淡泊名利，自尊自律，以人格魅力和学识魅力教育感染孩子，做孩子健康成长的指导者和引路人。"这明确了幼儿教师师德在保教活动中的重要地位和作用，尤其以教育改革和发展规划的方式将其提出来，更说明了幼儿教师师德与教育质量、教育根本目的、幼儿教师天职之间的密切关系，对实际保教行为当中幼儿教师师德的实践能够起到积极的促进作用。因此，国家、社会对幼儿教师职业提出了很高的道德要求和标准是其履行职责的根本。

（二）幼儿教师师德是幼儿教师贯彻教育方针的基石

教师师德是贯彻教育方针政策的有力保障。党的十八大报告中明确提出："要坚持教育优先发展，全面贯彻党的教育方针，坚持教育为社会主义现代化建设服务，为人民服务，把立德树人作为教育的根本任务，培养德智体美全面发展的社会主义建设者和接班人……加强教师队伍建设，提高师德水平和业务能力，增强教师教书育人的荣誉感和责任感。"这是新时期党的教育方针政策和对教师提出的新要求。提出"立德树人"为教育的根本任务。党的十八大强调了教育工作中教师对于孩子道德素养和道德行为能力等方面培养的重要性，提出了树立道德理想与育人的密切联系，重申了"德育"在"德育""智育""体育""美育"中的重要地位。

幼儿教师承担了多种角色，作为知识的传播者，他们是文明的使者。作为一名普通的教育工作者，他们是教育方针政策的践行者；作为一名好老师，他们又是道德教育和思想政治教育的实施者，他们的工作离不开对教师师德的很好理解和具体实践，因为他们关系到幼儿能否健康而全面地成长，关系到我国的前途命运和民族的未来发展。只有当幼儿教师具备了良好的师德素养，才能确保教育方针政策的全面贯彻落实，才能培养出德智体美全面发展的社会主义建设者和接班人，办好人民满意的教育。

（三）幼儿教师师德是实施素质教育的本质

素质教育是指依据人的发展和社会发展的实际需要，以全面提高全体孩子的基本素质为根本目的，以尊重孩子主体性和主动精神，注重开发人的智慧潜能，注重形成人的健全个性为根本特征的教育。素质教育不同于知识技能教育的根本，在于它以培养创新精神和实践能力为重点，以提高综合素质为本质要求。实现素质教育的根本途径是建设一支与素质教育相适应高素质高质量的教师队伍。因此，广大幼儿教师应该在教师师德素养的标准之上，开展幼儿教师师德建设工作，深刻领悟保教活动的目的，认真提高自身素质和能力，在实施素质教育过程中做到素质与能力、能力与道德、道德与行为的高度统一。

（四）幼儿教师师德是完善教师品德的标杆

幼儿教师的道德品质是幼儿教师道德原则和规范在教师行为中的体现，它反映了一位幼儿教师的道德觉悟水平、道德认识能力和道德修养境界。教师道德品质不仅具有一般道德品质的特征，而且具有教师的职业特点，良好的道德品质是做好教师的第一要素。幼儿教师通过对教师师德加深理解和认识，逐渐将师德要求和标准践行到自己的保教工作及日常生活中，使其内化为自身的素质，从而完善自己的品德修养，获得热爱幼儿、公平正义、严于律己等良好的道德品质。

（五）幼儿教师师德是弘扬社会风尚的关键

加强幼儿教师的师德建设，有助于幼儿教师从内心牢固树立"幼吾幼，以及人之幼"的观念，能够弘扬中华民族的传统美德，有利于从根本上杜绝幼儿教师道德失范的现象发生，还能帮助幼儿教师抵制各种诱惑，增强幼儿教师队伍的稳定性，使幼儿教师甘于本职工作，才能在保教活动过程中更好地弘扬"真、善、美"等良好的社会风尚。

第二章　幼儿教师师德范畴

幼儿教师师德范畴是反映和概括幼儿教师师德本质的一般特征，体现社会对幼儿教师师德的根本要求，并成为幼儿教师的普遍内心信念，对幼儿教师的行为产生影响。

幼儿教师师德范畴有广义和狭义之分。从广义上来说，是指能够反映和概括幼儿教师师德的基本概念，包括幼儿教师师德原则、师德规范、师德品质，还包括幼儿教师师德评价、师德修养和师德教育等。从狭义上来说，指的是反映和概括幼儿教师师德的主要特征，体现一定社会时期对幼儿教师师德规范和原则的根本要求，并成为幼儿教师的内心信念，对幼儿教师行为产生影响的基本概念。本章所述的幼儿教师师德范畴就是指狭义上的范畴，主要介绍幼儿教师的职业理想、职业义务、职业良心、职业公正和职业幸福。

第一节　幼儿教师职业理想

理想是人们在道德人格、学业成就、未来职业、社会生活等方面追求的目标及对生命的一种盼望。恩格斯说："推动人去从事活动的一切，都要通过人的头脑……外部世界对人的影响表现在人的头脑中，反映在人的头脑中，成为感觉、思想、动机、意志，总之成为'理想的意图，并且通过这种形态变成理想的力量'。"[①]

一、幼儿教师职业理想的含义

职业理想是人们依据社会要求和个人条件，借想象而确立的职业奋斗目标，即个人渴望达到的职业成就或职业境界也，它是人们实现其个人生活理想、道德理想和社会理想的手段，并受社会理想的制约。职业理想是人们对职业活动和职业成就的未来反映，与个人的价值观、职业期待、职业目标密切相关的。职业理想具有明显的差异性、发展性和时代性等特点。

幼儿教师的职业理想是指个人对幼儿教师职业的向往和追求及渴望达到的职业成就或职业境界，它不仅包括对所从事的幼儿教师职业的追求，还包括对做一名职业理想幼儿教师的追求。

教师是太阳底下最光辉的职业。幼儿教师职业因为教育对象的幼稚性，教育过程的全面

---

① 中共中央马克思恩格斯列宁斯大林著作编译局. 马克思恩格斯选集（第四卷）[M]. 北京：人民出版社，1973.

性和教育活动的创造性，需要幼儿教师付出更多的汗水和劳动。坚定的职业理想就成为幼儿教师坚守师德、成就幼儿教育事业的前提和动机因素。幼儿教师崇高的职业理想来源于坚定的职业信念，是深刻理解幼儿教师的历史使命而产生的一种从事幼儿教育事业并立志成为一名优秀的幼儿教师的志向、抱负和追求。

二、幼儿教师职业理想的意义

（一）幼儿教师良好职业行为的向导

幼儿教师的职业理想是职业素质的重要组成部分，是幼儿教师产生良好职业行为的向导。

理想是前进的方向，是心中的目标。人生目标是通过理想来确立，并最终通过理想来实现的。托尔斯泰曾说过："理想是指路的明灯，没有理想就没有坚定的方向，就没有生活。"习近平总书记在庆祝第30个教师节时说道："有理想信念，这是实现中国梦的思想基础，体现了思想育人的导向。"职业理想是职业行为的先导，有什么样的理想就会有什么样的行为。一个人选择了幼儿教师这一职业理想，那么无论是面对细致烦琐的幼儿园工作、幼儿园领导的批评教育，还是面对幼儿的哭闹争吵，甚至是家长的质疑，都会为了理想而坚持。

（二）幼儿教师职业活动的参考标准

职业理想在幼儿教师的现实工作中具有参照系的作用，它指导并调整着幼儿教师的职业活动。"人总是要对自己的活动进行调节，以便达到自己的目的。而理想正是人活动的定向器。"[①]"理想之光总在苍茫中为我们引路"，也就是说，当幼儿教师在工作中偏离了理想目标时，职业理想就会发挥纠正作用，尤其是在成为一名优秀的幼儿教师的实践过程中，会经常遇到各种挫折、困难和阻力，幼儿教师难免会对自身之前的教育认知、教育情感、教育意志、教师行为产生怀疑，并发生变化。但是，有职业理想的幼儿教师，会以积极的态度坦然面对，不断调整自己心理的不适，努力克服种种不良情绪，以饱满的热情、乐观的态度和高度的社会责任感投入到日常工作中，兢兢业业地从事幼儿教育的相关工作、勤奋工作、努力探索、用心钻研、静心教学、潜心育人，最终实现自身的卓越目标追求。

（三）幼儿教师职业发展的内在动力

职业理想源于现实又高于现实，因此，职业理想和生活现实之间常有一定的距离。职业理想作为幼儿教师自我实现的崇高目标，它蕴藏着强烈的意志力量，是激励幼儿教师向着既定目标奋斗进取的强大动力。实践证明，幼儿教师正是拥有崇高的职业理想，才会因为热爱幼儿教师职业而产生献身幼教事业的内在动力。从而在教育实践中不断激励自己，积极投身到日常保教工作中并自觉进行研究与探索，关心、尊重、爱护每一个幼儿，让每一个幼儿都能够沐浴在爱的阳光里。崇高的职业理想作为一种价值目标，直接激励着幼儿教师的教育行为。在工作困境中，也因职业理想的支撑，激发幼儿教师认真地分析自己，进一步明确努力

---

① 向雄. 论教师个人教育理想[D]. 成都：四川师范大学，2007.

的目标和方向，并不断提高自己，以坚韧不拔的毅力、顽强的拼搏精神和开拓创新的行动克服各种挫折和困难，朝着自己的职业理想奋斗。

总之，幼儿教师崇高的职业理想无论是对社会、对幼儿，还是对其本人都具有极其重要的教育价值。幼儿教师有了崇高的职业理想，就有了实现其社会价值和主体价值的永恒追求。

三、幼儿教师职业理想的实现

（一）幼儿教师职业理想实现的前提条件

1. 了解幼儿教师职业的特点

幼儿教师职业受教育对象是3~6岁的学龄前儿童，主要具有不同于其他教育阶段教师的特点：教育对象活泼好动、单纯无知、各方面能力欠缺；工作任务要求全面、细致，涉及幼儿生活的方方面面；工作过程要有创造性和示范性，要能激发幼儿的兴趣，言传身教，为人师表；劳动手段多样性，要能做幼儿的导师，也能做幼儿的朋友；工作周期的长期性和滞后性，劳动时间较长，每天都要比幼儿到园早，比幼儿离园晚。概言之，幼儿教师既是幼儿生活的照料者，又是幼儿心智的开发者，还是幼儿个性的塑造者，更是幼儿能力的培养者。幼儿教师必须要充分了解自己的职业特点，设定符合自身实际的职业理想，并要有为自己的职业理想努力奋斗的思想准备。

2. 了解幼儿教师职业的要求

幼儿教师是一种专业化的职业，联合国教科文组织在《关于教师地位的建议》中指出：幼儿教师是一种"要求教师具备经过严格而持续不断地研究才能获得并维持专业知识和专门技能的公共业务"。因而，一名优秀的幼儿教师，应有崇高的理想信念和坚定正确的政治觉悟；不仅要具有广博的文化科学知识和艺术体育知识，掌握学前教育学、幼儿心理学、幼儿课程的设计与实施、幼儿教育研究方法等学科的基本理论知识，还要具备观察幼儿、分析幼儿的基本能力以及对幼儿实施保教的技能；要坚持以"幼儿为本"作为行动的准则；要有"锲而不舍，金石可镂"的学习精神，不断在实践中提高自身理论水平及专业能力，并能熟练运用专业能力解决问题。这些要求决定了幼儿教师要自觉审视自己的已有知识和能力结构，认清自己的长处与不足，并从自身受教育程度、专业特长、个性特征、身体状况等各方面的实际出发，结合幼儿教师的职业特点，准确定位自己的职业理想，有针对性地锤炼自我，逐步实现自己的职业理想。

3. 了解幼儿教师的社会需求

幼儿教师职业理想的实现与社会需求紧密相关。随着中央和政府一系列学前教育发展计划的实施，我国的学前教育事业进入了快速发展时期。我国各幼儿师范院校学前教育专业在幼儿教育师资培养方面发挥着主体作用，所培养的幼儿师范生毕业后走上幼儿教师岗位，使得幼儿教师队伍人数在不断扩大，但仍与社会的需求量存在较大差距，幼儿教师队伍的缺口仍然很大。而且，在社会对幼儿教师需求量增加的同时，对幼儿教师的整体质量也提出了更高的要求，幼儿园渴求"热爱幼儿教育、学历较高、有一定教改科研能力、幼儿教育理念创新、教学基本功扎实、技能全面、心态好、愿意长期在本园工作、学前教育专业"毕业生。这就要求幼儿教师应该了解社会对幼儿教师职业的需求情况,更好地把握幼儿教师职业的发展趋势,努力储备和提高应有的专业知识和技能,在未来的幼儿教育事业中发挥自己的才能,实现自己的职业理想。

(二) 幼儿教师职业理想的实现

1. 树立正确的职业观

职业观是人们在选择职业与从事职业时所持的基本观点和态度,是人生理想在职业问题上的体现。正确的职业观不仅可以帮助幼儿教师保持良好的心态,更能促进幼儿教师在保教工作中积极稳固地提升、进步。

幼儿教师是儿童学习活动的支持者和引导者,是幼儿幸福童年的创造者和维护者,肩负着"传道、授业、解惑"的职责,更肩负着为幼儿奠定素质教育基础的重要使命。因此,幼儿教师除了应该拥有教育专业知识及自我价值实现的意识之外,还应树立正确的职业观,从而充分认识自己,找准自己的职业定位,提升自己的职业素质,学会自我评价,并正确看待他人的评价,培育分享与合作精神,进而逐步形成崇高的职业理想,用自己的智慧和行动促进幼儿的健康成长。为推进人类的文明进步、社会经济的发展、国家的富强和中华民族的伟大复兴做出应有的贡献。

2. 合理规划职业生涯

职业规划是实现幼儿教师职业理想的重要支撑。幼儿教师职业规划是为实现自身职业理想而对未来成长发展所制定的系统的设计与构想,是幼儿教师结合自身情况以及客观因素进行的自我定位,是为实现人生目标而确定的行动方向、行动时间和行动方案。包括选择职业的动机、自我分析、发展目标与成就预期、面临挑战和环境条件等。职业规划对促进幼儿教师专业发展、提升其职业幸福意义重大。正如乌申斯基说:"教师是克服人类无知和恶习的大机构中的一个活跃而积极的成员,是过去历史所有高尚而伟大的人物跟新一代人之间的中介人,是那些争取真理和幸福的人的神圣遗训的保存者,……是过去和未来之间的一个活的环节。"

3. 坚守自己的职业追求

幼儿教师的职业理想即是幼儿教师对职业的认知、情感、意志、行为和荣誉等要素在职业活动逐步形成并确立的过程。这个过程是不可能在短期内完成的。幼儿教育的特殊性使得幼儿教师的职业理想的实现难度更大。幼儿教师在实现其职业理想的过程中不能因工作的复杂烦琐而放弃自己的职业责任和职业义务,不能因自己暂时的委屈而违背师德,更不能因各种挫折和压力而改变自己的职业理想和职业目标。幼儿教师要坚持自己的职业追求,坚定自己的信念,在不断探索和磨炼中克服因各种困难挫折和职业倦怠产生的退缩情绪,要从日复一日在琐碎事务和保教工作中养成习惯,以自身储备的知识和技能勇敢地接受挑战和考验,时刻反思、规范自己的教育行为,在逐步超越自我过程中实现专业突破,获得专业发展。

4. 保持积极的职业状态

职业理想是人们对于职业目标的向往和追求,可以将个人追求的远大目标和平凡的职业生活联系起来,从而幼儿教师保持积极的职业状态,产生强烈而持久的职业发展的内在动力,并在职业实践的过程中努力奋进。正因为幼儿教师从内心热爱这个职业,才能够安心施教，甘为人梯。通过自己的饱满热情去感染幼儿，为幼儿营造和谐快乐的学习生活环境。通过自己的辛勤劳动成为让自己满意、孩子满意、领导和家长满意的幼儿教师，体会职业理想达成的职业幸福感，进而以更高的职业热情投身到保教工作中去，投身到实现职业理想的奋斗中去。

5. 践行正确的职业行为

只有付诸行动，才能让理想变成现实。幼儿教师要实现职业理想，需要为理想而奋斗的实际行动，否则理想只能是句空话。我国幼儿教育事业的蓬勃发展，激发了广大学前教育专业毕业生的从业热情。但这种热情不能是一时的冲动，而是要在幼儿园的教育实践活动中踏踏实实地转化为幼儿的进步和自身的专业成长。特别是随着幼儿教育实践活动的逐步深入，越来越多的新问题呈现在幼儿教师的面前，这就需要幼儿教师以无私奉献的精神，在探索和磨炼实践过程中实现职业理想和远大抱负。正如陶行知先生所说："教师的奉献精神就是以学生服务为最高目的，以培养青少年成才为最大责任，不计报酬，淡泊名利，乐于奉献，不重索取的以教为志、以教为荣、以教报国的精神。"幼儿教师有了无私奉献精神，才能在平凡的岗位上为幼教事业呕心沥血，在奉献社会的同时体会到为师的乐趣，逐步实现自己的职业理想。

第二节 幼儿教师职业义务

幼儿教师职业的独特性决定了幼儿教师的劳动是具有创造性和自由性。但是这种创造性和自由性必须以承担幼儿教师应有的教育责任，履行必要的义务为前提。因而，要成为一名优秀的幼儿教师，必须首先要明确幼儿教师的职业义务。

一、幼儿教师职业义务的含义

（一）幼儿教师职业义务概念

无论人们承认与否，每个人在社会关系中都承担一定的责任或义务。正如马克思所说："作为确定的人，现实的人，你就有规定，就有使命，就有任务。至于你是否意识到这一点，那是无所谓的。"[1] 只是由于在社会生活中的分工不同，因而每个人对他人、对社会所尽的义务也有所不同。

幼儿教师的职业义务，是指幼儿教师在社会道德规范和幼儿教师师德要求的指引下，对幼儿、幼儿园应当做的事情和应该承担的职责和义务。表现为幼儿教师在教育教学工作中必须做出一定的行为或不得做出一定的行为的约束。一般包含两方面的内容：一方面是指社会向幼儿教师提出的必须遵循的道德要求；另一方面是指幼儿教师在幼儿教育职业劳动的过程中，自觉意识到的各种师德要求的合理性，并把自觉遵循这些合理的要求作为自己内心的一种习惯意愿，主动地履行师德规范要求。

---

[1] 中共中央马克思恩格斯列宁斯大林著作编译局，马克思恩格斯全集（第三卷）[M]．北京：人民出版社，1961：329．

作为社会特殊职业群体的幼儿教师，一方面与一般的社会成员一样要对社会、对他人履行一定的义务；另一方面作为一种特殊职业群体，他们又有着其特定的职业道德义务。幼儿教师的职业义务既是社会、教师集体用以调节幼儿教师行为的手段，也是幼儿教师从责任、良心和荣誉的角度出发，调节自己保教工作的手段，更是幼儿教师个人对社会和他人承担的职责。所以，幼儿教师应勤恳、无怨地履行自己的义务，才能得到幼儿、家长及社会的认可和赞扬。

（二）幼儿教师职业义务的内容

1. 遵守宪法、相关法律法规及师德规范

幼儿教师作为普通公民，应该自觉地、模范地遵守宪法和法律以及各项规章制度，从而在保教工作中能够言传身教。

幼儿教师还应遵守师德规范，这是幼儿教师职业特点所决定的。由于幼儿教师培养对象的思想单纯、幼稚，幼儿教师的师德影响着孩子的思想品质、道德、法律意识等方面的形成和发展。因此，幼儿教师的师德不仅是其自身行为的规范，也是应自觉履行的义务。因而，幼儿教师应为人师表，以身作则，使自己的行为习惯时刻符合社会规范化的要求，充分发挥对社会的净化、表率、示范作用，对幼儿健康成长产生潜移默化的影响，以及对中国特色社会主义精神文明建设的促进作用。

2. 贯彻落实国家教育方针，制定实施保教计划

幼儿教师是履行幼儿园教育教学工作职责的专业人员，在保教工作中必须全面贯彻国家关于"教育必须为社会主义现代化建设服务"的方针，坚持教育与保育相结合的原则，遵循幼儿身心发展特点和规律，实施德、智、体、美等方面全面发展的教育，促进幼儿身心和谐发展。而幼儿园保育教育的内容是广泛的、具有启蒙性的，幼儿学习活动相对划分为健康、社会、科学、语言、艺术等五个方面，各方面内容都包含了知识技能、情感态度、活动方式方法等多方面的学习，这就需要幼儿园制定实施科学合理的保教计划才得以实现。幼儿园的保教计划是幼儿园为培养健康的幼儿而制定的，是国家教育方针的具体化。因此，幼儿教师必须认真执行幼儿园的保教计划，完成职责范围内的教育教学任务，这也是贯彻国家教育方针的重要体现。

3. 依据保育教育目标，组织幼儿开展教育活动

《幼儿园工作规程》明确提出了保育教育目标："①促进幼儿身体正常发育和机能的协调发展，增强体质，促进心理健康，培养良好的生活习惯、卫生习惯和参加体育活动的兴趣。②发展幼儿智力，培养正确运用感官和运用语言交往的基本能力，增进对环境的认识，培养有益的兴趣和求知欲望，培养初步的动手探究能力。③萌发幼儿爱祖国、爱家乡、爱集体、爱劳动、爱科学的情感，培养诚实、自信、友爱、勇敢、勤学、好问、爱护公物、克服困难、讲礼貌、守纪律等良好的品德行为和习惯，以及活泼开朗的性格。④培养幼儿初步感受美和表现美的情趣和能力。"

以上目标是通过幼儿教师有目的、有计划地组织开展教育活动，引导幼儿主动参与，在活动中积累有益于身心全面和谐发展的学习经验而实现的。为此，幼儿教师应该按照保教目标，依据幼儿的学习方式和特点、幼儿的实际水平及兴趣进行整合处理，以循序渐进为原

则，注重支持幼儿的主动探索、操作实践、合作交流和表达能力，灵活地运用集体、小组和个别活动等形式，有计划地组织幼儿参与丰富多样的教育活动，寓教育于生活，为每个幼儿提供充分参与的机会和条件，满足幼儿多方面发展的需要，获得完整的经验，促使每个幼儿在不同水平上都得到发展。

4. 尊重关爱护幼儿，促进幼儿身心全面和谐的发展

《幼儿园教师专业标准（试行）》明确规定了对幼儿的态度与行为："关爱幼儿，重视幼儿身心健康，将保护幼儿生命安全放在首位。尊重幼儿人格，维护幼儿合法权益，平等对待每一位幼儿。不讽刺、挖苦、歧视幼儿，不体罚或变相体罚幼儿。信任幼儿，尊重个体差异，主动了解和满足有益于幼儿身心发展的不同需求。"因此，幼儿教师要以博大的胸怀关心爱护每一个幼儿，让孩子们体会到母亲般的关爱。人格尊严是宪法赋予每个公民的基本权利，由于幼儿在教育教学活动中居于受教育者的地位，其人格尊严往往容易受到侵犯，幼儿教师应当诱导、体贴、关心、尊重、爱护幼儿，不能简单、粗暴地训斥，不能侮辱、虐待、歧视、嘲讽、挖苦、体罚或变相体罚他们。而且幼儿教师在教育活动中，应及时制止各种侵犯幼儿合法权益的违法行为，给孩子创造健康有益的成长环境。

5. 做终身学习的典范，不断提高政治觉悟和业务水平

幼儿教师是一项专业化的职业，肩负着提高民族素质的使命。当前社会发展水平，对幼儿教师的素质提出了更高的知识和能力要求。《幼儿园教师专业标准（试行）》中明确：幼儿教师需要掌握"幼儿发展知识、幼儿保育和教育知识、通识性知识"等专业知识，具备"环境的创设与利用、一日生活的组织与保育、游戏活动的支持与引导、教育活动的计划与实施、激励与评价、沟通与合作以及反思与发展"等专业能力。这就要求教师不断学习，加强自身的思想道德修养，学习先进学前教育理论，了解国内外学前教育改革与发展的经验和做法，不断优化知识结构，提高文化素养，具备终身学习与持续发展的意识和能力，做终身学习的典范，从而保持较高的思想觉悟和教育教学水平，适应现代幼儿教育事业不断发展的需要，实现自己的职业理想。

二、幼儿教师职业义务的意义

（一）有利于减少教育活动冲突，确保完成各项保教工作

幼儿教师的职业义务指导着幼儿教师在保教工作中正确处理教师与幼儿、家长、集体、社会之间的各种利益关系，保证和促进教育教学工作的顺利开展。

幼儿教师在日常工作中，既有大量显性的、可量化的工作，也有较多隐性的、难以量化的事情，不可能完全以硬性指标来考核评价。幼儿教师如果忽视自身的职业义务，投入的时间和精力与社会、家长等的期许有较大差距，容易造成幼儿教育事业与幼儿的发展要求相悖的"冲突情势"，这种冲突不能够及时解决，既难以保质保量地完成各项保教工作任务，也给幼儿教师带来紧张的人际关系和内心压力。而解决教育活动中遇到的冲突和矛盾的最好方法，就是使幼儿教师深刻认识和自觉履行教师义务，以高度的责任心严格要求自己，认真地肩负起自身的教育责任，推进师幼、家园和谐共生发展，确保教育教学任务的顺利完成。

（二）有利于幼儿教师自觉进行师德判断，选择合适的教育保育行为

幼儿教师的职业义务是我国教育事业根本利益和教育劳动内在规律对幼儿教师师德行为的总要求，而不是解决具体矛盾关系和利益冲突的师德要求。幼儿教师职业义务具有综合性、全面性的特点，由于幼儿教师在实际的教育保育工作中遇到的具体情境是复杂的，面对师德判断常常难以抉择，更不用说做到十全十美。因此，幼儿教师理解自身的职业义务，就能促使自己自觉遵守师德规范，综合判断，选择最适合的教育教学行为。

（三）有利于培养幼儿教师高尚的师德品质

苏霍姆林斯基曾说："恪守义务可以使人变得更高尚。教育者的任务，就在于使义务感成为自觉纪律这个极其重要品质的核心，缺少了这个品质，学校就是不可想象的。"① 幼儿教师高尚的师德品质是其内在的一种信念意识和外在的品质表现，是在现实的社会生活和长期的教育教学实践中逐步形成的。第一，职业义务是一种客观存在，对幼儿教师的职业行为起着导向和约束的作用。第二，任何选择并长期从事幼儿教师职业的人，都必须履行自己的职业义务，按照幼儿教师的师德要求选择自己的教育行为；第三，幼儿教师在保教工作中，会不断体验和认识到履行幼儿教师职业义务的必要性和重要性，经过反复实践、反复体验，逐渐把履行幼儿教师义务转化为内在需求和自觉行为，形成高度自觉的责任感和使命感，促进自身师德觉悟素养不断提升。

（四）有助于培养幼儿教师的义务意识

在任何社会，义务的践行和存在是个体存在的前提。幼儿教育的重要任务之一就在于让幼儿意识到履行义务的必要，并培养幼儿的义务意识。幼儿教师的言传身教对幼儿的道德品质起着潜移默化的影响。幼儿教师在保教工作中积极地、严格地践履自己的职业义务，不仅是直接帮助幼儿成长，而且还通过严格履行职业义务，为幼儿树立榜样，使幼儿确立道德信心以及自觉履行义务的责任感，从而引导幼儿成为一名能够恪守义务、遵守道德、负责任的人。

三、幼儿教师职业义务的履行

伦理学家石里克说过："比起一个人怎样才被认为是该负责任的这个问题来，还有一个重要得多的问题，那就是他自己怎样才会感到自己是该负责任的。"② 幼儿教师既应该在教育保育中做师德要求上应该做的事情，还应努力采取适宜的方式做好这一事情。因此，幼儿教师履行职业义务不仅与师德有关，也与其教育艺术密切相连。履行职业义务是每一位幼儿教师的职业职责，也是保障其教育教学工作顺利开展的必要条件。但在现实生活中，严格按照幼儿教师职业义务来开展工作并不容易，需要做好以下三方面的工作。

---

① 苏霍姆林斯基.和青年校长的谈话［M］.赵玮，译.上海：上海教育出版社，1983：15.
② 石里克.伦理学问题［M］.北京：商务印书馆，1997：138.

（一）无私奉献，做受幼儿喜爱的幼儿教师

爱国敬业、教书育人、为人师表，这是幼儿教师职业的本质特征。幼儿教师的劳动相对其他职业来说是更加神圣的，也更加艰苦、复杂、繁重。完成这种劳动需要幼儿教师具有无私奉献的自我牺牲精神。幼儿教师无私地将自己的知识奉献给幼儿，促进幼儿在德、智、体等方面全面发展，才是对幼儿及其家庭和社会尽到了自己的义务。

（二）关爱幼儿，做让家长满意的幼儿教师

幼儿园各种关系中的主要表现是师幼关系。幼儿教师深受幼儿及家长尊敬和爱戴，在幼儿园环境中与幼儿有着深厚的感情和良好的关系。幼儿教师的教育活动有别于其他教师的教学活动。幼儿园保教活动中处处蕴含有教育因素，幼儿教师要有意识地、灵活地将教育渗透到各个环节中，以适应幼儿的学习和发展的特殊需要。家长把孩子送到幼儿园，也就把家庭美好的期许寄托给了幼儿教师。幼儿教师要把真挚的爱倾注在幼儿身上，发自内心的尊重、信任、关心、爱护全体幼儿，赏识、激励幼儿以激发其潜能和自信心，以自己的人格去陶冶幼儿，以自己高尚的灵魂去塑造幼儿的灵魂。只有幼儿教师全身心关爱幼儿，在家园共育及与家长的沟通过程中应尊重家长，争取家长的支持与配合，帮助家长树立正确的育儿观，强化服务意识，这样才能使家长放心，让社会满意。

（三）教书育人，做对社会负责的幼儿教师

少年强则国强，少年兴则国兴。幼儿教师职业义务之根本就是要通过自己教育教学的实践活动，教书育人，促进幼儿德、智、体、美等身心全面发展，为国家、民族和社会培养栋梁之材。这也是广大幼儿教师对民族、对未来所肩负的光荣而神圣的重要历史使命。幼儿教师的这种职业义务观念是同其职业理想紧密相连的。因而，幼儿教师履行这种对社会和国家所承担的义务，也是自己内心的强烈愿望和必然要求。正是广大幼儿教师的强烈责任感和崇高使命感，不断推动幼儿教育事业向前发展。

第三节 幼儿教师职业良心

幼儿教师职业良心是同职业义务紧密相连的重要的幼儿教师师德范畴，又是幼儿教师师德自律的最高实现形式。幼儿教师职业良心可以说是一种幼儿教师的自觉意识到，并隐藏于内心的使命、职责和任务，在幼儿教师的工作生活中发挥着举足轻重的作用。因此，幼儿教师的师德教育，必须要深入研究职业良心。

一、幼儿教师职业良心的含义

良心是人特有的一种道德心理现象，是伦理学的主要道德范畴，是与义务、责任密切联系的，也是义务内化后的自我升华。良心是指人们在履行对他人和社会的义务过程中形成的强烈的道德责任感和自我评价的能力。黑格尔说："作为真实的东西，良心是希求自在自为

的善和义务这种自我规定。"① 美国《韦伯斯特大辞典》将良心定义为："良心即个人对正当与否的感知，是个人对自己行为、意图或品格的道德上好坏与否的认识，连同一种要正当地行动或做个正当的人的责任感，这种责任感在做了坏事时常能引起自己罪恶或悔恨的感情。"而在马克思主义看来，良心是社会的客观道德义务，是经过道德规范从他律向自律的转化，而在道德主体的内心深处，以自律准则的形式积淀下来的人的道德自制能力。良心并非先验的情感或理性，而是作为义务、责任的一种内化形式。因此，良心是自觉要求并精心养护的。

幼儿教师职业良心，是幼儿教师个人在自己的教育实践中的一系列道德要求的自我意识和情感体验，是幼儿教师自觉履行其职责的道德责任感以及对自己教育教学行为进行道德控制、道德判断与评价的能力。幼儿教师的职业良心在其教育教学实践中主要表现为幼儿教师个人对幼儿、对幼儿园、对幼儿教师集体及整个幼儿教育事业有一种高度自觉的道德责任感，对自己教育教学行为的道德控制和道德评价，以高度负责的态度来评价、选择和控制自己的行为，并根据职业良心调整不符合幼儿教育要求和幼儿发展规律的行为。因此，幼儿教师职业良心是对幼儿教师师德的觉解、认同和笃行。

不同的职业有不同的行为或活动方式、不同的职业特点，会产生不同的职业利益和职业义务的认识，加上社会对职业赋予的义务的差异，使得职业良心的要求各不相同。幼儿教师的职业良心，是其对社会要求的积极反应，又是对幼儿教师职业义务的深刻理解和自觉行动，通过教育教学实践转化为幼儿教师内心的道德准则和道德品质。

二、幼儿教师职业良心的作用

职业良心作为幼儿教师一种内在的自我约束的道德信念和人格力量，实质上是一种"师德自律"，它贯穿于幼儿教师职业行为的始终，是其自身行为的调节器。职业良心对促使幼儿教师自觉履行职责，指导幼儿教师选择和实施最佳的职业行为等具有重要的作用。

（一）促进幼儿教师选择正确的保教行为

职业良心是幼儿教师选择师德行为的内在根据，对幼儿教师的外在行为有着某种鼓励或制约作用。也就是说，在实施保教行为前，职业良心对幼儿教师选择正确的保教行为起到积极正面的影响。幼儿教师在选择自己的保教行为时，总是从某种动机出发，判断自己选择某保教行为的目的及后果。职业良心可以指导幼儿教师根据师德规范和职业义务的要求，从幼儿、幼儿园、社会的利益出发，对保教行为进行思考和权衡，肯定符合幼儿教师师德要求和职业义务的动机，对不符合的动机予以否定。同时，它还能促使幼儿教师从"动机—效果"的预测及推己及人等方面进行认真严肃地思考、权衡和慎重地选择合乎幼儿教师师德要求的正确行为。因此，职业良心是幼儿教师在精神上抵制不符合幼儿教师师德要求和职业义务的行为动机，并选择正确行为的动机的内在力量。

（二）监督和调节幼儿教师的保教行为

在幼儿教师保教工作中，职业良心对教师行为进行全程监督，对符合幼儿教师师德要求

---

① 黑格尔. 法哲学原理［M］. 北京：商务印书馆，1961：139.

的情感、意志和信念予以支持、激励和强化，对不符合幼儿教师师德要求的情感、动机和欲念予以否定，并予以自我克服和纠正。幼儿教师的职业良心是调控教师行为的调节器，当幼儿教师在保教工作中意识到自己的某些不当行为可能会伤害幼儿的自尊心、可能影响幼儿的个性发展、可能损害幼儿园和幼儿教师集体的荣誉等时，幼儿教师的职业良心就会及时发出"我不该这样做""我不能这样做""这样做不对"的心理暗示，迫使幼儿教师修正自己的行为和方式，转为选择有利于幼儿身心发展的保教行为，从而避免出现不良教育后果，确保自己能够沿着既定的目标和方向奋勇前进。

（三）评价和激励幼儿教师的保教行为

一个具有强烈责任感的幼儿教师在完成一项工作或任务后，都会在心里做一番自我评价。当幼儿教师意识到自己的行为带来了良好的教育效果，对幼儿的成长和发展有了积极影响，内心就会产生满足和愉悦，从而激励自己继续保持，更好地完成职业义务。而当幼儿教师意识到自己的行为损害了幼儿的利益，不符合社会对幼儿教师的要求，带来了幼儿教育的不良后果时，即使没有受到他人的指责和社会舆论的批评，也会受到良心的谴责而深感不安，在内心产生内疚和惭愧，进而深刻反省、吸取教训，并想方设法努力纠正自己的行为，尽力弥补和挽回损失，减少或避免此类现象的再次发生。幼儿教师职业良心是师德情感的精神支柱，通过这种良心的自省与自律，就能能够不断完善幼儿教师的道德人格。

三、幼儿教师职业良心的形成

（一）深刻理解社会道德关系与幼儿教师师德关系

幼儿教师职业良心是幼儿教师师德的本质规定，其表现形式是主观的，但其内容是客观的。一方面，职业良心是幼儿教师对一定社会道德关系和幼儿教育活动中各种师德关系的自觉反应和深刻理解；另一方面，职业良心又是在深刻体验和认识到自己对幼儿及其家庭、对社会客观上所承担的义务时产生和形成的。

幼儿教师职业良心反映了客观存在的一定社会或阶级的道德要求和教育实践活动中的师德要求。如果这些师德要求没有被幼儿教师所认识和理解，就不能转化为幼儿教师的内在信念，也就不可能形成被社会认可的职业良心。因此，幼儿教师应自觉认识并深刻理解一定的社会道德关系和幼儿教育职业活动中的道德关系，并在一定的社会关系和教育实践过程中产生履行职业义务的强烈责任感，确立自我师德信念，逐步形成自己的职业良心。

（二）加强社会道德和师德教育

职业良心是幼儿教师在保育教育过程中各种道德心理因素相互作用的结果。要具有真正的职业良心，幼儿教师在保育教育实践中，就必须遵循社会对幼儿教师师德的总体要求，即遵循幼儿教师师德原则、规范，符合社会道德要求和幼儿教师与幼儿、个人与集体、个人与社会等多方面关系的道德要求。幼儿教师很难短时间内正确认识、全面把握社会对其多层面的、错综复杂的师德要求，更难在保育教育实践中很好地贯彻落实。因而，对幼儿教师进行社会道德和师德的教育和培训,使幼儿教师正确认识保育教育工作中师德关系的总要求、师德原则、规范的合理性、必要性,以及培养幼儿教师的责任感,将客观的教师师德要求转化为个人的师德信念,进而形成职业良心,具有十分重要的作用。可见,在幼儿教育实践中,加强对幼儿教师的社会道德和教师师德教育,对幼儿教师职业良心的形成是非常必要的。

(三)自觉进行师德的自我体验和自我教育

职业良心是存在于幼儿教师内心的自我道德信念,是一种"道德自律"。马克思曾说过:"良心是由人的知识和全部生活方式来决定的。"① 可见,幼儿教师职业良心的形成在一定程度上取决于幼儿教师自己在幼儿教育实践中的自我体验、自我教育和自我修养,取决于幼儿教师将师德要求由"他律"转变成"自律"。这需要幼儿教师在自我修养和自我教育的过程中,克服个体道德与社会道德的矛盾,协调"得与失"的冲突,实现知行统一。也就是说,幼儿教师只有不断提升自身的道德境界和精神境界,把师德要求内化为自我意识,转化为自觉的师德信念,职业良心才能在幼儿教师内心深处不断发展和完善。可见,即使理论知识再丰富,没有经过幼儿教师的自我教育、自我体验及自觉道德选择,没有形成自己的师德信念,那也谈不上职业良心。总之,职业良心是幼儿教师自觉进行师德上的自我体验、自我教育的产物。

(四)培养职业责任心和规范师德行为

培养自身的职业责任心,规范自身的师德行为,是做一个有职业良心的幼儿教师的前提和基础。规范"学高为师,身正为范"的师德行为,是做一名有职业良心的幼儿教师的前提条件。我国古代的思想家、教育家荀卿在《荀子·修身》中曾经说过:"礼者,所以正身也,师者,所以正礼也。无礼,何以正身?无师,吾安知礼之为是也?……夫师以身为正仪,而贵自安者也。"教育家叶圣陶也说过,教育工作者的全部工作就是为人师表。幼儿教师不仅要用自己的学识和智慧去教育幼儿,更重要的是塑造幼儿的灵魂,用自己的行为潜移默化地影响幼儿。只有严格规范和约束自身的师德行为,才能成为幼儿学习模仿的榜样,成为真正的"人师"。

幼儿教师的责任意识不是与生俱来的,更不是一成不变的。培养幼儿教师职业良心,必须从培养其职业责任心做起,有责任心和责任感才会想方设法地把工作做好。面对稚嫩的幼儿,幼儿教师要能够仔细观察孩子的一举一动,教导他们养成良好的生活习惯。如果没有责任心,就无法及时察觉幼儿间的争执、幼儿身体出现的问题、幼儿的情绪变化的。所以,需通过专业化、规范化、精细化组织管理,培养幼儿教师的职业责任心,把责任心当成做好一切工作的前提,以良心作为杠杆,以理性的态度践行自己的职业角色,自觉遵守师德规范和自己的职业良心准则,承诺自己所应当担负的职业责任。②

---

① 马克思,恩格斯. 马克思恩格斯全集(第六卷)[M]. 北京:人民出版社,1961:152.
② 张国蓉. 培养职业良心 提高职业良心水平[J]. 经济与社会发展,2009(12):34-38.

第四节 幼儿教师职业公正

公正即公道、正义，它表示人的品德，指为人处世公平正直，没有私心，不违反公认的道德准则和公平合理的原则。当代伦理学家麦金泰尔也认为："公正是给每个人——包括给予者本人——应得的本分。"马克思主义伦理学认为，公正就是为一定的道德体系所认可的对社会成员之权利和义务的恰当分配。

一、幼儿教师职业公正的含义

公正是社会中的人们合理平衡地处理人与人、人与社会以及人与自然之间各种关系的一种态度和方式。① 哈耶克在《自由制度》中指出，公正的分配应该是不平等的分配，个人能力天生不平等，对有能力的人提供平等的机会才是公正的。源于个人能力差异而不是机会差异的不平等是可以接受的。因此，公正原则体现有两层意思：一是每个人享有的基本权利应该完全平等；二是每个人享有的非基本权利应该比例平等。正如亚里士多德所说："既然公正是平等的，基于比例的平等就应该是公正的"，即"平等地对待平等的，不平等地对待不平等的"。

幼儿教师职业公正即幼儿教师的教育公正，是指幼儿教师在教育保育过程中，公平合理地对待和评价周围的人和事，它既表现为幼儿教师对自己的公正，也表现在对同事、领导的公正及对待幼儿家长的公正，更表现在对待每一个幼儿的公正上。具体来讲主要包括四方面的内容：对待幼儿，关爱平等；对待家长，尊重合作；对待同事，团结协作；对待自己，以身作则。

职业公正性是幼儿教师的师德素养水平的一个重要标志。幼儿教师职业公正的核心是对幼儿的公正。具体来说，就是要求幼儿教师在日常教育保育中，正直、无私、公平对待不同发展水平、不同性别、不同相貌、不同民族、不同家庭、不同个性、不同亲疏关系的幼儿，不偏袒、不排斥，一视同仁，发自内心地关爱每一位幼儿，并能从每个幼儿的不同年龄特征和发展水平出发，因材施教，促进每个幼儿身心和谐发展。如教育家苏霍姆林斯基所言："所谓公正，就是尊重与严格要求相结合。在学校生活中，没有也不可能有什么抽象的公正。教育上的公正，意味着教师要有足够的精神力量去关心每一个儿童。用一个模式、毫无区别的态度去对待所有的青年，那是你漠不关心、不公正的表现。"②

二、幼儿教师职业公正的意义

幼儿教师的职业公正作为调节社会关系及幼儿教育道德关系的重要道德范畴，在社会生活和教育保育活动中发挥着重要的作用。

---

① 王正平，周中之. 现代伦理学 [M]. 北京：中国社会科学出版社，2001：23
② 苏霍姆林斯基. 和青年校长的谈话 [M]. 上海：上海教育出版社，1983：117.

（一）有利于促进幼儿的健康发展

职业公正像一面镜子，能够真实反映出幼儿教师的心灵，也像一把尺子，衡量着幼儿教师的行为。幼儿教师在幼儿成长过程中扮演着重要角色，其对待幼儿的态度和为幼儿创设的公正环境，直接影响着幼儿身心的健康发展。幼儿教师的公正能使幼儿充分体验到公正对自己、对他人、对人类社会存在与发展的益处，有益于幼儿公正品格的形成。在园期间，幼儿受到幼儿教师不公正的教育和对待以及其他幼儿不友好的影响，就会逐步形成对他人和社会不公正、不友好的态度，而导致养成不健全的人格品质。所以，幼儿教师应具备职业公正的意识，尊重幼儿的人格，接受幼儿的个性差异，公平地接纳和对待每一个幼儿，不因其相貌普通、反应迟钝、性格木讷或过于顽皮而"另眼相看"，甚至流露出厌恶情绪。古希腊哲学家亚里士多德就曾指出："公正自身是一种完满的德行，它不是笼统一般，而是相关他人的。正因为如此，在各种德行中，人们认为公正是最主要的。它之所以是完满的德性，是由于有了这种德行，就能以德行对待他人，而不只是对待自身。在各种德行中，唯有公正关心他人的善。"[①] 因此，幼儿教师职业公正是建立良性师幼关系，促进幼儿健康发展的内在品质和精神动力。

（二）有利于确立幼儿教师的公信力

幼儿教师的公信力在保教活动中起着重要的作用。而幼儿教师的威信来自于其令人信服的言行，而能否做到公正，是幼儿教师树立威信的一个重要因素。正如孔子所言："其身正，不令而行；其身不正，虽令不从。"实践证明，幼儿教师坚守教书育人、为人师表、以身作则、幼儿为本的师德规范，能够平等对待每个幼儿，理所当然会深受幼儿及其家长的喜爱和尊重，进而确立自己的公信力。而幼儿也会把对幼儿教师的喜爱和信赖，转移到幼儿教师开展的各类保教活动中，并积极、默契地与教师互动，继而促进幼儿教师的保教工作质量。

（三）有利于创建和谐的幼儿园文化

幼儿园文化是幼儿园在适应外部环境和整合内部环境的长期发展过程中逐步形成的，为幼儿园教职员工所共同认同和遵守的价值和习惯体系，包括价值观、信条、道德、伦理、习惯、规范和规章制度等。幼儿园文化主要体现在幼儿园活动的指导思想、目标追求、道德准则与行为规范等内容上，是幼儿园生存的基础、发展的动力和成功的关键，是幼儿园的灵魂，潜移默化地发挥着育人的功能。幼儿园文化与幼儿园组织结构相互作用而形成行为规范，决定着幼儿教师的教育理念和行为方式。在日常的教育教学环境中，幼儿教师公正合理地处理与幼儿及其家长、同事的关系，公正合理地评价各种关系中不同个体，从而形成相互尊重、相互支持、彼此鼓励、公平竞争的相互关系，形成合作共享的幼儿园文化。在这种融洽、和谐的文化和氛围下，教师之间彼此支持，团结合作，共同提高所在幼儿园的办园质量，实现个人的专业化发展。

---

① 亚里士多德. 尼各马科伦理学 [M]. 北京：中国社会科学出版社，1999：9.

三、幼儿教师职业公正的实现

（一）不断提高个人的师德修养

公正的价值依赖性决定幼儿教师要自觉进行师德修养。因为，如果没有价值观上的必要修养，理解和实践公正一开始就是不可能的。职业公正更是如此。没有价值自觉，就没有职业公正。也就是说，幼儿教师没有在世界观、人生观、价值观上的必要修养和正确理解，是不可能实现职业公正的。实际上，职业公正对于幼儿教师而言，就是有宽阔的胸怀、仁爱的慈心和高度的使命感，以及一定的自制力和抵御压力、坚持公正的勇气。幼儿教师要实现职业公正，首先就必须成为一个公正的人。因为自私或有偏见、明哲保身、遇事退缩、不愿担当的幼儿教师是不可能做到实现职业公正的，所以，幼儿教师提高自身的师德修养是十分重要。

（二）努力提高个人的教育技能和素养

职业公正不能仅仅是一种心理概念或师德范畴，而是要在教育实践中落实的实践法则。因为要解决形式上的职业公正和实质上职业公正的矛盾问题，就不仅是一个道德原则的选择问题，它实际上是寻找实现这一原则方式的问题。幼儿教师职业公正的实现，需要幼儿教师必须要有较高的教育技能和素养，如能根据幼儿的年龄特点实施科学的个性化教育，能根据幼儿的个体差异开展适宜的教育，能根据幼儿的身心发展水平采用适宜的奖惩措施等。因此，幼儿教师应该努力提高自身的专业素养和教育技能，特别是要注重教育教学艺术，敏锐感受和准确判断保教工作中不断出现的新情势和新问题，把握教育时机，根据幼儿实际和面临的情境及时做出决策和选择、调节教育行为，并注意教育方法、态度上的适度和恰到好处。还要具有较高的理性、体谅和宽容以及自觉自愿的素质，从而为实现职业公正夯实职业素养。

（三）遵循幼儿的个体特征和成长规律

每一个幼儿都是独特的个体，具有不同于其他幼儿的特性和成长规律。幼儿教师要充分认识与理解幼儿个体的独特性，尊重幼儿生命成长的规律，而不应狭隘地成人化理解。要相信幼儿也有公正之心、公正的愿望、公正处理问题的能力，具有向上向善的愿望，具有当好孩子并得到教师赞赏的强烈愿望，具有"比别人优秀"的自尊和自信，具有能够弥补自己的不足与改正错误的心理等特点。因此，幼儿教师不能主观推断幼儿的言行是恶的、假的、故意的、具有破坏性的。对待"问题儿童"，要善于利用环境因素帮助其在良好的环境中自觉地改正缺点、毛病，尽可能避免直截了当地进行批评教育，否则，可能会导致幼儿将自己归属于教师眼中的"另类"，或是自认为自己是"坏孩子"了，打击了幼儿的自尊和自信，伤害幼儿的"面子"，自觉不自觉地产生防范、逆反或对抗情绪，导致产生改正缺点、毛病的心理阻力。因此，幼儿教师在保教工作中，给幼儿提供发展机会时，一定要尽可能地兼顾其个体特性和成长规律，给不同的幼儿提供平等适宜的发展机会。

（四）正确处理保教工作中的公正问题

幼儿教育教学活动是幼儿教师和幼儿在特定的情境中围绕一定的主题和内容进行的特殊的交往活动。教育保育工作中的公正问题是幼儿教师职业公正的主要问题，也是最为敏感和最为复杂的问题。幼儿教师只有正确处理好教育保育工作中的公正问题，才能真正促进幼儿身心和谐健康成长。

1. 坚持真理，主持公道

幼儿教师是人类社会文明的传承者，不但要传播、坚持和捍卫真理，还应为幼儿树立坚持真理、尊重科学、主持公道的榜样，帮助幼儿获得正向的理念和学习内容，以自己的师德行为影响幼儿初步形成健康的社会情感和态度。

2. 一视同仁，爱无差等

幼儿教师对幼儿一视同仁，爱无差等，是职业公正的道德要求。幼儿教师对待幼儿要一视同仁，对不同发展水平的幼儿同等呵护，决不能以自身个人的情感为转移，以表现好坏定优劣，以智力高低定亲疏，更不能以幼儿家境分高下，必须要以公正的态度为每个幼儿提供适宜其发展的学习和发展的机会，公正、客观地实施平等教育。

3. 办事公道，赏罚分明

这是幼儿教师在处理保教工作中各种矛盾或问题中坚持职业公正的具体表现。要求幼儿教师要公平、公正、公道的处理与幼儿、家长、同事等之间的问题，处理保教工作中的各种矛盾冲突时也要褒贬得当、赏罚分明、标准统一，对幼儿必要的惩罚要注意做到适宜公正，实事求是、客观准确地认识和评价每一个幼儿。

4. 因材施教，长善救失

幼儿在需要、性格、兴趣、能力、学习方式等方面存在个体的差异性，因而，幼儿教师要根据每个幼儿的天赋、能力、特点等来进行教育，因材施教，长善救失，使每个幼儿都能够得到公平的发展机会，进而得到最佳的成长。

第五节　幼儿教师职业荣誉

职业荣誉作为幼儿教师师德范畴的一个重要组成部分，与职业义务、职业良心有着密切的关系，从其实质上来讲，职业荣誉是幼儿教师师德行为的社会赞赏与教师自我肯定的统一。

一、幼儿教师职业荣誉的含义

所谓荣誉，是指人们履行义务而得到的社会积极、肯定性的评价并获得的敬重、赞誉和褒奖，及由此所产生的个人内心尊严感和欣慰感。

幼儿教师职业荣誉是指社会对幼儿教师履行职业义务的社会价值所作出的肯定性客观评价和教师由此所产生的自我认同。它包括两个方面：一方面，是指幼儿教师履行了职业义务并对社会作出一定贡献后，得到社会的认可、赞誉和褒奖，它是社会评价教师职业义务及师德行为的社会价值尺度，是教师师德行为的价值标准和价值体现。另一方面，是指幼儿教师对自己履行职业义务的社会价值的自我肯定，并由此产生的自我道德情感上的欣慰、满足和自豪。幼儿教师的这种荣誉意识，是其对社会评价的主观感受和自我评价，是幼儿教师在履行职业义务的过程中逐步发展起来的道德责任感和道德的自我评价能力，可以说是幼儿教师职业良心的社会价值尺度。

职业荣誉是幼儿教师师德的基本范畴之一，其本质是幼儿教师对在一定社会历史条件下和特定的师德生活中所发生的各种师德关系的概括和反映，通过幼儿教师的教育保育活动表现出来，同时又作为一种社会舆论力量和道德自我评价能力，影响着幼儿教师的师德行为。

二、幼儿教师职业荣誉的意义

职业荣誉，是推动幼儿教师履行职业义务的强大的精神力量，在幼儿教师的教育保育工作中具有极其重要的作用。

（一）职业荣誉是激励幼儿教师实现自身价值的助推器

职业荣誉是幼儿教师社会价值的标志，是激励和助推幼儿教师认真履行职业义务，并实现自身价值的重要精神力量。它是一种强有力的刺激，能够促使幼儿教师积极进取，在教育保育工作中更加奋发进取。幼儿教师具有强烈的职业荣誉感，也就表明他已经认同了社会的价值标准，并以此作为衡量和督促自己师德行为的价值尺度和规范准则，就能自觉地履行职业义务，并不断激励自己开拓进取、奋发向上，为实现自己的社会价值和师德要求及社会主义幼儿教育事业的根本利益而倾注全力。相反，幼儿教师缺乏职业荣辱感，就会失去前进的动力，难以促进自己履行职业义务，也难以达到师德的行为要求，也就很难得到他人的尊重和赞赏。

（二）职业荣誉是导向和制约幼儿教师师德行为的调节器

职业荣誉能帮助幼儿教师基于社会对自己行为后果的荣誉或耻辱的评价，及时发现、纠正错误行为。

荣誉和耻辱是对立的两个方面，但都是一种社会的和个体内心的价值尺度。如果幼儿教师没有职业的荣誉感和羞耻心，就会丝毫不念及自己的职业理想和职业行为的社会意义或社会影响，因而也不会产生奋发向上的心理意识与行为，更不可能形成自尊、自爱、自严、自重的师德情感与师德品质。当幼儿教师认同了职业荣誉的意义和作用，并使其内化成自身需要时，就会在内心深处确立起一种人格尊严。因此，幼儿教师要使自己的保教行为得到社会及家长的肯定，实现自己的价值，就必须按这一价值尺度不断地衡量和评判自己的保教行为，使之符合幼儿教师的师德要求。幼儿教师若出现有违背职业义务、职业良心和背离师德要求的教育行为，荣誉感就会督促幼儿教师自觉纠正或改变自己的观念和行为，使之沿着符合教师师德要求的方向发展，从而能够获得和保持荣誉。

（三）职业荣誉是促进幼儿教师完善人格的加速器

职业荣誉是推动幼儿教师履行职业义务的精神力量，是幼儿教师师德行为的调节器。当幼儿教师有了职业荣辱感，珍惜自己所获得的职业荣誉时，就会更自觉、积极地履行职业义务，为幼儿、集体和社会利益及幼儿教育事业尽最大的努力，为此做出自己的贡献，并在切身体验的过程中不断通过总结经验和教训，更加深刻地认识到履行职业义务的必要性和社会价值意义，在自身内心逐步形成坚定的职业信念和相应的师德品质。如果每一位幼儿教师都有坚定的职业荣誉感，必定能够促进幼儿教师师德水平的提高，在全社会形成良好、健康的师德风尚，从而进一步推动我国幼儿教育事业高质量的快速发展。

三、幼儿教师职业荣誉的实现

与职业义务、职业良心一样，职业荣誉也不是自己凭空形成的，它的形成离不开幼儿教师自己的理论知识、实践和道德觉悟。

（一）树立崇高的社会责任感和使命感，积极履行职业义务

职业荣誉包括社会评价和个人自我评价两个方面，因而，幼儿教师履行职业义务时必然会面临如何正确处理社会赞誉和个人尊严的问题。要实现二者的基本一致，首要条件就是必须确保社会和幼儿教师所追求的利益及他们所运用的价值标准一致。因此，幼儿教师必须依据一定的社会公认的价值标准和行为准则履行自己的职业义务。荣誉是义务的结果，义务是荣誉的基础。

幼儿教师的无私奉献和辛勤劳动理应得到全社会的尊重和赞誉，但现实却不尽如人意。目前，幼儿教师的政治地位和经济待遇虽然有了很大的改观，但由于各种原因，现实生活中还存在着对幼儿教师职业的社会地位和社会价值的模糊认识，甚至是肤浅理解，存在着对幼儿教师职业的轻视和偏见。因而，幼儿教师在面对日益纷繁复杂的社会以及社会中各种利益诱惑时，确立和坚持正确的职业荣誉有着更为重要的现实意义。每一位幼儿教师都应该自觉意识到自己所肩负的培养时代新人的伟大历史使命，爱岗敬业，无私奉献，不为各种偏见和诱惑所左右，不忘初心，砥砺前行。

（二）加强师德修养，提升师德意志

职业荣誉，既是社会对幼儿教师社会价值的认可、肯定所给予的赞誉和褒奖，又是幼儿教师个人内心的自尊和欣赏。幼儿教师按照社会主义道德和幼儿教师师德的指导与要求，从幼儿教育事业的根本利益出发，自觉履行职业义务，为幼儿和社会幼儿教育事业做出一定的贡献，才能获得职业荣誉。职业荣誉与幼儿教师师德修养、师德意志有着密切联系。通过师德修养，不断提升自身的师德意志，具有高度道德觉悟的幼儿教师，就能够深刻认识到幼儿教育培养时代新人工作，事关国家昌盛、民族复兴，是实施"科教兴国"战略的基础工程，从而会为自己所从事崇高的职业而感到自豪与骄傲。更重要的是，能够在从事幼儿教育事业中自觉树立崇高的职业理想、为国育才的志向，并把全部身心和精力献给社会主义幼儿教育事业。因此，教师要获得真正的职业荣誉，就必须在教育保育实践中加强师德修养，陶冶高尚的道德情操，自觉、尽职、尽力地按照幼儿教师师德要求，热情、无私地为幼儿和幼儿教育事业服务。

（三）正确处理个人与集体的关系，把集体荣誉和个人荣誉相结合

在社会主义社会里，幼儿教师个人利益和集体利益在根本上是一致的。对于幼儿教师来说，集体荣誉是个人荣誉的基础和归宿，个人荣誉是集体荣誉的体现和组成部分。社会和集体尊重和保护个人的自尊心和荣誉感，鼓励个人建功立业，争取荣誉，实现个人的自我价值提升。幼儿教师关心个人荣誉，在本质上也是关心社会对自己职业义务的成果的价值评价，是实现自我价值的必经历程。但是，关心个人荣誉必须与发展集体荣誉统一起来，不能漠视所在集体的荣誉，更不能以损害集体荣誉来换取个人荣誉。在新时代，需要广大幼儿教师坚持集体利益与个人利益的辩证统一，坚持集体利益高于个人利益，在争取集体荣誉的同时充分尊重和维护个人的正当利益，当两者发生冲突时，要坚持以集体利益为重，必要时要勇于放弃甚至牺牲个人利益。同时，要不断发展完善集体利益，争取集体荣誉，以逐步满足个人的正当要求并充分体验到作为优秀集体中的一员所能获得的自豪与骄傲。

幼儿教师还应坚持有利于社会主义幼儿教育事业发展的根本利益和发展要求的价值标准，正确处理社会赞誉和个人尊严的关系问题。当社会和个人评价行为的标准不一致时，社会赞誉是正确的，幼儿教师个人的尊严是不合乎实际和社会幼儿教育事业发展要求的，就应放弃个人"尊严"，顺应社会的赞誉，选择自己的义务和行为。相反，如果幼儿教师个人尊严是合乎实际和幼儿教育事业根本利益的，那就应拒绝社会"赞誉"，以保持个人的尊严。实际上，任何一个正直的、有高尚师德的幼儿教师，都会明白自己所取得的成绩和荣誉，离不开集体和社会的支持与帮助。因此，在社会赞誉面前，幼儿教师应有谦逊的品质，能够客观地认识和评价自己，既肯定自己的成绩，又能看到自己的不足，自觉虚心学习他人的长处，力争"百尺竿头，更进一步"。

第六节 幼儿教师职业幸福

"幸福"是什么？古希腊哲学家亚里士多德说："善就是幸福。"法国哲学家保尔·霍尔巴赫则说："幸福是一种存在方式，一种我们希望它延续不断，或我们愿意在它之中长久生存下去的存在方式。"积极心理学家马丁·塞里格曼说："幸福是感到满意的愉快体验。"我国学者檀传宝说："幸福是人的目的性自由实现时的一种主体生存状态。"罗国杰认为："幸福作为道德范畴，指的是人们在物质生活和精神生活中，由于实现了自己的理想和目标而引起的精神的满足。"而马克思主义所概括的幸福，既是对丰富的物质生活和精神生活的享受，更重要的在于通过劳动对生活的创造。

一、幼儿教师职业幸福的含义

幸福是指人们通过发掘、锻炼和学习等方式实现自己的目标和理想而产生的心理状态。幸福是人们的目标和理想的实现而精神上得到的满足，是一种持续时间较长的对现有生活的满足感，并希望保持现有状态的稳定的心理情绪。

幼儿教师职业幸福是指幼儿教师在教育保育工作中运用教育智慧，获取教育对象及社会的积极评价后感受到的目标和理想的实现而获得的尊严感与幸福感。职业幸福让幼儿教师发

挥自己的潜能，努力实现自己的职业理想和专业发展，是一种持续的快乐体验。幼儿教师职业幸福感的获得有助于提升幼儿教师对于本职工作的积极性，从而以更良好的积极的心态投入到保教工作中，并实现做一名幼儿教师的价值和意义。

二、幼儿教师职业幸福的意义

幼儿教师的职业幸福关系到其自身的职业生存意义和人生价值观的实现，也直接影响着幼儿的健康成长，同时对幼儿园的发展起着至关重要的作用。因此，幼儿教师职业幸福这个师德范畴，在幼儿教育事业的改革发展过程中起着非常重要的作用。

（一）幼儿教师的职业幸福促进幼儿健康发展

幼儿教师的职业幸福是一种教育力量，能够充分调动幼儿的热情，激发幼儿对幸福的追求。幼儿教师的职业幸福也会促使自己在与幼儿的接触中，学会用欣赏、审美的眼光看待每一名幼儿，以平等、真诚的态度与幼儿交往，在和幼儿一起体验成长的快乐过程中获得幸福感。除此之外，幼儿教师的职业幸福也直接影响着幼儿的人格培养和学习行为习惯。所以，幼儿教师要给予幼儿无私的关爱，让幼儿感受到教师的关心，真正体验和获得幸福，从而帮助幼儿健康快乐成长。

（二）幼儿教师的职业幸福是实现其自身价值的最好阐释

职业幸福是与人生目的和职业理想密切联系的师德范畴，只有当幼儿教师追求目标和忠于幼儿教育事业的理想实现时，职业幸福才会油然而生。因此，幼儿教师要在教育教学中意识并践行自己的使命，以饱满的热情和昂扬的斗志投身到保教工作中，将幸福追求融入于教育教学的全过程，通过在各种教育活动中与幼儿心灵交流，并得到幼儿及家长、幼儿园和社会的共同认可，体验作为幼儿教师的内在意义和欢乐，感受到自身价值的实现，从而以最大的热情和信心投入到教书育人的活动中去，不断完善自己，产生马斯洛所说的"高峰体验"，即"自我实现"的暂时片刻。

（三）幼儿教师的职业幸福是实现教育终极目的的有力保证

教育是促进人的全面发展的活动，需要以人的幸福为其起点与最终归宿。让幼儿获得幸福是幼儿教育的最终目的，也是幼儿教师义不容辞的责任。幼儿教师的职业幸福可通过教育行为影响幼儿，让幼儿在潜移默化中获得人生的幸福感。苏联著名教育实践家和教育理论家苏霍姆林斯基也曾说："我们的教育信念应该是培养真正的人！让每一个从自己手中培养出来的人都能幸福地度过自己的一生。"拥有职业幸福的幼儿教师才能带领幼儿去体验幸福、追求幸福并创造幸福。缺乏职业幸福的幼儿教师无法培养出幸福的幼儿，幼儿教育这一应然的追求也只能是空中楼阁。

三、幼儿教师职业幸福的实现

（一）国家层面：落实待遇保障

物质需求的满足是幼儿教师生存和发展的必要基础。长期以来，我国对幼儿教育的投入明显不足，国家下拨经费仅占幼儿园教育经费总数的1.3%左右，远远低于对九年义务教育的投入。现阶段，为了提高幼儿教师的待遇，2010年《国家中长期教育改革和发展规划纲要（2010—2020）》明确政府职责，要"依法落实幼儿教师的待遇与地位"。有了一定的保障，幼儿教师才能安心工作，并朝着自己未来的目标不断努力钻研、提高素质，获得良好的专业发展。

（二）社会层面：完善支持系统

社会应完善幼儿教师的支持系统，提高幼儿教师的幸福感。社会支持是指一个人从社会中得到的来自他人的各种帮助，既包括有形的物质支持，又包括无形的精神支持。西方学者从广义的角度把社会支持分为六种形式：物质帮助（金钱、实物等有形帮助）、行为支持（分担劳动等）、亲密的互动（倾听、表示尊重、关怀理解等）、指导（提供建议、信息等）、反馈（对他人的行为、思想和感受给予反馈）、正面的社会互动（为了娱乐和放松而参与社会互动）。良好的社会支持有助于幼儿教师改善不良情绪，缓解心理压力和焦虑。社会支持可以提供问题解决的策略，降低问题的重要性从而减轻压力。从这个意义上说，如果幼儿教师有了积极的社会支持系统，压力就会缓解或消除。因此，幼儿教师能够有了可借助的社会支持系统，调控职业压力，有助于幼儿教师缓解或消除工作压力，从而实现职业幸福。

（三）幼儿园层面：加强内部管理

幼儿园是幼儿教师工作生活的主要场所，它对幼儿教师的职业幸福感有直接的重要作用。因此，要加强幼儿园内部管理，提高幼儿教师职业幸福的园内保障系统。一是强化民主管理，赋予幼儿教师更充分的自主权和自由度，调动幼儿教师更多地参与幼儿园的管理决策，激发幼儿教师的工作积极性和创造性，从而使幼儿教师具有更强的责任感与归属感。二是正确合理地运用奖惩措施，提高幼儿教师归属感和满意度。建立健全激励机制和评价机制，创设轻松和谐的工作学习环境。三是关心教师的专业成长，多倾听教师心声、关心教师生活、支持教师研究、长远考虑教师发展等。四是搭建多元化展示平台，让具有不同特长的幼儿教师都有展示自己和获得肯定与提升的机会，从而让教师体会到自己工作的价值和意义。可以组织教师开展相互之间的学习探究、合作沟通等，使得幼儿教师能够在创造性地开展本职工作中提高职业幸福感。

（四）个人层面：提升完善自我

1. 追求职业理想，提升人生境界

从事一定职业的任何个体，都有对职业理想的追求。一般来讲，幼儿教师的职业理想有三个层面：一是维系个人及家庭生存的必需的最初动机和最低要求的职业追求；二是追求发挥自身专长、能更好地施展个人才智的职业追求；三是履行职业义务，为社会培养合格人才的职业追求。这三个层面的职业理想虽有明显的不同，却可以在一个人身上同时存在，并行不悖，也就是说幼儿教师的职业价值取向完全可以是谋求生存、发挥才智和承担社会责任三者共存。但作为有着高尚情操和追求的幼儿教师，不能把对职业理想的追求仅仅停留在谋求

生存层次上，这样会失去对职业幸福的感受力和创造力。就如罗素所说：个人的不幸"很大程度上是由对世界的错误看法、错误伦理观、错误的生活习惯所引起，结果导致对那些可能获得的事物的天然热情和追求欲望的丧失，而这些事物，乃是所有幸福——不管是人类的还是动物的——所最终依赖的东西。"① 因此，幼儿教师应当充分认识自己职业的意义，时刻体会幼儿教育事业的神圣，从中获得职业幸福。

2. 学会心理自我调适，摆正心态快乐工作

幼儿教师的职业幸福既是一种心态和状态，也是其内心信念与追求的体现，必须要以好的心态和状态去面对工作和幼儿，通过言传身教让幼儿自觉接受情感的洗礼、引导和激励。心态决定状态，有了好心态就有了好心情，就会少些烦恼多些快乐，少些狭隘多些豁达，即使在有苦又累的忙碌中、创造中也能享受幸福和快乐。然而，很多年轻的幼儿教师往往会被恋爱、结婚、生育等个人事情影响其情绪，若将这种情绪带到保教工作中，就会影响到职业幸福的获得。所以，幼儿教师要学会利用闲暇时间，积极参与适度的休闲活动，进行自我调适，以保持身心的健康状态，做到心理平衡，这样才能获得职业幸福。

3. 建立良好的社会关系，坦然从容面对问题

马克思在《关于费尔巴哈的提纲》中提出："人的本质不是单个人所固有的抽象物，在其现实性上，它是一切社会关系的总和。"② 当人存活在社会中时必然会发生一定的社会关系。也就是说，人总是生活在一定的社会关系之中。幼儿教师在现实生活中，需要处理与幼儿、家长以及同事的关系，坦然从容面对和解决所生活在的各种社会关系中遇到的困难和问题，并得到一致认可和赞许，才能获得职业荣誉，从而产生职业幸福感。

幼儿教师若要在一定社会关系中获得职业幸福感，需要处理好以下几种关系。一是幼儿教师要处理好与幼儿关系。关系的和谐与否关系着保教工作的质量，也关系着教师与幼儿的幸福感。因此，幼儿教师要学会善于倾听，关爱和尊重每一名幼儿，凡事必须充分考虑到幼儿的心理行为和个体需求，以爱心、耐心、责任心和帮助幼儿健康成长。二是要处理好家园关系。家园关系是幼儿、家长与幼儿园之间的一座桥梁。幼儿教师要与家长建立平等合作的伙伴关系，家园共育以共同促进每个幼儿身心全面发展。三是要处理好与同事的关系。同事关系是最能影响幼儿教师的工作心境和积极性的因素。在处理这个关系时，幼儿教师要坚持冷静宽容、互敬互让、虚心谦让、就事论事地处理问题的原则，同时保持同事之间相互支持、相互帮助又相互独立的融洽气氛，具备合作精神与团队意识，以良好的心态对待每一位同事，善于发现对方的优点并及时给予肯定和赞美，从而体现出幼儿教师的职业价值，实现自身的职业幸福。

4. 不断完善知识体系结构，提高教育实践能力

幼儿教师的职业幸福与其自身的综合素质能力息息相关。因此，幼儿教师必须通过提高自身的综合素质和能力来奠定自己的未来发展之路。一是幼儿教师要不断完善自己的知识结构。幼儿教师不仅仅要教给幼儿知识，还要教会幼儿做人，可以说这是一份综合性、复杂性

---

① 罗素. 走向幸福 [M]. 上海：上海人民出版社，1988：7.
② 中共中央马克思恩格斯列宁斯大林著作编译局. 马克思恩格斯选集（卷1）[M]. 北京：人民出版社，1972：18.

的工作，没有完整的知识结构和充足的相关学科知识的支撑，是不可能完成幼儿教育这一神圣使命的。这就要求幼儿教师不断学习，掌握自己所教领域的专业知识以及相关领域的知识。这样一来，幼儿教师既可以提高自身的职业素质和业务水平，又可以在充满生命力的课堂氛围中和幼儿一起快乐成长，由此获得更高的幸福体验。二是幼儿教师要有高超的教育能力和艺术。幼儿教师具备语言表达、教育观察、教育想象、人际交往与沟通和现代技术的操作使用等教育能力，以及高超的教育艺术，才能承担育人的责任，并取得良好的教育教学效果，从而能够体验到幼儿教师的职业幸福。三是幼儿教师还要学会与幼儿共创共享职业幸福，这也是幼儿教师真正的职业幸福。

然而，还有很重要的一点，就是幼儿教师的职业幸福不仅是需要其确立正确的价值观念，更需要幼儿教师有把自己的职业理想付诸实践并取得成效的能力。俄国著名教育家乌申斯基曾说过："任何一种力求满足高度的道德要求和人的一般精神需要（即属于人和构成人本性中的特征的那些需要的实践活动），就已经是艺术了。就这个意义讲，教育学当然就成了一门艺术，因为它力求满足人类最伟大的要求——人的本性的完善。这不是在画布或大理石上表现的完美，而是使人的本性本身——他的精神和肉体趋于完善。这种艺术永远是先行的，它的理想就是完美无缺的人。"[①] 毕竟幼儿教师如果不懂教育艺术或业务能力不足，是无法进行创造性劳动的，也不可能有实际收获，更不可能有创造幸福的能力。因此，幼儿教师需要有较强的教学实践能力，这是幼儿教师获职业得幸福的根本保证。

---

① 尼·阿·德米特里耶娃. 审美教育问题［M］. 冯湘一，译. 北京：知识出版社，1983：4.

第三章 幼儿教师师德规范

第一节 师德规范的概念、本质、域限

一、师德规范的概念

师德规范是师德的重要组成部分,师德包括外化的师德规范和内化的道德品质两部分。一般情况下,师德规范演变为外化的师德,而师德又成为内化的师德规范。所以有学者直接将师德定义为教师在从事教学活动过程中,思想、行为所应遵循的道德规范和准则,是对教师职业的根本要求。也就是说,师德等于一系列道德规范和准则,等于有关教师道德的规范,即等于师德规范。

在教师职业发展的漫长历史中,教师职业道德更多并不是以师德规范的形式存在和发展的,教师"行规"代替了师德规范,师德与师德规范的界限模糊不清。长久以来,教师只有"行规",没有师德规范。一方面,在认识上,"行规"等于师德。师德只表现为"行规",如"诲人不倦""为人师表""以身作则"等都是教师所应恪守的职业"规矩",而这些规矩的罗列就是我们所能想象的对教师在职业道德上的所有要求。另一方面,在作用上,"行规"代替师德规范。对于行规的恪守就是教师职业道德的全部要求,相应地,恪守这些行规的教师就是具备教师师德的人。事实上,"行规"是职业规范的前身,教师行规是师德规范的前身。"行规"是经验的稳定性积累,随着职业的专业化发展,"行规"逐渐被成体系的具有一定专业水准的职业规范所代替,但"行规"的合理成分依然是职业规范的组成部分。

从师德建设考虑,师德规范不能等于师德。换言之,如将师德规范等同于师德,那么师德建设将会简化为师德规范建设。事实上,合理认识师德规范不仅要关注道德与道德规范的关系,还要充分考虑师德对于师德规范的规定性作用。一方面,通过对道德与道德规范的认识,发现任何道德规范都只能发挥他律作用。而任何道德规范的约束力度都无法超越法律,师德规范更是如此。因此,师德规范的有效执行不仅在于合理制定师德规范,更重要的是需要建立健全具有一定执行力的教师道德专业的组织和机构。另一方面,师德之于师德规范,决定了师德规范的本质,从人的发展和教育目的的角度分析,师德规范的最终目的是促使教师师德的成长以及教育对象的持续发展。而从教师师德发展的角度分析,合理制定师德规范不仅丰富和具体化了教师师德的内涵,同时也是师德规范得以践行的前提,更是师德建设提

升教师整体道德形象与教师个体道德品质的关键。

因此,"师德等于师德规范"这个命题是人们对教师师德与师德规范关系的夸张理解。这一夸张理解尽管有其明显的不合理的地方,如从内涵来看,师德规范只能是教师师德建设的一部分、教师个人职业道德养成的一个方面,但从师德建设的角度分析,在实践中因师德规范所发挥的突出作用致使教师师德发展完全依赖于师德规范建设,甚至师德规范建设代替了师德建设。

二、师德规范的本质

正确认识师德规范的本质不仅具有理论价值,有助于从认识上明确师德规范与师德的关系,同时也有重要的实践意义,有助于师德规范的合理制定。

从师德规范的实质分析,师德规范是实现师德的工具。因此,只有充分发挥师德规范工具性的价值,才能实现教师师德专业化发展的要求。由于道德规范的他律性特点。充分发挥师德规范的工具性价值必须满足两个条件:师德规范制定合理,师德规范执行监督机制健全。

从师德与师德规范的关系分析,要真正发挥师德规范工具性价值,更为重要的是必须满足师德对于师德规范的特殊要求:第一,师德规范在内容上必须贴近师德内涵的要求。师德规范从内容上来说与教师在教育劳动中的各种关系有密切的关联。第二,师德规范在性质上必须符合师德本质的要求。师德规范旨在使教育双方有尊严、可持续发展地活着。因此,师德规范不仅是义务性的,同时也是权利性的,不仅是对教师教育活动应尽义务的要求,同时也是对教师专业生活基本权利的保障。第三,师德规范在结构上必须体现师德规范的层次性要求。师德规范不仅是教师师德建设的必需,同时也是教师个体专业成长、发展提高的条件。第四,师德规范在建设上必须体现师德的他律性要求,就是师德规范通过公正、合理的外在奖励或约束来刺激师德规范主体达到师德规范所要求的目标。由于教师劳动对教师师德的特殊要求致使师德规范的执行与制定同等重要。相比而言,约束功能强的师德规范更需要执行,更需要执行机构的监督与监管。因为约束功能强的师德规范一般都是针对教师普遍容易出错的或普遍不容易履行但又必须履行的行为规定。容易出错的行为需要在监督中纠正,不容易但必需的行为更需要在监督中来培养。否则,师德规范便失去其存在的价值。

三、师德规范的域限

师德规范在教师师德建设中发挥着积极的作用,但其作用并不是全能的,也有域限。

(一) 师德规范是一种职业规范

幼儿教师处在各种现实生活关系中,扮演着各种角色,并遵循相应的特定的道德规范。作为教师,在社会中要以一个公民的身份去体现其社会公德;在岗位要以一个教育工作者的身份去实践职业道德;在家庭里要以家庭美德作为生活的行为规范。但师德规范的全部内容却只限于教师职业道德一种,不能泛化为一种社会公德,更不能僭越教师私人领域和私德范畴。

(二) 师德规范只直接发挥他律作用

道德的养成除了依赖于他律，人类的自省和自律发挥着更为关键的作用。当然，完全依赖人的良心而没有外在约束的职业道德也只会停滞在一般性的行业道德的非专业水平上。但是，师德规范再完善，其作用也是有限的。因为师德规范发挥作用的方式基本上是通过奖惩这种外在的刺激强化（他律）来促使幼儿教师提高自我约束的意识和能力（自律）。这就意味着再完美的师德规范如果不能唤起幼儿教师的自我意识或者离开了幼儿教师个体内心的作用都是徒劳的。而要唤起幼儿教师的自主意识，师德规范就不能仅仅依靠奖惩罚这种只能对幼儿教师个体发挥短暂约束作用的方式，而更应着眼于营造一种共同愿景以引导教师自主践行规范来实现个人甚至是幼儿教师集体的理想。

(三) 强调师德规范文本执行与监督，才能更充分发挥师德规范的他律作用

师德规范他律作用的发挥，不仅仅是师德规范文本制定的问题，更为重要的是师德规范文本执行与监督的问题。因此，仅止于师德规范文本的教师师德认知和师德建设实践都是有局限的。教师师德专业化发展不仅意味着师德规范文本制定的专业化，同时更加意味着执行与监督机构的建立与完善及其人员专业素质的提高。

(四) 师德规范并不能够规范所有教师所有行为

师德规范所规范的是一般的也是最为普遍的幼儿教师个体。而且师德规范是一种职业规范，规范的是最能体现教育特性以及幼儿教师劳动特点的幼儿教师行为，即规范的是在教育实践活动中普遍且预期或实际能够产生教育影响的职业行为。因此，在这众多的幼儿教师行为中，仅用道德与不道德判断师德是不够的。因为，在现实实践中，存在着大量的虽然出自自身利益的考虑，但不会损害幼儿和其他同事和学校集体利益，也不会损害社会的行为，这种行为是一种非道德性的行为。但是，在师德规范中，不考虑行为是否道德、是否具有价值是不行的。师德规范倡导的是幼儿教师行为"应当"怎样做的善，谴责的是幼儿教师行为"失当"的恶，而对两个维度中间还存在的"正当"的幼儿教师行为要进行合理地道德判断与筛选。师德规范应包括规范那些预期或实际能够产生教育影响的正当的幼儿教师行为，但由于存在教育活动的复杂性及幼儿教师言行所产生影响的不可预期性和持久性，而要求师德规范都应穷尽所有的教师行为，实际却又无法穷尽所有的幼儿教师行为，哪怕是穷尽一个幼儿教师可能的所有教育言行，都是不切实际的。因此，师德规范无论从内容、作用发挥等方面都是有局限的，不是万能的，更不能代替师德建设中的其他环节。

第二节 爱国守法：幼儿教师师德的前提

热爱祖国是每个公民，也是每个幼儿教师都必须履行的神圣职责和义务。特别对于作为幼儿领路人的幼儿教师来说，更要将人民的嘱托牢记于心，要遵循法律的规范。《幼儿园教师专业标准（试行）》对幼儿教师在教育教学中做到爱国守法提出了明确要求："贯彻党和国家教育方针政策，遵守教育法律法规。了解关于幼儿生存、发展和保护的有关法律法规及

政策规定。"因此，爱国守法是教师职业的基本要求。它不仅是幼儿教师依法履行幼儿教师职责的根本，也是维护社会稳定、幼儿园和谐的基础。

爱国就是热爱自己的国家。爱国是幼儿教师必须具备的一种高尚的情操，是教师对祖国最深厚的感情。正如苏联教育家加里宁所言："教师把自己的全部精力和血汗，把他所有的一切宝贵品质，都贡献给自己的孩子，贡献给本国人民。"① 具体而言，幼儿教师的爱国不仅表现在自身要有爱国主义的觉悟，身体力行贯彻到爱国主义上，还表现在其在本职工作中贯彻爱国主义教育，帮助幼儿树立爱国主义理想，践行爱国主义信念。林崇德有言："教师要爱国，并用这种对国家的忠贞感染孩子，这才能真正体现为人师表。"②

守法，就是遵守国家的法律、法规等。马克思、恩格斯曾经指出：人是一切社会关系的总和。③ 换句话说，每个人都不是孤立的个体，都是一个"社会人"，教师也不例外。法律是由立法机关制定、国家政权保证执行的一系列行为准则，它是一个社会、国家、地区的基本秩序得以维持的基本手段。要求每一位社会成员都要用法律来规范自己的一言一行、一举一动，不做违法乱纪的事。具体到幼儿教师，不仅自身要学法、知法、守法，做遵纪守法的楷模、依法治教的模范，还要注意教育幼儿知法、守法，做一名守法的幼儿。

总之，爱国守法是幼儿教师献身教育的思想基础，是社会向幼儿教师提出的基本要求。其中，爱国是必要，守法是必须。爱国是一种高尚的道德情感，守法是一种最基本的道德规定。

一、爱国：幼儿教师首要的职业规范

简言之，爱国就是热爱自己的国家，爱国是幼儿教师必须具备的一种高尚的道德情感，是幼儿教师对祖国最深厚的感情，是其应该履行的责任和义务。新时代，爱国主义体现为爱国和爱党、爱社会主义的有机统一。爱国从来都不是抽象的，而是具体的。在当代中国，国家、民族的命运与党的命运、社会主义的命运密不可分。要弘扬爱国主义精神、实现中华民族的伟大复兴，就必须坚持中国特色社会主义道路，就必须坚持中国共产党的领导。正如习近平总书记所指出的，只有坚持爱国和爱党、爱社会主义相统一，爱国主义才是鲜活的、真实的，这是当代中国爱国主义精神最重要的体现。

幼儿教师所从事的职业是一种富崇高使命和高度责任感的职业，要立足于为祖国和民族培养好接班人的高度来育人。正如苏联著名教育家加里宁所说：国家和人民把儿童托付给教师们，要他们来教育这些按年龄上最容易受影响的人，也就是说，把自己的希望和自己的未来完全托付给他们。这是把伟大的责任加在教师身上的一种重托。热爱祖国才能使自身获得无穷的内驱力和创造力。一名幼儿教师具有了爱国主义思想，那么他就会把自己的工作与实现中华民族伟大复兴的中国梦联系在一起，就有了为祖国的教育事业而献身的崇高理想和信念。因而，在工作中，不管遇到什么困难，都会把国家的利益放在首位；在保教工作中，幼

---

① 加里宁. 论共产主义教育 [M]. 北京：中国青年出版社，1979：52.
② 林崇德. 以德为先，为人师表 [N]. 中国教师报，2009-08-09.
③ 中共中央马克思恩格斯列宁斯大林著作编译局. 马克思恩格斯选集（卷1）[M]. 北京：人民出版社，1972：18.

儿教师就会把爱国主义思想转化为爱国的行为。

（一）爱国是幼儿教师师德的基础

爱国是一名幼儿教师应具备的最基本最深厚的感情，具体体现在热爱幼儿教育、为祖国的幼儿教事业无私奉献等方面。

1. 爱国是幼儿教师献身幼儿教育的思想基础

爱国是中华民族的优良传统和崇高的思想品德。幼儿教师从事的职业是事关国家发展和民族未来的富于责任感的事业，幼儿教师的责任感是幼儿教师职业的内在要求。幼儿教师承担着为国家和社会培养社会主义建设者和接班人的伟大使命。幼儿教师首先要树立爱国主义思想，深刻地认识到自己的工作是和国家的未来发展、国家的繁荣昌盛联系在一起的，事关中华民族的伟大复兴，像陶行知那样把教育事业当作"一大事来"，才能自觉担负起这份责任和使命。幼儿教师只有认识到、体验到自己所从事的职业的崇高，意识到自己肩上担负着祖国和民族的未来，从而树立献身幼儿教育的坚定信念，才能做到言行一致，不畏艰难险阻，处处为幼教事业着想，呕心沥血，矢志不渝地为培养时代新人而默默奉献。

2. 爱国是幼儿教师实现人生目标追求的动力源泉

爱国是实现人生价值的力量源泉。爱国不仅仅是要找回精神支柱和感情纽带，更主要的是找到实现人生价值的平台。一个人能够成为什么人，应该成为什么人，在很大程度上依赖于国家和社会。祖国给个人的成长发展创造条件，对个人创造成果做出评价，为个人实现人生价值提供了舞台和指明方向。

伟大的人生目标产生于对祖国深厚的诚挚之爱，一个人对祖国爱得越深，社会责任感越强烈，人生目标就越明确，人生信念越坚定。信念是人们对于人生价值观、道德理想和行为准则正确性和正义性的深刻而理性的笃信，以及由此而产生的道德义务的强烈责任感。它是深刻的道德认识与炽热的道德情感的有机统一。古往今来，彪炳中华民族史册的，无一不是忠诚的爱国者。他们之所以能做出一番事业，根本原因在于对自己祖国和人民有一颗赤子之心。广大的幼儿教师，要用自己的方式来报效自己的祖国，实现自己的人生价值。就像歌德说的一样，"我们为祖国服务，也不能都采用同一方式，每个人应该按照资禀，各尽所能"。

3. 爱国要具体体现在热爱幼儿教育，为祖国的幼教事业无私奉献

习近平总书记指出："爱国，不能停留在口号上，而是要把自己的理想同祖国的前途、把自己的人生同民族的命运紧密联系在一起，扎根人民，奉献国家。"判断一个人是不是真正的爱国，主要不是听他说什么，而要看他的行为是否有益于社会，是否有益于国家和人民。

幼儿教师的爱国之情，表现为深深地爱自己的幼儿教育事业，满腔热情地教书育人，竭尽全力为祖国培养优秀人才。著名特级教师霍懋征在其报告中这样说道：我知道孩子是祖国的花朵，是祖国未来的建设者，爱孩子就是爱祖国，我要把热爱祖国、热爱教育事业之情，倾注到我的学生身上，全身心地投入到小学教育事业中。试想，如果幼儿教师没有对国家的热爱，怎么会有对幼儿教育事业、对幼儿的热爱？因此，拥有爱国主义情怀的幼儿教师才会忠于幼儿教育事业并乐于付出奉献。

（二）幼儿教师爱国的践行要求

幼儿教师热爱祖国具体体现在于三个方面。

1. 有爱国之情，坚持祖国利益高于一切

爱国之情，是每一名公民最朴素的基本道德。身为幼儿教师，更要牢固树立爱国主义思想，深刻认识到自己的工作是与国家民族的未来发展紧密联系在一起的，和国家的繁荣昌盛息息相关。幼儿教师要不断增强自己的爱国主义情怀，要有培养中国特色社会主义建设者和接班人的崇高使命感和历史责任感。有了这种思想觉悟，才能自觉担负起这一责任和使命，才能树立起献身教育事业的信念，不论遇到什么困难，都能从大局出发，为事业着想，言行一致，呕心沥血，鞠躬尽瘁，矢志不渝地为幼儿健康成长而默默奉献自己的一生，才能时时处处约束自己，传递正能量。

2. 有报国之志，做爱国的模范

幼儿教师是一个特殊的职业，率先垂范、为人师表是其最显著的特征，而幼儿的行为具有明显的模仿性、向师性。只有幼儿教师率先垂范成为一名爱国的模范，才能培养出爱国的孩子。正如于漪老师所说："要把孩子培养成为热爱党、热爱祖国、立志为四个现代化贡献毕生精力的人，做教师的心中必须揣着一团革命的火，热爱无产阶级事业，与党同心同德，为伟大事业的巩固与发展奋斗终生。"[①] 真正的爱国主义不应表现在漂亮的口号上，而应表现在自己日常的一言一行、一举一动中。

3. 有效国之行，自觉践行社会主义核心价值观

在幼儿园保教活动中，积极实施爱国主义教育，自觉践行社会主义核心价值观。幼儿教师的效国之行，表现为深爱自己的教育事业，满腔热情地教书育人，甘为人梯，竭尽全力为祖国培养优秀人才上。正如著名的特级教师霍懋征所言："爱孩子就是爱祖国，我要把热爱祖国、热爱教育事业之情，倾注到我的孩子身上，全身心地投入到教育事业中。"[②] 幼儿教师的效国之行，还表现为幼儿教师在日常教育教学活动中，积极实施爱国主义教育。《幼儿园教育指导纲要（试行）》要求："充分运用社会资源、引导幼儿实际感受祖国文化的丰富与优秀，感受家乡的变化和发展，激发幼儿爱家乡、爱祖国的情感。"可见，爱国主义教育从幼儿开始，是时代赋予幼儿教师的责任和义务。幼儿教师要从孩子的年龄特点出发，通过改善教育环境，寓教于乐，发挥爱国主义教育的渗透作用；通过由浅入深教育引导，使得幼儿理解祖国并不只是一个抽象的概念，而是由他们的父母、亲人、社会等构成的一个大的统一体，让他们理解祖国母亲的真正含义等；自觉将爱国主义教育落实在日常工作中、体现在与幼儿相处的每一细节中。

二、遵纪守法：幼儿教师最基本的行为准则

守法就要依法执教，这是幼儿教师职业道德的底线。守法就是要求幼儿教师在教育教学活动中，全面贯彻国家的教育方针，自觉遵守教育法律法规，依法履行教师的职责，一定要

---

① 教育部师范教育司. 全国特级教师经验选（一）[M]. 北京：人民出版社，1981：109.
② 霍懋征. 没有爱就没有教育 [J]. 人民教育，2005（8）.

把好自己的言行关，无论何时何地都不得有违背党和国家方针、政策的言行。

常言道："没有规矩，不成方圆。"遵纪守法是国家、社会组织和公民一切活动的基本行为准则，是每位幼儿教师应尽的义务。幼儿教师不仅要知法、懂法，还要在自己教书育人的过程中，时时处处以法律法规来规范自己的言行，模范守法，依法执教。

（一）幼儿教师依法执教的基本要求

1. 知法

教育法律法规是规范教育行为的专门法律，其基本原则是人们在教育活动中必须遵循的准则。当前，我国已经形成了以《教育法》《教师法》《未成年人保护法》《幼儿园管理条例》《托儿所、幼儿园卫生保健管理办法》《中小学幼儿园安全管理办法》《幼儿园工作规程》《幼儿园教育指导纲要（试行）》以及《3~6岁儿童学习与发展指南》等法律和文件都为幼儿教师开展保教活动提供直接的法律和理论依据。其中，《教师法》是我国教育史上第一部专门为教师制定的法律，对教师的权利、义务以及法律责任等都做出了明确的规定。《未成年人保护法》是为保护未成年人的身心健康，保障未成年人的合法权益，促进未成年人在品德、智力、体质等全面发展，培养有理想、有道德、有文化、有纪律的社会主义建设者和接班人而制定的。幼儿教师只有学习和熟悉这些法律、法规的内容，才能做到懂法、守法、依法执教，才能杜绝体罚幼儿、违法乱纪、触犯刑律等现象。

2. 守法

守法要求幼儿教师要严格遵守各级教育行政部门和所在幼儿园的各项规章制度，并熟练运用相关的法律法规来指导自己的教育教学实践，以法律为尺度，严格依照法律进行幼儿教师职业行为选择。我国《教育法》和《教师法》明确规定，幼儿教师的行为选择如果不符合法律，就要承担法律责任，受到法律制裁。因此，幼儿教师必须清楚什么事情可以做，什么事情一定不能做，明确道德和法律的底线，要用相关的法律法规来指导自己的教育教学实践，自觉养成规范的教育行为和习惯。

3. 普法

身为幼儿教师，知法是权利义务，守法是师德内容，普法则是基本职责。幼儿是祖国的花朵、国家的未来，保护好幼儿是全社会的责任。作为幼儿教师，要保护好园内的幼儿，使其免受非法侵犯，更是责无旁贷。一方面，幼儿教师在教育活动中，对侵犯其所教育管理的幼儿合法权益的违法行为应给予制止；另一方面，对来自家庭社会的有害于幼儿身心健康成长的不良现象和行为有义务进行批评和抵制。与此同时，也不能忽略在教育教学中对幼儿进行法制教育。例如，在日常生活中向幼儿传递一些法律知识，通过游戏活动对幼儿渗透一些法律教育等。总之，幼儿教师应重视要在保教活动中通过各种形式，对幼儿进行法律情感的陶冶和法律行为习惯的培养，做到普法。

（二）自我养成：遵纪守法的"现实要求"

1. 树立科学的世界观、人生观、价值观

世界观、人生观、价值观是人的行为活动的"定位器"。虽然一名幼儿教师可能不会有轰轰烈烈的惊天动地之举，其一生是平凡的，但是教育事业是振兴民族的希望所在，所以幼儿教师要有职业自豪感，要把自己的人生价值定位在忠于人民的教育事业上，要树立"政治意识、大局意识、核心意识、看齐意识"，要有正确的政治观点和政治立场和敏锐的政治洞察力。在教育教学活动中，始终坚持社会主义教育方向。

2. 增强法律意识，坚定法制观念

认识是情感的基础，观念是履行师德要求的内在动力。幼儿教师应深刻了解国家对法律的要求及其提出的这些客观依据，充分认识履行遵纪守法对教书育人、培养跨21世纪人才和社会主义现代化建设的深远意义。同时，幼儿教师应加强法制教育学习，积极参加遵纪守法事迹报告会等各种形式的活动，提高自己的法律意识，确保自己的一言一行合法、规范、严谨。

3. 加强法律法规的学习，反思教学实践

幼儿教师要了解和掌握我国已经颁布实施的教育法律法规，特别要熟知与学前教育相关的法律法规及政策。当然，幼儿教师还要了解一些国际上相关的法规，这有利于幼儿教师更好地理解我国学前教育法律规定出台的相关国际背景，从而能够更加深刻领会我国现有法律法规的内在精神。如幼儿教师加强学习《儿童权利公约》，可以更好理解我国的学前教育法律法规对幼儿受教育权利的重视、对幼儿独立人格的尊重等精神。同时，幼儿教师需要在教学实践中勤于反思，就是要对照法律法规的具体规定反思自己的教育教学活动，并不断审视和完善自己的专业理念和师德，从而在保教工作中全面贯彻落实党和国家的教育方针政策和学前教育法律法规。如理解我国强调学前教育的基础性、先导性和公益性的定位，学前教育是基础教育的组成部分，是终身教育的奠基阶段。学前教育是幼儿教育的开始，合理的学前教育可以让幼儿未来的发展有一个良好的开始。学前教育既是对新生一代的教育要求的重要组成部分，又具有社会公益事业的性质，促进社会和谐。

第三节 幼儿为本：幼儿教师师德的核心

"幼儿为本"是"以人为本"科学发展观在幼儿教育上的具体体现，是幼儿教育本质的重要内涵，也是幼儿园教师应秉持的核心理念。《幼儿园教师专业标准（试行）》对"幼儿为本"理念的表述是："尊重幼儿权益，以幼儿为主体，充分调动和发挥幼儿的主动性；遵循幼儿身心发展特点和保教活动规律，提供适合的教育，保障幼儿快乐健康成长。"《幼儿园教师专业标准（试行）》在专业理念与师德层面，明确提出要尊重幼儿的人格，维护幼儿的合法权益，平等对待每一个幼儿；不讽刺、挖苦、歧视幼儿，不体罚或变相体罚幼儿；信任幼儿，尊重个体差异，主动了解和满足有益于幼儿身心发展的不同需求。在专业能力方面，要求教师鼓励幼儿自主选择游戏内容、伙伴和材料，支持幼儿主动地、创造性地开展游戏；能及时发现和赏识每个幼儿的点滴进步，注重激发和保护幼儿的积极性、自信心等。可以说，这是该理念在幼教实践的具体化，是幼儿园教师践行"幼儿为本"理念的行为准则。

《幼儿园教育指导纲要（试行）》基于"以幼儿为本"的思想理念，提出幼儿教师要"以关怀、接纳、尊重的态度与幼儿交往"，成为幼儿心灵的倾听者和保护者。幼儿教师对幼儿的尊重意味着对幼儿权益的重视与维护，承认幼儿的人格独立和个体差异。对幼儿的尊重程度反映了幼儿教师是否拥有正确的师幼观，其核心要求是幼儿教师要公平公正地对待每一个幼儿。

陶行知先生曾指出："先生创造孩子，孩子也创造先生，孩子先生合作而创造出值得彼此崇拜之活人。"中国人民大学教授黄克剑早在1993年就提出了教育的三个境界，即"授受知识、开启智慧、润泽或点化生命"。"授受知识"是教育最基本的职责，也是教育的第一个境界，是历代教育都可以做到的。第二个境界"开启智慧"，即教育的目标不仅仅是教会孩子一些知识，更重要的是要引导孩子学会学习、学会选择，学会更好地运用所学知识为社会服务。第三个境界"润泽或点化生命"，是站在生命的高度对教育的整体把握，亦即为了"立人"和对人生命的成全。

一、尊重幼儿的尊严和权利

爱的前提是尊重，教育的前提也是尊重。假如没有尊重，就不可能有爱，也不可能有教育，由于每个幼儿的性格、家庭成长环境都不一样，我们不可能要求幼儿有一样的规范行为，幼儿总是会犯错误，关键在于幼儿教师如何在尊重的前提下引导教育幼儿纠正错误行为。尊重包含三方面的含义：一是尊敬与敬重；二是重视并严肃对待；三是行为庄重。尊重每一位幼儿是幼儿教师平等公正对待幼儿的基本准则。

（一）尊重幼儿的人权

"幼儿为本"的第一要义就是尊重幼儿的权利。幼儿作为独立的"人"拥有自己的基本权利。幼儿不是成人的附庸，不是成人可以随心所欲地支配的道具，不是成人为实现自己的想法或需要而任意训练、拿捏的对象，不是一个只能接受成人灌输的空容器。幼儿也是独立的"人"，拥有自己的基本权利。1959年联合国大会首次通过了《儿童权利宣言》，1989年又通过了《儿童权利公约》，明确规定了儿童的生存权、发展权、受保护权和参与权。儿童的生存权包括生命权、健康权和医疗保健权；儿童的发展权是指儿童拥有充分发展其全部体能和智能的权利，具体指信息权、受教育权、娱乐权、思想和宗教自由、个性发展权等；受保护权提出了反对一切形式的儿童歧视，保护儿童的一切人身权利；参与权是指儿童有参与家庭、文化和社会生活的权利。《儿童权利公约》强调儿童应该与成人平等共享相同的权利。《幼儿园教育指导纲要（试行）》也强调，幼儿园教育应尊重幼儿的人格和权利。因此，幼儿教师应该认识到"幼儿为本"理论下的教育与"成人本位"教育最根本的区别就在于，教育是帮助幼儿最终成长为成熟的、有责任感的、能正确行使自己权利的合格社会公民，不是把他们变成成人的奴隶或附属品。热爱幼儿，尊重幼儿，理解、尊重并保障幼儿参与与自身有关的一切活动并发表自己的意见的权利，让每个幼儿愉快地、有尊严地度过童年生活，应该成为每一名幼儿教师坚定的教育信念。

（二）尊重幼儿独立的人格

"尊重幼儿人格"就是要将幼儿视为平等的人格主体予以尊重。《儿童权利公约》的基本精神就是强调幼儿不仅是被保护和教育的对象，而且是具有积极性和主动性的"权利主体"。

幼儿虽然年幼、思想不够成熟、思维很具体形象，但作为一个独立的个体，他们有独立的人格,有自己的精神世界,有自己的对周围世界、对他人、对自己的各种认识与理解,他们会主动参与自己的生活与活动并自由地表达意见与思想。幼儿教师有义务、也有责任认真地倾听,认真地看待,为幼儿创造更多的参与社会活动的机会,以关怀、接纳、平等的态度与他们"对话",而不是只让他们"听话"。所以,幼师不能因为幼儿的依赖而无视他们独立的人格的存在。而且,幼儿教师和幼儿的人格是平等的,幼儿的自尊、人格和正当的兴趣爱好,都应受到充分的尊重和肯定,幼儿教师无权任意干涉。

幼儿教师对幼儿人格的尊重体现在:一要认识到幼儿虽然年龄小,思想不成熟,但他们也是一个有着自己的想法和观点的能动的个体,幼儿的人格、观点和想法以及权益应该受到尊重和重视。二要将幼儿的想法和观点、权益作为自己设计、组织教育教学活动的起点和依据,幼儿教师所采取的教育教学行为不能无视甚至损害幼儿的合法权益。三要及时制止不尊重幼儿人格、侵害幼儿权益的行为和现象,或向相关部门反映,用自己的实际行动保护幼儿的人格和合法权益。

这就要求幼儿教师在尊重幼儿中必须做到:一是一视同仁,即公正地尊重每一位幼儿,不分厚薄,同等对待,努力使每位幼儿享受公平资源,得到全面发展的机会。唯生是尊,是对幼儿教师爱幼儿的最基本的要求。对每个幼儿实施一视同仁的爱是幼儿教师行为的准则。二是善良和宽容。善良是对幼儿教师心地的要求,它要求幼儿教师做到心地纯洁、没有恶意,要做到与人为善,时刻对幼儿表示善意。在幼儿教师对幼儿的尊重中,教师的心地是否善良,深深地影响着幼儿。宽容是对幼儿教师心胸的要求,要求教师在爱幼儿中做到心胸开阔、有气度,不斤斤计较,要求幼儿教师能包容异己,容纳不同的意见。

还要强调的是,保障幼儿的人格尊严与权利是无条件的,不受其出生地、民族、经济状况、宗教、外表、能力、健康等任何因素的影响。也就是说,无论幼儿是来自农村或城市,无论穷或富,聪明或智力落后,都有权利享受同等的关爱、接受平等的教育,受到一视同仁的对待。幼儿教师要尊重幼儿独立的人格尊严,重视幼儿身心健康,维护幼儿合法权益,平等对待每一位幼儿,反对讽刺、挖苦、歧视幼儿,体罚或变相体罚幼儿,以暴力或冷暴力打击伤害幼小的心灵,如蒙台梭利在《童年的秘密》中所说:"忽视和忘却儿童的权利,折磨和践踏儿童,无视儿童的价值、权利和本性,应该引起全人类最强烈的反对。"

(三) 尊重幼儿的自我意识

幼儿的自我意识是幼儿社会适应性发展的基础,没有良好的自我意识就没有良好的社会适应性。自我意识包括自我感觉、自我评价、自尊心、自信心、自制力、独立性等。这些素质在幼儿期如果发展得不好,就会影响幼儿日后适应社会的能力。幼儿最早的自我意识是来自父母、老师对他的评价,当他肯定自己被父母、老师爱着时,就会有一种满足、快乐感和安全感。幼儿在两三岁时自我意识逐渐形成,他们会提出"我自己来""我自己做"的要求,这是幼儿心理发展到一定阶段的正常现象。不论是家长还是幼儿教师都没有权力去支配或限制幼儿的行为,甚至包办代替,剥夺幼儿学习、锻炼的机会。在任何情况下,要让幼儿感到自己是自己的主人。幼儿教师应该随着孩子年龄的增长和独立意识的增强,通过各种方式给予幼儿支持。在教育过程中,幼儿教师不能把幼儿看成容器,是简单的加工、塑造的原料,幼儿教师必须尊重幼儿的合理要求、幼儿的情绪和情感需要,以及幼儿的自主选择。

（四）尊重幼儿的个体差异

由于遗传因素和不同环境的影响，每个幼儿都有不同的天性。由于幼儿来自不同的家庭、社区或民族等，具有不同的文化、习俗等，幼儿间存在着一定的个体差异。幼儿教师应当充分尊重幼儿的个体差异，平等地对待每一个幼儿，对他们进行有效的指导，这样才能为幼儿创造一个宽松、平等的环境，使每个幼儿都得到应有的发展。

"尊重幼儿的个体差异"要求"平等对待每一位幼儿"，即幼儿教师在日常保教工作中，要做到公平公正，要尽量满足不同幼儿的需求。因而，幼儿教师应在理念上尊重幼儿的个体差异。每个幼儿在不同的方面存在差异，幼儿教师要承认、尊重并接受每一个幼儿在认知、情感与社会性甚至外貌等各个方面的独特性和差异性，特别要避免在日常工作中对外貌姣好或者能力较强的幼儿有意无意的偏爱，还要平等对待幼儿。平等对待幼儿、正视幼儿间的差异是保证每一个幼儿受到尊重的前提。幼儿教师应正视幼儿间的差异，在教育活动中，以沉稳的心态耐心地引导幼儿，给予每一个幼儿基于其能力而言平等的机会和资源，按照每一个幼儿的不同兴趣、能力、气质和性格等个体差异，因材施教，使每一个幼儿的个性心理品质和能力都能够在原有的基础上获得进步。切忌进行幼儿之间的横向比较，要多进行幼儿成长、发展的纵向比较，让幼儿以自己的速度、自己的个性健康成长。

（五）了解幼儿的个性特点

每个幼儿都有个性、感情、理想，都有自己的内心世界和独特的精神世界，这就需要教师深入细致地了解幼儿。了解幼儿是教育的前提，尊重幼儿是教育获得成功的基础，平等对待幼儿是建立良好师幼关系的基础。

深入了解和热情关心，是幼儿教师关爱幼儿最突出的表现。很多幼儿教师不是真的了解幼儿。尽管他们每天都认真地"关爱着"自己带的幼儿，可是她关爱的方式方法，让幼儿接受不了、感到不自在。幼儿教师面对的教育对象是幼儿，他们精力旺盛、求知欲强、可塑性大、积极上进等，同时也存在各种心理问题。针对幼儿的特点，幼儿教师必须充分了解幼儿的个性特点，认真分析性格特征，掌握每一个幼儿的行为方式、思维方式、兴趣爱好等信息，才能把握幼儿的行为动向，拉近师幼之间的感情，正确引导幼儿成长成才。

二、尊重幼儿成长特点与保教规律

遵循教育规律，要求教师必须做到了解、掌握、依据与利用教育规律。所谓教育规律，是指教育内在的本质联系和必然趋势，是开展教育工作必须遵循的客观法则。教育规律具有客观性、潜伏性、相对稳定性、内在联系性、制约性与主观能动性等特征，这为幼儿教师了解与掌握教育规律加大了难度。概括起来，幼儿教师必须了解和掌握的教育规律有：一是社会发展律，要求幼儿教师务必洞察教育与社会发展的关系，理解自己所从事的教育属于未来导向教育，即为未来社会培养人才；二是师生发展律，要求幼儿教师务必熟知幼儿的生理、心理发展规律，顺应人的天性而教育。

《幼儿园教育指导纲要（试行）》明确指出："尊重幼儿身心发展的规律和学习特点，以游戏为基本活动，保教并重，关注个别差异，促进每个幼儿富有个性地发展。"幼儿园教师必须注重保护幼儿的好奇心，培养幼儿的想象力，发掘幼儿的兴趣爱好。不以权威压制幼儿探索世界的好奇心，耐心陪伴幼儿成长。信任幼儿，尊重个体差异，主动了解和满足有益于幼儿身心发展的不同需求。呵护童真，遵循教育规律，遵循幼儿的年龄特征，不功利地拔苗助长。保护幼儿创新的火苗，帮助点燃理想的火焰。为此，教师要做到以下两点。

（一）尊重幼儿的个性和学习特点

了解幼儿是教育的前提，尊重幼儿是教育获得成功的基础，平等对待幼儿是建立良好师幼关系的基础。每个幼儿都有其独特个性特点，都有自己的内心世界和独特的精神世界，也都具有求知欲强、好奇好问的心理特点。

因此，这就需要幼儿教师深入细致的了解幼儿。教育家赞科夫曾经说过："当教师把一个孩子看成一个具有个人特点的、具有自己志向、自己智慧和性格的人的时候，才有助于教师去热爱和尊重儿童。"幼儿教师面对的教育对象是幼儿，他们精力旺盛、求知欲强、可塑性大、积极上进，同时也存在各种心理问题。针对幼儿的特点，幼儿教师必须充分了解幼儿的个性特点，认真分析性格特征，掌握每一个幼儿的行为方式、思维方式、兴趣爱好等信息，才能把握幼儿的行为动向，拉近师生之间的感情，正确引导幼儿成长成才。还要注重保护幼儿的好奇心，培养幼儿的想象力，发掘幼儿的兴趣爱好；重视丰富幼儿多方面的直接经验，将探索、交往等实践活动作为幼儿最重要的学习方式。根据幼儿的学习心理特点，创设良好的环境，采用恰当的方法，启发孩子的思维，保护孩子创造的火花。正像埃德加·富尔在《学会生存》一书中指出的那样：教师的职责现在已经是越来越少地传递知识，而越来越多地激励思考。活泼、好动是学前儿童的另一心理特点，因此，组织并参与孩子的活动是对幼儿教师的一项基本要求。教师应注意活动是否反映孩子的兴趣、愿望，活动过程中是否有孩子的自主性参与，是否伴随着孩子的积极思考与愉快体验。

（二）尊重幼儿生长发展的自然规律

幼儿的发展是一个自然的进程，不论是幼儿的生理发展，还是心理发展，均有其自身的内在发展规律。幼儿的发展进程是按自身的感受和需要表达可不可爱、自己喜不喜欢。他们往往凭借这种臆想或即兴、奇异的想法看事物，因而他们眼中的事物不是固定不变的，而是富于变化的。然而，幼儿教师在进行保教的过程中，对幼儿的自然成长普遍存在缺乏耐心的等待，迫不及待地要求孩子学这学那，过早地投入到所谓的"学习"中。这种片面的认识和盲目的举动，背离了孩子的自然发展规律，不仅加重了幼儿的认知负担和心理负担，而且往往就会事倍功半，欲速不达，影响孩子的正常发展。另外，过早进入学习阶段，免不了遭到种种困境和失败，加之不少父母和幼儿教师在急于求成的心理驱使下，往往只能接受幼儿的成功，不能接受幼儿的失败，总是自觉不自觉地揠苗助长，给孩子带来本可避免的身心伤害，从而破坏了幼儿的自然成长发展的时间表。

《幼儿园教育指导纲要（试行）》明确指出："尊重幼儿身心发展的规律和学习特点，以游戏为基本活动，保教并重，关注个别差异，促进每个幼儿富有个性的发展。"幼儿教师必须理解幼儿的学习与发展规律是不以成人意志为转移的，应当怀着敬畏之心去不断地探索、发现，努力遵循这些规律，让他们按自然规律循序渐进地走完每一个发展的阶段，这是尊重幼儿的基础和保障。通过创设良好的教育环境，让幼儿在游戏中、生活中学习、发展，健康成长。

三、关注幼儿生活价值和特殊需要

（一）重视幼儿童年生活的价值

美国实用主义哲学家、教育家约翰·杜威认为，"教育即生活"，"教育即成长"，教育的过程就是一个持续不断的生长过程，在教育过程的每一个阶段都以增加生长的能力为其目的。生长不仅是生活的特征，更是生命的特征。生活只是生命的一种生存场域，生命在生活中生长。教育的出发点是人的生命的持续性生长，是生活中具体的、丰富的、充满活力的生命个体的成长。幼儿生命是幼儿教育的原点，而幼儿教育源于幼儿生命发展的需要，因此幼儿教育应关注幼儿的生命。

《幼儿园教师专业标准（试行）》在各个层面都要求幼儿教师要重视生活对幼儿健康成长的重要价值，强调教师要积极创造条件，让幼儿拥有快乐的幼儿园生活。《3~6岁儿童学习与发展指南》中提出："幼儿的学习是以直接经验为基础，在游戏和日常生活中进行的，要珍视游戏和生活的独特价值。"

童年是人生的起始阶段，童年生活对人的发展具有重要价值。因此，幼儿教师要自觉关注幼儿的生活状态和体验，用心守护幼儿的童年。一是树立正确的儿童观。要正确地认识儿童，并且解放儿童，让儿童自由自在地成长，使每一个幼儿的生命都绽放出炫丽的光彩。二是关注幼儿的日常生活。关注幼儿日常生活中的各种形态，关注幼儿在日常生活中的每一个疑惑、困难与问题，关注幼儿在日常生活中的每一个发展历程，通过给予幼儿的各种发展机会，让幼儿用自己的眼睛去观察、用手去触摸大自然，发展幼儿的认知、观察、分析、探索能力，发展幼儿积极的情感和态度，使其不断获得丰富的经验促进其生长和发展。三是幼儿教师要合理安排一日生活，将教育教学的内容与幼儿的日常生活联系起来，有意识地对幼儿在园一日生活进行充分利用和有效干预，在内容上充分拓展，创设丰富多样的环境，将教育扩展到幼儿在园一日生活的方方面面，甚至延伸到家庭和社区中去，让教育焕发生命活力，让幼儿在园的每一天都能获得愉快、自由的幸福体验。

（二）满足幼儿个体的特殊需要

《幼儿园教师专业标准（试行）》要求幼儿教师要信任幼儿，尊重个体差异，主动了解和满足有益于幼儿身心发展的不同需求；了解有特殊需要的幼儿的身心发展特点及教育策略与方法。《幼儿园教育指导纲要（试行）》总则第四条指出："幼儿园应为幼儿提供健康、丰富的生活和活动环境，满足他们多方面的需要，使他们在快乐的童年生活中获得有益身心发展的经验。"

根据美国心理学家马斯洛需要层次理论，幼儿的需要包括生理需要、安全需要、归属与爱的需要等多个层次，幼儿教师要适时关注、及时满足。如有的幼儿在园午睡，必须抱着家里带来的玩具才能入睡，幼儿教师要能够理解年幼的孩子的安全需要和情感特殊需要，班级管理上不要"一刀切"，应该让幼儿有一个逐渐适应的过程，帮助每个幼儿建立在集体中的归属感,满足幼儿归属与爱的需要,创设幼儿的"心灵家园"。同时,幼儿处于身心发展时期,具有发展的需要。幼儿教师要尊重幼儿的发展规律,对不同发展程度的幼儿给予不同的关注,多给他们动手操作和自由探索的机会,让幼儿在自我尝试中成长。如一些教师"怕乱"、"怕出事",不按作息制度带幼儿进行户外活动,减少操作类的活动,嫌弃弱小的幼儿,这些都是不能体现满足幼儿发展需要的。幼儿教师要理解幼儿个体发展的差异和变化,善于创设有利于幼儿成长的教学环境和活动区域,提供有趣味可操作的材料,给予幼儿更多动手操作和自由探索的机会,允许幼儿在自我品尝挫败中成长,最大限度地支持和满足幼儿通过直接感知、实际操作和亲身体验获取经验的需要。此外,幼儿教师要从内心深处接纳他们的个体差异,要一视同仁,甚至给弱势的幼儿更多的关爱。

第四节 敬业公正:幼儿教师师德的基石

敬业公正既是一种积极的工作态度,也是一个社会文明程度的重要标志,更是幼儿教师师德的基石。

一、敬业

(一)敬业概念

敬业是指幼儿教师敬重自己所从事的事业,专心致力于事业。具体表现为对教育教学工作的认真负责、一丝不苟和精益求精,对幼儿的热情关怀、尽心尽力。朱熹说:"主一无事便是敬。无事时,敬在里面;有事时,敬在里事上。有事无事,吾之敬未尝间断。"意思是指凡是做一件事便要忠于一件事,将全部精力都用到这件事上,而不能一心二用懈怠放松,更不能有意不积极不主动地做工作。"敬"字为古圣贤教人做人最简易直接的法门。敬业是事业成功的前提。一个人只有敬重自己的事业,才能热爱工作、开拓进取,才能得以真正实现自我价值,从而取得成功。敬重自己的事业,忠心耿耿地做好自己所担负的工作,把自己全部的信念、意志、精力、知识献给自己所从事的事业。这是敬业的最高境界,也是崇高思想道德品质的体现。

(二)教师敬业的表现

1. 乐业勤学精神

乐业就是对自己所从事的职业要兴趣盎然、心甘情愿,不为物欲左右,不为名利所动,做到淡泊明志,宁静有为。幼儿教师乐业还要勤学,毕竟幼儿教师既是教育者,也是学习者。在现代信息社会,观念、知识、理论不断更新,而且更新周期越来越短,幼儿对世界充满好奇心,有强烈的求知欲,需要幼儿教师不断学习,更新知识储备,成为知识和文化的化身,从而更好担负起培养建设者和接班人的光荣使命。

2. 开拓创新精神

幼儿教师教育教学活动的对象,是一个个活生生的独特个体,个性千差万别,要把幼儿从蒙昧状态培养成为家长和社会所期望并满足时代要求的人才,仅仅靠某种程度的机械劳动去完成是不可能的,还需要依靠具有高度创造性的劳动。因此,幼儿教师应不断寻求适应幼儿的教育方法和手段,使自己的教育教学活动更科学完善,并形成自己独特的教育风格。

3. 无私奉献精神

所谓奉献,就是一个人为了维护整体利益和他人的利益,而甘愿舍弃和牺牲自己的个人利益的高尚品质和高贵精神。幼儿教育工作是一项非常细致、艰巨和复杂的事业,是事业就需要奉献,因此,幼儿教师是奉献者。有了这种献身精神的幼儿教师,就不会计较个人的得失,胸怀坦荡,忘我工作,无畏路途风浪大,总是朝着一个目标前进。然而,当今市场经济的大潮波及包括教育在内的社会各个领域。幼儿教师能在这种环境中保持稳定的心态和坚定的信念,是由幼儿教师职业的特殊性所规定的。从幼儿教师职业的重要性来说,教师所从事的职业"是天底下最光辉的事业"。从小处说,它为幼儿教师的生存提供了有效的保障;从大处说,幼儿教师的工作关系到幼儿的前途、祖国的未来、社会的发展、人类的进步。这种事关幼儿、国家乃至于人类利益的事业,如果没有奉献精神做保证,是很难从事与完成的。从幼儿教师教育的对象来说,幼儿教师的教育对象是活生生的人,"十年树木,百年树人",培养人的工程是最为艰巨的。因为幼儿教师所面对的是一个个鲜活的生命,而教育教学就是一种与生命的沟通,而与生命的沟通就需要幼儿教师时时刻刻的恭谨,需要抛弃一切杂念和私欲,保证心灵上的纯净与无私。幼儿教师的奉献精神贵在"位卑未敢忘忧国""名微不嫌乐耕耘""甘为人梯"。幼儿教师劳动的本质特征就在于奉献,一个幼儿教师只要在教学第一线潜心磨炼,就能练就一身真功夫。

二、公正

(一) 公正概念

公正意识是教师道德素养的有机组成部分,是教师个人威信的基础,也是处理师生关系和正确对待孩子言行的善的客观规则。对人类社会而言,公正是最基础、最重要的道德,它比仁爱、宽容更为根本。亚里士多德曾言:"公正自身就是一种完满的德行,它不是笼统一般,而是相关他人的。正因为如此,在各种德行中,人们认为公正是最主要的。"亚当·斯密认为:"与其说仁爱是社会存在的基础,不如说正义是这种基础。"常言道:"不患贫患不均。"不公正行为的盛行会彻底毁掉这个社会的,正因为如此,公正成为几千年来人们苦苦追求和奋斗的目标。

(二) 教师公正的表现

据有关教师人格特征的调查,在幼儿眼里,"公正客观"被视为理想教师最重要的品质之一。他们最希望教师对所有幼儿一视同仁,不厚此薄彼;他们最不满意教师凭个人好恶偏爱,偏袒某些幼儿或冷落、歧视某些幼儿。公正,这是幼儿信赖教师的基础。

因此,幼儿教师要尊重幼儿的人格和创造精神,与他们平等相处,用自己的信任与关爱激发他们的求知欲和创造欲。在教育过程中,幼儿教师是主导,幼儿是主体,教与学互为关联,相互依存,即所谓"教学相长",弟子不必不如师,师不必贤于弟子。一名好幼儿教师会将幼儿放在平等地位,信任他们,尊重他们,视他们为自己的朋友和共同探求真理的伙伴。讲到底幼儿教师是因为有幼儿才有存在的需要,幼儿才是幼儿教师的"衣食父母",幼儿教师没有任何高高在上的理由。幼儿都是一些涉世未深的孩子,他们往往不懂得如何保护自己,从整体上来说是属于"弱势群体",应当是受全社会关心、呵护的第一对象。

幼儿教师在公正对待幼儿方面常常出现的误区是对优生的偏爱和对差生的歧视。首先是对优生的偏爱。一些"偏心眼"的幼儿教师,经常关注的仅仅是几位"听话"的"好孩子",在生活上给他们更多的关照和格外的关心,在学习上给他们特别的指导和辅导。而幼儿教师的这种"偏心眼"很容易使那些自觉性、自主性不高的幼儿感到自己受到了冷落,从而产生一种自卑感。所以,幼儿教师不能因为幼儿的家庭、成绩、性格等因素而偏爱某一些幼儿,而冷落另外一些幼儿。其次是对表现不好的幼儿的偏见。幼儿是有差异的,差异有来自"先天"和"后天"的。有些幼儿教师对待不好的幼儿用一种"晕轮效应",即认为习惯不好的幼儿,纪律、品德等各方面都是不好的,而不自觉中有一种严重的歧视,这样会给幼儿的身心带来不良的影响。

幼儿教师在工作中如何才能做到公正,《幼儿园教师专业标准(试行)》明确要求:"尊重幼儿人格,维护幼儿合法权益,平等对待每一个幼儿。不讽刺、挖苦、歧视幼儿,不体罚或变相体罚幼儿。"具体有以下几方面。

1. 与幼儿人格的平等

不要用高高在上的眼光看待幼儿;和幼儿交流、交谈时要蹲下来保持平等;要求幼儿做到的,幼儿教师首先要自己做到,不凌驾于幼儿之上;不以个人的权威或职业地位掩饰自己,不带假面具;理解教学相长的含义,具有向幼儿学习的意识和行为表现。

2. 对所有幼儿的接受

对在道德、智力、体能、运动、交往和情绪上,特别是家庭背景各有差异的幼儿表示普遍的关心;对幼儿的看法评价公正,没有偏见,避免个人感情色彩的影响;对待幼儿公平公正,没有偏见,不特殊对待某些幼儿;给每个幼儿提供均等的发展条件,能较好地控制课堂上不同幼儿的发言机会;与不同学习水平的幼儿谈话时,语气一样;不夸大学习成绩差的幼儿的错误,不掩饰学习成绩好的幼儿的错误;不根据学习成绩的差异去处理幼儿做错的事;幼儿之间发生矛盾时,先调查清楚,不急于下结论,不偏袒某一方。

3. 尊重幼儿的个别差异

因材施教有正确恰当时理解;公正的前提是有利于每一个幼儿的健康成长;在教育教学工作中,尽量缩小由社会不公正给幼儿带来的差异;辩证地看待幼儿的优缺点,不绝对化;不同的幼儿犯了同样的错误,要考虑不同的动机与原因进行处理。

4. 公正评价幼儿

幼儿是从幼儿教师的反应——肯定或否定、奖励或惩罚、赞许或批评中,逐步形成道德认识的。因此,幼儿教师应该认真对待幼儿的每个行为要作出公正的评价:一方面要根据幼儿的实际因材施教,另一方面在制度上又不能允许有特殊幼儿存在。评价的原则是每一个幼儿在原有基础上有发展和进步,避免将不同发展水平的幼儿作横向的优劣比较。"不讽刺、挖苦、歧视幼儿,不体罚或变相体罚幼儿"是幼儿教师的师德底线。"讽刺、挖苦、歧视"是对幼儿人格的漠视,"体罚和变相体罚"更是对幼儿人身权益的直接侵犯,都会对幼儿的身心健康造成不可弥补的伤害。

三、敬业公正的实践要求

（一）确立强烈的职业认同感

幼儿教师的职业认同感是指幼儿教师对所从事职业的目标、价值、评价等方面的看法和认识与社会对该职业的评价和期待是一致的。职业认同感是幼儿教师努力做好工作的基础和动力，也是忠诚于幼儿教育事业的源泉。职业认同感是幼儿教师长期在工作实践中逐渐形成的一种特殊的情感。当幼儿教师对从事的职业产生强烈的职业认同感后，就能够把"爱"融入每一天的教育教学工作中，从而树立崇高的敬业精神。幼儿教师在职业认同基础上还需要认同自身职业的专业性，并有意识地以一个专业人员的整体要求来提升自己的专业素养，使自己成为一个称职的专业人员，并以自身的专业素养向社会展示其形象，逐步实现个体的专业发展和群体的专业化。为此，幼儿教师需要在敬业的基础上不断进取，对职业的认可达到一种自觉的程度。因为敬业是从事幼儿教师职业、做好幼儿教师的前提与基础，也是幼儿教师履行职责的自觉性和承担使命的责任感的集中体现。敬重自己所从事的职业，对自己的职业有着强烈的认同感和责任意识，自发地投入全部的精力和热情，包含着成就事业的高尚情感、努力践行的作风和奉献精神。幼儿教师应尊重和珍惜自己的选择，表现出对学前教育事业全身心的投入和无悔追求的信念、态度和决心。一个热爱学前教育事业的人，会感到保教活动对其人生的意义与生命的价值，他也会在保教活动中感受到生命的律动和活力，体验到人生的快乐与幸福，而更加努力钻研业务，不断领略到学前教育的博大精深和崇高价值，并获得外界对其职业贡献的认可与肯定，从而激发起进一步做好保教工作的热情和信心，并在平凡的岗位上做出不平凡的业绩。

（二）勤业精业，勇于奉献

韩愈在《进学解》中写道："业精于勤，荒于嬉。"意思是说，要想精通自己所从事的工作，就要尽量多做多练，才能达到通达的状态。幼儿教师的勤业与精业是幼儿教师对其职业价值的积极追求和具有崇高职业道德精神的重要体现。勤业表现为忠于职守、认真负责、执行规范、坚持不懈、积极进取，它是实现教师职能的基本保证。精业表现为本职工作的业务纯熟、精益求精、不断改进，是实现职业劳动最高效益的价值追求。勤业与精业要求幼儿教师在保教活动中，对幼儿园的教育教学工作认真负责，一丝不苟，精益求精，对幼儿热情关怀，尽心尽力，有责任感。

（三）志存高远，树立职业理想

幼儿教师需要具有强烈的敬业精神，并对自己的职业有目标、理想和规划。敬业精神和职业理想是幼儿教师做好教育工作的思想助推器。敬业和职业理想会让幼儿教师产生不受利益动机驱使的奉献精神。幼儿教师从事学前教育工作的动机不应仅仅停留在待遇和兴趣层面，而应上升到热爱专业、忠于职守的层面等，在不断体验职业意义和人生意义的过程中逐渐产生敬业精神和职业理想。

（四）工作有爱，培养职业情感

对于幼儿教师来说，日常工作中要时刻有爱，爱事业、爱幼儿，培养自己对幼儿教师职业的深厚情感。纵观古今中外的教育家，无一不是对教育有着深厚的职业情感。正如魏巍在《我的老师》中写到的："这种职业——据我想——并不仅是依靠这种或那种的教学法，这只不过是一颗热爱儿童的心。假如没有这样的心，那些热爱祖国啦，对党负责啦，社会主义建设啦，如此等等也就成为形式！也许正因为这样，老师——这才被称作高尚的职业吧！"职业情感支持着幼儿教师的行动，决定着他们的心态。幼儿教师要自觉培养自己对幼儿教师这份职业的情感，设计自己的职业规划和行动指南，在专注而投入的工作实践中转化教育观念，提升教育理念，坚定教育信念。

第五节 保教并育：幼儿教师师德的职责

《幼儿园工作规程》中指出："幼儿园的任务是：实行保育与教育相结合的原则，对幼儿实施体、智、德、美诸方面全面发展的教育，促进其身心和谐发展。"《幼儿园教师专业标准（试行）》中的"对幼儿保育和教育的态度与行为"领域是从保教观的角度对一个合格的幼儿教师所应具备的专业理念和师德进行的规定。对幼儿教师提出了"注重保教结合，培育幼儿良好的意志品质，帮助幼儿形成良好的行为习惯"的要求。幼儿教师对保教活动的原则、内容、方式、效果等整个过程的认识与理解，直接决定着其保教活动的实践形态。

一、保教并育的含义

保教并育就是要求幼儿教师把促进幼儿的身体健康与养成幼儿的生活卫生习惯，以及自理能力的养成放在与幼儿的知识技能学习和智力发展同等重要的位置。具体而言包含三个层面：首先，幼儿教师要时刻牢记幼儿园不仅有教育工作，还有保育工作；其次，幼儿教师应清楚幼儿园的保育工作和教育工作同等重要；最后，幼儿教师应努力做到保育和教育互相结合、互相联系、相互渗透，共同促进幼儿的身心和智力健康发展。

保教并育是幼儿教师的职责，主要是由幼儿的身心发展特点决定的。学前期的幼儿在保护自身生命安全、身体活动、自我照料以及识别危险物品和防御等方面的能力都比较弱。他们还缺乏必要的生活经验，有时必然难以避开生活中的危险，这些都决定了幼儿教师所实施的教育既需要在生活上给予幼儿精心的照料和安全保护，也需要在个体成长上给予知识的启蒙和能力的培养。

二、保教并育的途径

保教并育的途径一是真正理解保教结合的含义，深刻理解保教结合就是要保护幼儿安全，安排好幼儿一日生活，做好幼儿的疾病预防和营养膳食，培养幼儿良好的生活卫生习惯和优秀的道德品质，帮助幼儿积累各个方面的生活经验，培养幼儿的生活自理能力。

二是幼儿教师要精心设计幼儿在园一日生活的各个环节，将保教结合具体落实到日常生活、教学活动以及游戏活动等各项活动中，真正做到教中有保，保中有教，相互渗透，有机结合。

三是幼儿教师还应注意和保育员以及家长协调配合，更好地将保教结合的原则贯穿于幼儿园教育教学活动的方方面面。

三、保教并育的具体要求

《幼儿园教师专业标准（试行）》从坚持保教结合的原则、遵循幼儿的学习方式组织保教活动、重视环境和做游戏对幼儿发展的作用，以及充分利用各种资源实现家园共育等方面对幼儿教师的专业素养予以明确规范。具体要求体现在以下几个方面：一是注重保教结合，培育幼儿良好的意志品质，帮助幼儿形成良好的行为习惯；二是注重保护幼儿的好奇心，培养幼儿的想象力，发掘幼儿的兴趣爱好；三是重视环境和游戏对幼儿发展的独特作用，创设富有教育意义的环境氛围，将做游戏作为幼儿的主要活动；重视丰富幼儿多方面的直接经验，将探索、交往等实践活动作为幼儿最重要的学习方式；四是重视自身日常态度言行对幼儿发展的重要影响与作用；五是重视幼儿园、家庭和社区的合作，综合利用各种教育资源。

四、保教并育的实践要求

（一）幼儿教师要牢固树立保教并育的工作理念

幼儿教师要深刻理解保教并育就是要保护幼儿安全，熟悉幼儿园教育的目标、任务、内容、要求和基本原则，从而合理安排和组织每日生活的各个环节，将教育灵活地渗透到每日生活中，认真细致做好班级常规保育和卫生工作；学会充分利用各种教育契机，对幼儿进行教育；能够有效保护幼儿，及时处理幼儿的常见事故，危险情况时优先救护幼儿。相关数据表明，4岁左右的幼儿教育为辅，保育为主，保育并重约占80%；6岁左右的幼儿保育为辅，教育为主，保育并重约占60%。为此，教师应根据幼儿的需要，在生活保育和知识教育两方面都要统筹兼顾，科学照料幼儿日常生活，就像父母照顾自己的孩子般地耐心细心。注重保教结合，培育幼儿良好的意志品质，帮助幼儿养成良好的行为习惯。

（二）幼儿教师要做到"教中有保"和"保中有教"

幼儿教师要做到"教中有保"。幼儿教师可以先从常规培养开始，在开学初由班级的保教人员共同制作常规计划，教幼儿最基本的生活常识。通过学习基本的生活常识，幼儿不但可以学会生活技能，也可以掌握相应的健康知识。幼儿教师在教育过程中为幼儿创设宽松、民主的教育氛围，让幼儿在愉快的、健康的环境中学习。良好的环境为幼儿提供活动和表现能力的机会和条件，是实行保育和教育相结合、促进幼儿身心和谐发展的最好场所。

幼儿教师还要做到"保中有教"。在幼儿入园时，既有保育工作——向家长了解幼儿情况，对幼儿昨晚今晨的健康情况心中有数；又有教育工作——教育幼儿使用礼貌用语。在组织幼儿喝水时，既有保育工作——照顾幼儿每天喝足量的水，提醒幼儿渴了知道自己接或请老师帮助接水喝；又有教育工作——教育幼儿接水时要互相谦让，不浪费水等，保教结合共同实施。还要注意幼儿教师和保育员要密切配合,做到既有分工,又有合作,不能各司其职,互不沟通。总之,保育与教育应该是在同一个过程中实现的,而不是孤立进行的。保育工作与教育工作都很重要,它们在幼儿全面发展中互不可替,真正做到"教中有保,保中有教"保教结合,才能使每一个孩子都健康成长。

(三) 遵循幼儿的学习心理特点

《3~6岁儿童学习与发展指南》中提出学前教育应该坚持遵循幼儿的发展规律和学习特点。珍视幼儿生活和游戏的独特价值,充分尊重和保护其好奇心和学习兴趣,创设丰富的教育环境,合理安排每日生活,最大限度地支持和满足幼儿通过直接感知、实际操作和亲身体验获取经验的需要,严禁"揠苗助长"式的超前教育和强化训练。

为此,教师应根据幼儿具有求知欲强、好奇好问以及活泼、好动的心理特点,采用恰当的方法,注重保护幼儿的好奇心,并创设情境激发幼儿的好奇心,发掘幼儿学习和探索的兴趣爱好,培养幼儿的想象力,启发孩子的思维,保护孩子创造的火花。幼儿教师还需要充分利用幼儿的兴趣,通过分析幼儿的兴趣判断幼儿的发展水平,在此基础上生成适合于幼儿的教育活动,以促进幼儿在原有水平上的发展。幼儿教师还要重视丰富幼儿多方面的直接经验,将探索、交往等实践活动这一幼儿最重要的学习方式融入各项活动中,并在组织并参与幼儿的活动时应注意活动是否反映幼儿的兴趣、愿望,活动过程中是否有幼儿的自主性参与,是否伴随着孩子的积极思考与愉快体验。

(四) 重视环境和游戏

幼儿园环境是一种"隐性教程",影响着幼儿的发展。活动场地和资源直接影响幼儿对活动的参与和体验。幼儿教师要注意创设开放、自由、丰富的幼儿园环境和活动环境,使场地开阔、材料充足、活动类型多样,确保每一个幼儿都能自主、自由地参与到活动中,从各种活动和体验中完成认知、社会、情绪、运动等方面的发展。幼儿教师要创设满足幼儿需求的物质环境,让幼儿自主、充分地活动;创设有利于幼儿心理健康发展的人际心理环境,促进幼儿自觉、主动地发展;创设限制小的环境,促进幼儿自主探索;创设自然的环境,让幼儿通过真实生活获得体验;创设互动的环境,让幼儿与环境对话;创设讲规则的环境,促进幼儿社会性意识的形成。

游戏是幼儿的生活方式,也是幼儿园教育的方式。幼儿的学习是与游戏结合在一起的,幼儿的大部分时间也都是在游戏中度过的。幼儿可以通过游戏反映自己的理想、情感、愿望和观念,并从游戏中得到极大的快乐和满足。游戏能促进幼儿的认知和人际交往能力以及情感发展。但游戏能否最大程度上实现其对幼儿发展的价值,很大程度上取决于幼儿教师在其中所起的作用。因此,幼儿教师在教学活动中体现游戏精神至关重要。但要注意以下三点:一是幼儿教师应该充分认识到游戏对幼儿发展的价值,将真正的游戏作为幼儿的主要活动,以这种符合幼儿天性的方式促进幼儿的发展。二是幼儿教师应该明确自己在游戏中的位置,即幼儿教师是幼儿游戏的观察者、支持者、参与者,但不是游戏的设计者、主导者和干预者。三是幼儿教师应该提高自己支持和指导幼儿游戏的能力。

第六节　为人师表：幼儿教师师德的结晶

为人师表是幼儿教师职业道德的结晶，是幼儿教师师德水平的集中体现。所谓师表，即品德学问上值得学习的榜样。西汉的杨雄说："师者，人之模范也。"常言道："学高为师，身正为范。为人师者，万世师表。"规范的师表是幼儿教师师德的外在体现。教师是教人怎样做人的人，首先自己要知道怎样做人。教师工作有强烈的典范性，为人师表是教师的美德。教师以身作则，才能起到人格感召的作用，培养出言行一致的人。

一、为人师表的内涵

为人师表，是指幼儿教师要用自己的言行做出榜样，在各方面都成为幼儿学习和效仿的榜样、楷模和表率。幼儿教师规范的师表包括：真诚可信的态度、文明礼貌的语言、和蔼可亲的表情、干净得体的服饰、尊老爱幼和关心帮助他人的举动，以及遵守原则、认真做事、勤俭节约的工作作风等方面。

为人师表主要就是要求幼儿教师通过自身的言行举止对幼儿发展发挥积极的影响和教育作用。"以自己的言为幼儿之师，以自己的行为幼儿之范"，让自身成为促进幼儿发展的最有力资源。幼儿以具体形象思维为主，且心理承受能力薄弱，自主和自理能力较低，缺乏是非判断力，精神上和生活中非常依赖幼儿教师，幼儿教师的言行在幼儿心目中具有无可比拟的"权威地位"，好模仿是幼儿的天性，幼儿的学习实质上是一种感性模仿。幼儿教师的一言一行都会对他们受到潜移默化的影响。幼儿教师的身体力行、善心爱心和责任心，甚至其兴趣、个性与穿着打扮都会对幼儿产生重要影响。从某种意义上说，幼儿教师的道德水平，决定着幼儿的道德水准。榜样的力量是无穷的，一个优秀的幼儿教师可能会在某个幼儿幼小心灵里播下一颗理想的种子。因此，为人师表是幼儿教师师德区别于其他职业道德的显著标志，是对幼儿教师的特殊规范。它要求幼儿教师要在各个方面都要成为幼儿和社会上人们效法的表率、榜样和楷模，做到品德高尚、举止文明，从而在自己的保教工作中实现"以德育德、以才育才，以爱育爱"的春风化雨式的教育。

二、为人师表的重要性

幼儿习性未定，良好的行为习惯不仅需要幼儿教师的言传，而且需要幼儿教师身教。"身教重于言教"，幼儿教师为人师表是幼儿活生生的教科书，甚或是一本最好的教科书，这本教科书将引导、激励孩子不断求知、求善。苏联教育家马卡连柯这样说："不要以为只有你们在同儿童谈话、教训他、命令他的时候才是教育，你们的穿戴、怎样对待朋友和敌人，这一切对儿童都是有着那么重要的意义。"加里宁说："世界上任何人也没有什么东西能比孩子们的眼睛更加精细、更加敏捷，对于人的心理上的各种微妙变化更富于敏感的了。"

幼儿教师是以言传身教的方式来影响和教育幼儿的。我国著名的教育家叶圣陶曾经说过:"教育工作者的全部工作就是为人师表。"① 对于幼儿教师来说,这一点尤为重要。幼儿教师从教的对象是幼儿,幼儿的特点是好学习、爱模仿、精力充沛、求知欲强、有好奇心、可塑性大。他们都具有明显的"向师性",具有尊重、崇拜教师,乐于接受教师教导的自然倾向。他们不仅学习教师传授的知识和技能,还自觉或不自觉地学习和模仿教师的穿着、声调、走路以及各种动作。因此,幼儿教师必须要"学高为师,身正为范",要用自身的人格和道德风貌去引导并影响幼儿,做"人之楷模"。卢梭在《爱弥儿》中对教师说:"你要记住,在敢于担当培养一个人的任务之前,自己就必须造就成一个人,自己就必须是一个值得推崇的模范。"

三、为人师表的践行要求

为人师表是幼儿教师职业的内在要求,是幼儿教师师德的道德底线。为人师表要求幼儿教师能够以自己的人格魅力和榜样作用,影响幼儿乃至家庭和社会,共同促进幼儿身心健康和谐发展。《幼儿园教师专业标准(试行)》在专业理念和师德部分对职业理解与认识和个人修养与行为提出了具体的规范和要求。

(一)严于律己,言传身教

严于律己、言传身教是幼儿教师无声的人格力量,体现了教师师德的典范性。前面已论述幼儿教师的道德水平决定着幼儿的道德水准。因此,幼儿教师一定要严于律己、言传身教,时时处处树立幼儿的楷模。幼儿教师要求幼儿做到的,自己必须首先做到,而且要做得更好。幼儿教师在教育教学过程中,要用自己高尚的言行为幼儿作出表率,从而影响幼儿,教育幼儿,以身立教。

1. 仪表得体,举止端庄

苏联教育家马卡连柯说:"从口袋里掏出揉皱的脏手帕的教师,已经能够失去当教师的资格了。"②《幼儿园教师专业标准(试行)》在个人修养与行为部分要求幼儿教师:要做到"衣着整洁得体,语言规范健康,举止文明礼貌"。具体来说,就是在园期间幼儿教师的服饰装扮应符合幼儿教师职业的道德要求和审美标准,穿戴做到整洁美观、素雅大方,衣着得体,颜色搭配合理协调,便于活动;妆容、饰物佩戴适宜、发型端庄、优美、不披发、不染过于艳俗色彩的头发,不浓妆艳抹,不戴过多的金银饰品,不留长指甲、不涂指甲油;讲究个人卫生。幼儿教师还应姿态端庄,举止得体。站态要端庄;坐态要保持上身直立,两腿自然平放,切忌跷起"二郎腿"或"抖腿";手势要适宜,切忌在幼儿面前乱挥手势、敲桌子。

2. 说话有礼,行为文明

幼儿教师的言行表达着情感,幼儿从幼儿教师的言行中接受着情感的熏陶和启迪。幼儿教师的一言一行随时可能给幼儿的心灵播下种子,影响孩子的一生。英国教育家洛克说过:

---

① 陈大庆. 叶圣陶论教师的职责 [J]. 师范教育,1987(11).
② 马卡连柯. 论共产主义教育 [M]. 刘长松,译. 北京:人民教育出版社,1979:444.

"做导师的人自己便当具有良好的教养，随人、随时、随地都有适当的举止和礼貌。"① 《幼儿园教师专业标准（试行）》在幼儿保育和教育的态度与行为部分指出：幼儿教师要重视自身日常态度言行对幼儿发展的重要影响与作用。具体而言，幼儿教师的言语要规范文明、简洁生动、亲切自然、温和流利、声调适度，注意使用礼貌用语，切忌生硬不耐烦、粗鲁污秽、尖刻讽刺，园内公共场合不大声喧哗嬉笑；待人接物要真诚热情、谦恭有礼、不卑不亢，接待家长和来宾要稳重大方；参加公开场合活动和会议要仪容端庄，自觉维护幼儿教师形象；爱护公物、节约水电、保持工作场所整洁有序、文明进餐；教师在与幼儿的接触中，表情要充满慈爱和热情，以温和的微笑、慈爱的目光打动幼儿的心灵。

3. 心态平和，积极乐观

教育家乌申斯基说："只有在人格的直接影响之下来培养儿童并发展他的智力和品德，不可能用任何程式、任何纪律、任何规章和课程时间表来人为地代替人格的影响……"可见，幼儿教师人格修养对幼儿人格发展有着重要的作用。《幼儿园教师专业标准（试行）》在个人修养与行为部分指出"幼儿教师要富有爱心、责任心、耐心和细心。乐观向上、热情开朗，有亲和力。善于自我调节情绪，保持平和心态。"《幼儿园教育指导纲要（试行）》在实施部分指出："教师的态度和管理方式应有助于形成安全、温馨的心理环境，教师应以关怀、接纳、尊重的态度与幼儿交往；耐心倾听，努力理解幼儿的想法与感受，支持、鼓励他们大胆探索与表达；善于发现幼儿感兴趣的事物和偶发事件中所隐含的教育价值，把握时机，积极引导；关注幼儿在活动中的表现和反应，敏感地察觉他们的需要，及时以适当的方式应答，形成合作探究式的师生互动。"幼儿教师拥有平和乐观的心态能给予幼儿更多积极主动学习和探索的机会，更有利于幼儿的成长。因而，幼儿教师要自觉加强内在修养，在纷繁的社会环境、辛劳的保教工作中修炼平和乐观的心态，做幼儿人生启蒙的导师。

（二）恪守师德，以身作则

幼儿教师要自觉履行对幼儿、家长和社会的职业义务和责任，以道德良知约束自我行为，以信念和理想激励自己做有高尚师德的幼儿教师。基本内容有以下两方面。

1. 作风正派，廉洁自律

作风正派是幼儿教师为人师表的重要内容。石成金曾言："耻之一字，乃人生第一要事。如知耻，则洁己厉行，思学正人，所为皆光明正大。凡污贱淫恶，不肖下流事，决不肯为。"② 幼儿教师要在思想上、工作上、生活上都要有遵守规矩、严肃认真、光明正大的态度。廉洁自律是幼儿教师为人师表的重要内涵。幼儿教师不受不义之财，洁身自好，淡泊明志，忠诚履行公职。因而，幼儿教师必须树立职业理想，坚守安贫乐道、默默奉献的情操，主动追求精神富足并在教育实践中达成职业幸福。

2. 以身作则，率先垂范

这既是社会主义教师崇高品德的表现，也是幼儿教师完成保教工作必须具有的高尚品德。幼儿教师不仅要在幼儿园里、工作期间言行一致、表里如一，做幼儿的表率，也要在社

---

① 约翰·洛克. 教育漫话 [M]. 傅任敢，译. 北京：人民教育出版社，1957：72.
② 石成金. 人事通（传家宝全集）[M]. 郑州：中州古籍出版社，2000：52.

会上维护公共秩序、遵纪守法、遵守社会公德。凡是要求幼儿做到的，幼儿教师首先要做到；凡是要求幼儿不做的，幼儿教师更不能做。幼儿教师应坚守高尚的情操，在言行道德上保持一致，以身作则，做幼儿、家长和社会的道德典范。唯其如此，才能真正做到为人师表。使"幼儿教师"这个行业更加为社会认可，进而在全社会形成"尊师重教"的良好风气，推动社会主义精神文明建设。

（三）团结协作，共同配合

幼儿教育是家庭、社会、幼儿园三方面教育的有机结合，家长与幼儿教师是幼儿教育的两大主体，如果家长与幼儿教师在教育幼儿的问题上密切配合、团结协作，就能使教育效果事半功倍。通过合作幼儿教师可以获得心理上的支持、知识上的共享和能力上的互补，利于有质量地完成保教工作，并通过相互学习获得共同的提高与发展。

为此，为师者要团结同事，互相关心爱护，互相支持帮助，共同研究适合现代幼儿发展的教学方法；还要互相提醒批评，互相监督约束，共同提高；更要接纳差异，对同事不同的行为方式、生活方式、工作方式，甚至是不同的教育理念、教育方法等，不要用个人的喜恶、自己的经验去随意评价，而应以一种包容、合作的心态，秉持一种开放、接纳的态度，学会求同存异。幼儿教师还要与幼儿合作，建立和谐的师幼关系，及时了解幼儿的学习动态、思想动态、生活需求，感悟他们的在园体验，以制订出更及时、恰当的保教计划。对幼儿教师来说，更重要的是与家长的合作。幼儿教育是一项家庭和幼儿园共同的事业，幼儿教师必须和幼儿家长建立密切的联系，和他们共同协作，积极、主动和理性地从整合教育资源的角度，培养自己的合作精神，争取家长的支持与配合。而很重要的一点就是幼儿教师要尊重家长，这是与家长团结协作的重要前提和表现。所以，幼儿教师应付出极大的耐心，用宽容的心态，去了解、尊重、帮助每一位家长，对所有家长一视同仁，不训斥、指责家长。只有这样，我们才能更好地了解幼儿，得到积极的支持和配合，通过家园共育，达到共同育人的目的，促进幼儿健康全面的发展。

第七节 终身学习：幼儿教师师德的保障

终身学习是时代发展的要求。终身学习理念适应了国际教师专业发展与教育改革的趋势，同时也适应了幼儿教师需要不断学习、提高的职业要求。要适应学习型社会的要求，幼儿教师也应当成为终身学习的先行者。幼儿教师是以传授知识、培养人才为己任的，如果不能经常提高自身的知识水平和能力，就难以担当此任。终身学习是幼儿教师持续获得专业提升的动力和源泉，幼儿教师要自觉主动地学习，不断充实和优化自己的知识，不断提高专业水平，以适应保教工作的需要，从而胜任幼儿教师工作，继而成为优秀的幼儿教师。

一、终身学习的内涵

"终身学习"的理念由法国著名教育家保罗·郎格朗于1965年提出。联合国教科文组织出版的《学会生存》一书中指出，终身学习是"人在一生中所需要的知识、技术，包括学习态度等应该如何被开发和利用的全过程。"1976年联合国教科文组织第十九届总会发表《关于发展成人教育的劝告书》中指出:"终身学习是以强调学习者为中心,并从学习者的立场出发而建立起来的教育新理念。"1994年罗马首届世界终身学习大会提出:"终身学习应该是一种社会行为,与其说是一种教育概念,不如说是一种生活方式。"罗马会议给终身学习定义:"终身学习是通过一个不断的支持过程来发挥人类的潜能,它激励并使人们有权利去获得所需要的全部知识、价值、技能与理解,并在任何任务、情况和环境中有信心、有创造性和愉快地应用它们。"

简而言之,所谓终身学习就是指社会每个成员为适应社会发展和实现个体发展的需要,贯穿于人的一生的、持续的学习过程。此过程包括一切学习类别、学习形式、学习方式和学习内容,旨在不断发展个人潜能以满足自身发展和社会发展需要的过程;包括正规、非正规及非正式的学习活动,旨在配合人生各阶段的社会角色与发展,以达到发展个人潜能、提高生活质量、促进社会发展的目标。终身学习具有全面性、连续性、统一性、开放性、自主性和灵活性、目标性和需求性等特点。

二、终身学习的价值意义

《幼儿园教育指导纲要(试行)》中明确指出:"幼儿园教育是基础教育的重要组成部分,是我国学校教育和终身教育的奠基阶段,要为幼儿一生的发展打好基础。"幼儿教育已经融入终身学习的理念,作为幼儿教师我们更应该自觉要求自己终身学习。《幼儿园教师专业标准(试行)》的"终身学习"理念指出:"终身学习,学习先进学前教育理论,了解国内外学前教育改革与发展的经验和做法;优化知识结构,提高文化素养;具有终身学习与持续发展的意识和能力,做终身学习的典范。"时代的发展需要幼儿教师树立终身学习的理念,学习掌握幼儿园各领域教育的学科特点与基本知识,掌握幼儿园环境创设、每日生活安排、游戏与教育活动、保育和班级管理的知识与方法,以及掌握意外事故和危险情况下幼儿安全防护与救助的基本方法;学习先进学前教育理论,了解国内外学前教育改革与发展的经验和做法;优化自身的知识结构,不断提高自身的文化素养;培养终身学习和持续发展的意识和能力,真正成为终身学习者。幼儿教师热爱学习,储备真知,不断完善自我,增长教育智慧,展现个人的魅力和师者的风范,使教学活动充满真情和活力,给幼儿搭起求取真知、提升素质、通向理想彼岸的桥梁,不断品味教育成功的喜悦。

(一)满足幼儿不断变化的成长需要

心理学研究表明:学前儿童处于身心发展变化迅速的时期。幼儿教师需要通过不断学习,才能将教育理论和实践紧密联系、相互融合,为幼儿在不同的发展时期提供适宜的支持和保障。《幼儿园教育指导纲要(试行)》要求:"幼儿园应为幼儿提供健康、丰富的生活和活动环境,满足他们多方面发展的需要。"同时,对幼儿成长产生影响的社会环境、家庭结构、生活方式等因素会不断发生改变,也就会不断衍生出很多教育问题,甚至会出现层出不穷的新的教育问题。因此,幼儿教师要不断学习,才能顺应幼儿的发展变化,及时应对幼儿成长中的变化,给家长科学合理的帮助和指导,共同促进幼儿身心健康和谐地发展。

（二）实现幼儿教师自身专业成长

终身学习是幼儿教师专业成长的根本途径。2011年颁布的我国《教师教育课程标准（试行）》也指出："教师是终身学习者。教师专业发展是一个不断完善的过程，需要教师进行终身的专业学习。"幼儿教师绝不能满足于现有的知识和掌握的技能，以及已获得的教育经验，需要通过学习不断更新教育观和儿童观，提高师德水平和保育教育能力，提升职业信念，促进专业成长。德国著名教育家第斯多惠指出："教师本身必须在自己的工作岗位上努力促进真正的文化教育事业，进行终身自我教育，这对教师来说是一种义不容辞的神圣职责。"[1] 幼儿教师抱定终身学习的态度，视自己为一个不断成长的人和持续的学习者，就能够根据社会发展的需要随时对自己的观念、态度、方法、行为等进行反思和调整，不断充实自己，拓宽知识视野，不断提升自身的教学艺术和专业化水平。幼儿教师只有通过连贯的、持续的学习来提高自己的专业知识和教学技能，对自己所教的学科有足够的把握，才能提高课堂教学的效率。假如幼儿教师停止了学习，其自身的工作便如同机械的运作而逐渐丧失人的本质，生活就会失去意义，人生就会沮丧而没有活力。从这一角度而言，学习本身还在拯救幼儿教师自己。正如《幼儿园教师专业标准（试行）》在专业能力部分指出："教师要主动收集分析相关信息，不断进行反思，改进保教工作，针对保教工作中的现实需要与问题，进行探索和研究，制定专业发展规划，不断提高自身专业素质。"以上内容突出了幼儿教师终身学习的重要性，明确了终身学习的内容、途径和方法。

（三）适应时代发展的需要

当今知识经济时代，知识更新周期越来越短，原有那种一劳永逸地获得一套终身有用的知识或技术技能的想法已经完全过时了，每个人必须不断地学习、应用和创新。《国家中长期教育改革和发展规划纲要（2010—2020年）》提出："到2020年，基本实现教育现代化，基本形成学习型社会，进入人力资源强国。"在知识型社会，终身学习理念已经为越来越多的人所接受，终身学习的思想观念正在变为社会及个人可持续发展的现实要求，学习越来越成为个人日常生活的一部分。终身学习是社会对各类从业人员提出的新要求，是时代发展总的趋势，已经成为幼儿教师的一种责任和义务，更是幼儿教师师德的重要内容和操守。终身学习是当代幼儿教师自身发展和适应职业的必由之路，是新世纪幼儿教师的需要，是时代的呼唤，是教育发展的要求。在知识更新日新月异、瞬息万变的今天，幼儿的认知水平也随着时代的发展而具有了更高的起点，如果只满足于目前现有的知识，那就如逆水行舟，早晚要被社会淘汰。

三、终身学习的践行要求

《幼儿园教师专业标准（试行）》在实施建议中指出：要"制定幼儿园教师专业发展规划，注重教师职业理想与职业道德教育，增强教师育人的责任感与使命感；开展园本研修，促进教师专业发展"。"幼儿教师要将'专业标准'作为自身专业发展的基本依据。制定自

---

[1] 第斯多惠. 德国教师培养指南[M]. 袁一安, 译. 北京：人民教育出版社, 2001：25.

我专业发展规划，爱岗敬业，增强专业发展自觉性；大胆开展保教实践，不断创新；积极进行自我评价，主动参加教师培训和自主研修，逐步提升专业发展水平。"

（一）树立终身学习理念

学习是一种生存方式，学习是一个终身的过程，学习的目的在于建立自信和提高能力以适应社会的变化。终身学习是教师的一种社会责任，一种人自身发展的需求。

1. 正确认识终身学习，养成终身学习的态度和习惯

德国教育家第斯多惠说："教师必须明确地认识到：（1）凡是不能自我发展、自我培养和自我教育的人，同样也不能发展、培养和教育别人。（2）教师只有先受教育，才能在一定程度上教育别人。（3）教师只有诚心诚意地自我教育，才能诚心诚意地去教育学生。"① 可见，幼儿教师要享受教育的幸福，体验学习和教学的快乐，就要树立终身学习的理念。认知指导行动，任何行为都受到一定思想的支配。因此，终身学习这一师德的养成的首要任务就是要提高对终身学习的认识，即提高对终身学习意义的认识，认识到终身学习对幼儿教师自身及人才培养的重要性。只有认识到为何做、怎样做，才有可能形成良好的师德行为表现。

面对教育改革的挑战和机遇，幼儿教师还应养成终身学习的态度和习惯，对学习持有积极主动的愿望。正如鲁迅所言："时间就像海绵里的水，只要愿意挤总会有的。事实上，一个人如果养成了主动学习的习惯，他就永远不会抱怨时间不够用，因为随时随地，只要有空闲，他首先想到的事情总会是学习，这样就能把零散的时间都利用起来。"当学习成为幼儿教师一直坚持的兴趣爱好和生活方式的时候，就意味着已经形成了终身学习的态度和习惯。

2. 端正学习态度，树立"学用结合"的理念

马拉古奇曾说："幼儿教师专业素养的形成与发展，必须在与幼儿一起工作的过程中同时进行，除了在职培训，我们没有其他选择，所有智慧在使用过程中更加坚固，而教师的角色、知识、专业和能力在直接的应用中更强化。"幼儿教师要把学习书本的知识与学习实际工作经验有机地结合起来，学用结合，做到"学习工作化，工作学习化"。同时，学习切忌自满、浮躁、把学习当样子，坚持"空杯的心态"去融入不断变化的环境中，以适应发展的需要。

3. 善于在工作中向不同对象学习

幼儿教师在日常工作中遇到不同的问题、人和事，都是能引发学习的契机。幼儿教师可以向书本、同事、幼儿及其家长学，不同的学习对象都可以成为解决问题的"好帮手"。向书本学，通过阅读图书杂志，了解到先进的教育理论和实践策略，在古今中外的教育家进行对话中获取教育智慧和灵感。向同事学，能快速解决实际工作问题，在相互切磋交流中增进彼此感情，形成学习研讨的共同体。向幼儿学，是幼儿教师必须具备的教育理念和专业能力，以实际行动践行《幼儿园教育指导纲要（试行）》《3~6岁儿童学习与发展指南》等的教育理念，建立起平等尊重的师幼关系，并在观察幼儿过程中，更加了解幼儿、发现幼儿成长中的"闪光点"。向家长学，通过沟通交流达成教育共识，共同为幼儿的发展谋求更大的

---

① 第斯多惠，德国教师培养指南［M］. 袁一安，译. 北京：人民教育出版社，2001：25.

可能性，有助于幼儿教师能够运用更多的社会资源解决教育实际问题。

（二）自觉更新教育观念

美国教师阿兰·保罗·哈斯克维茨认为优秀教师最显著的特征之一是：他本身就是一个优秀的学习者。他们总是渴望学习新东西，扩展自己的知识基础，尝试用更好的方法来获取成功。因此，幼儿教师必须自觉不断优化自己的教育观念，不断地完善自己的知识结构。

1. 不断优化教育观念的自我养成

要使自己成为一名具有现代感、出色的幼儿教师，就必须自觉不断优化教育观念。树立以幼儿发展为本的教育观念，以幼儿为本，重视培养幼儿独立的思维能力、创新能力、发现和解决问题的能力以及适应社会发展要求的能力，树立以幼儿为主体的观念。幼儿教师尊重幼儿的人格，关注个体差异，满足幼儿的不同需要，关注幼儿的心理特点，利用幼儿的心理特点从关爱生命的层面，用饱含哲学意蕴的爱心教育观念去审视和关注幼儿，面向全体，培养幼儿的独立性和自主性，引导、鼓励幼儿积极主动地去探索、学习，培养幼儿的学习兴趣和自我管理能力。

2. 不断完善知识结构

苏霍姆林斯基说："为了在孩子眼前点燃一个知识的火花，教师本身就要吸收一个光的海洋，一刻也不能脱离那永远发光的知识和人类智慧的太阳。"知识的更新越来越快，幼儿教师职业的特殊性使得幼儿教师必须不断地学习，不断地完善自身的知识结构，以保持职业的持续发展。首先，幼儿教师要让阅读成为自己的习惯。阅读不仅能让我们学到很多知识，还能使我们拥有更多的智慧去面对挑战和克服困难，让我们能以一颗从容的心面对繁杂浮躁的生存环境。就如苏霍姆林斯基说："真正的教师必是读书的爱好者。让读书成为一种习惯，是教师的一种责任、一种情怀、一种追求。"而且，幼儿教师的阅读习惯会影响幼儿。苏霍姆林斯基在《给教师的建议》中提道："把每个孩子都领进书籍世界，培养对书的酷爱，使书籍成为智力生活中的指路明灯，这些都取决于教师，取决于书籍在教师本人的精神生活中占有何种地位。"其次，幼儿教师要努力掌握广博的知识。广博的知识是幼儿教师职业自我实现的重要条件之一，应努力学习教育科学知识，掌握保育知识，把握幼儿身心发展规律和教育规律，树立正确的教育思想，掌握正确的教育方法。最后，还要坚持教学反思。苏格拉底说："没有反思的生活，是不值得过的生活。"教学反思是总结经验、改进不足、自我提升的过程。要达到教育教学的最佳境界，幼儿教师要尽自己所能，在教育实践中要养成及时反思、总结、提升的学习习惯，在发现、思考、解决问题的过程中实现自我教育和发展，努力成为研究型、专家型教师，以适应社会发展的需要。

（三）强化潜心钻研意识

尽管教育教学业务、教书育人能力本身并不属于道德的范畴，不能把业务水平的高低同道德水平的高低简单地等同起来。但是，对待业务的态度，包括学习钻研和提高教书能力的自觉性等，则是教师师德层面的重要组成部分。

教师不仅是一种职业，还是一份责任。幼儿教师必须潜心钻研教育教学业务。钻研就是幼儿教师在教育教学活动中，为改进教学效果而进行的一项必备工作。也就是说，幼儿教师是在教育教学中研究，在研究中不断提高教育教学业务水平和育人能力，包括环境的创设与利用、每日生活的组织与保育、游戏活动的支持与引导、教育活动的计划与实施、激励与评价、沟通与合作、反思与发展的专业能力，才能激发幼儿的求知欲和上进心。因为，潜心钻研教育教学业务是对幼儿教师角色的新要求，也是幼儿教师专业化的要求，更重要的是幼儿教师不能仅仅用知识去育人，更应该用智慧、情感来教育幼儿。教师只有不断地钻研业务，才能解决所面对的问题并实现自身的专业成长；只有具备较强的育人能力，才能保证把各项工作落实到位。而且，幼儿教师只有潜心钻研教育业务，才能精于业务，并具备了教书育人的职业能力后，才谈得上热爱幼儿教师。就像马卡连柯所说的："孩子可以原谅老师的严厉、刻板甚至吹毛求疵，但是不能原谅他的不学无术，如果不能完善地掌握自己的专业，就不能成为一个好教师。"

首先，要善于学习，不断积累。古语道："不积跬步，无以至千里。"说的就是积累的重要性。教学能手不是一蹴而就的，而是通过潜心研究慢慢练就的。因此，幼儿教师要想提高自身的教学能力，就要善于学习，不断积累。其次，潜心钻研，不急于求成，只有脚踏实地才能获得教书育人能力的不断提高。幼儿教师要放远眼光，注重自身知识的积累，厚积薄发，水到渠成。在教学实践中，幼儿教师可以根据自己的实际恰当选择适合自己的课题进行研究，不断积累经验，提高业务水平。最后，注重"在做中学，在做中教"。陶行知先生说："行是知之始，知是行之成。"他强调"教学做合一"，要想学生好学，必须先生好学。唯有学而不厌的先生才能教出学而不厌的学生。因此，幼儿教师在教学实践中要做到边做边学，边学边教，在做中学、在做中教，在教育实践中获得启发，在做中学、在做中教的学习态度和行为，能够在日常与幼儿相处的过程中深深地影响着幼儿，有利于贯彻《幼儿园教育指导纲要（试行）》"终身教育、终身学习"的理念，培养终身热爱学习的幼儿。

第二篇
现实认知：幼儿师范生师德教育的现实

第四章 幼儿师范生师德教育的方法与模式

教师是"太阳底下最崇高的职业",是人类灵魂的工程师。教师素质,师德最重要。如今幼儿教师的师德现状不容乐观,师德教育问题越来越受到社会的关注。幼儿师范院校作为造就幼儿师资力量的主要场所,是师德教育的源头。因此,幼儿师范院校加强幼儿师范生的师德教育就成为关键问题。

第一节 幼儿师范生发展特征对师德教育的影响

每个人的心理、生理等方面都呈现渐变的阶段性变化,这就要求学校或机构所设计和实施的教育行为都不应超出教育对象发展的阶段性特征。师德教育也就必须配合幼儿师范生的心理发展水平和道德发展水平进行。因而,我们必须了解和把握师德教育对象的发展特征。

一、幼儿师范生的特征分析

(一)幼儿师范院校的生源特征

长时间以来,我国幼儿教师师资培养主要是采取专业性较强的独立、封闭的培养体制。随着我国实施教师资格证书制度以来,这种状况发生了一些变化,但幼儿师范院校仍然是我国幼儿教师培养的主导力量。从幼儿师范院校的生源来看,所招收的幼儿师范生既有初中毕业生,又有高中毕业生,其中,相当多的学生是由于学业成绩不理想、经济条件较差等各种原因进入幼儿师范院校就读的,因此幼儿师范院校中存在一些非本意就读幼儿师范校的学生。这意味着幼儿师范院校与其他院校相比较,其学生在专业理想、专业道德等方面会遇到一定的困难,特别是在师德教育方面必然存在较多的困难。

(二)幼儿师范生的年龄及阅历特征

从年龄上看,幼儿师范生大多处于16岁到22岁这个年龄段。从经历上看,幼儿师范生的早期经验更多是来源于校园内的学习生活体验。学生的童年和少年时期主要经历为校园生活;初中毕业被中职学校录取或者高中毕业后直接报考本专科幼儿师范院校并被录取;青年时期在幼儿师范院校里接受教育规训;毕业后又进入教育单位或教育培训机构等环境工作。虽然他们的社会角色在不断发生改变,但学习生活所经历环境的单一性和经验的同质性、预存性决定了他们的经历相对保守和封闭。但因幼儿师范生的职业定向相对较早，相对单纯，社会经验与职业经验的不足会导致存在自我追寻中的统合危机，尤其是非本意就学者存有一种职业选择与职业学习相异的心理，甚至是迫不得已的心态，这为师德教育增加了难度。

（三）幼儿师范生的个体性格特征

当代幼儿师范生自我意识的迅速发展，自己内心世界的感受越来越深刻，自我认识、自我体验越来越丰富，关注的内容越来越多地把重心投向自我，渴望成熟、独立。而过分以自我为中心就往往会从"我"出发，忽视别人批评和建议，过分的独立和自由会使他们缺乏纪律意识，自制力较弱，缺乏自律。依据皮亚杰的理论观点，10岁是个体道德性质发生变化的分界线，10岁前为他律道德阶段，而幼儿师范生的年龄显然处于自律道德阶段，即对师德行为的思维判断，多半能根据自己认可的内在标准进行。而且，幼儿师范生希望通过争论和碰撞形成观点，摸索新的思路和方法，而不是被动地接受单向的灌输，这对师德教育的效能提出挑战。

（四）幼儿师范生的角色心理特征

幼儿师范生处于人生发展的一个关键时期。美国著名心理学家埃里克森认为，青年这个时期属于自我统合对角色混乱的心理发展时期。从幼儿师范生的教师角色意识的整体视角分析，心理背景存在一定程度的消极性。学生在入学前受一些社会因素影响，导致了其原职业意向与所学的学前教育专业之间的矛盾。幼儿师范生选择就读幼儿师范院校是他们升学的保底学校，势必入学就自然带失落情绪，造成入学后心理准备不足、意识障碍明显等特点，呈现升学不得已、上学无目的、就业不愿意的不良状态，结果可能会是藐视师范基本行为训练和师德的养成，产生懈怠和疏漏等现象。

（五）幼儿师范生学习目标的特殊性

一般来讲，教师培养经历了"经验——模仿，封闭式定向培养——师范教育和开放式非定向培养——教师职业证书制度"四个历史阶段。我国目前正处于第四发展阶段。在师范教育中，幼儿师范生的学习目标专业性很强。学前教育专业的培养目标及幼儿师范生的学习目标是成长为一名符合现实社会需要和孩子喜爱及家长期望的幼儿教师。这就要求幼儿师范生必须掌握学前教育科学理论，熟悉学前教育的基本规律，掌握驾驭保教活动的基本技能；要有良好的师德修养、丰厚的知识背景和文化素养，以及有过硬的执教技能和创新意识，近年来尤其强调幼儿师范生的未来师德修养。

二、幼儿师范生发展特征与师德教育水平和过程

教育是帮助人身心健康成长的过程，也是对教育对象进行价值引导的过程。在明确了幼儿师范生在身心发展、学习目标和角色心理等方面的特征的基础上，我们从以下三个相应的论题分析，为师德教育者提供借鉴。

（一）年龄与经历特征提供师德教育的契机与方向

幼儿师范生处于世界观、人生观和价值观基本形成或趋于成熟的年龄阶段。即使幼儿师范生的年龄不断增长，他们的社会经历和各种经验仍比较单一，因此，在其教育成长的过程中，需要切实有效地对其引导、教育和指导，这就等于为学校师德教育的工作提供了良好的教育契机。而教育是一种价值补位和引导的过程。非本意就学者的存在和职业信念的非固定化，也为师德教育提供了一个大好的机会。同时，年龄增长的客观条件又为师德教育造就了可能。

假定年龄和"信仰的阶段"之间存在一种联系。信仰通常随着我们长大而变得更加丰富，在年龄和阶段之间不存在绝对的对应关系。年龄与信仰阶段之间尽管存在着某种错位现象，但这并不妨碍年龄与阶段之间存在着强相关——在道德上存在着与年龄同步的整体性的提高。这种提高虽然有可能与身心特征的某些发展相关，但更多是与社会经验的积累、社会认知水平的提高及社会责任感的增强密切相关，而且尤以师德认知的积累与提高为主，却并不必伴随师德行为的进步，因为知与行并不构成必然的因果联系。知而后行固然是理想的状态，但很多情况下是知而不行或行而后知，甚至行而不知，其表现程度依学生的师德认知水平而定。因为，在知行合一的师德行为背后，一定含有情感与意志两种心理因素。凡是知行合一的师德行为，必定包括以下四个阶段的心理历程：发现师德情境——师德认知初步，自觉应有师德行为——师德的情意因素，了解如何行动——师德的认知判断，实际采取行动——师德行为。如此，学校师德教育的方向也就表现为：在重视知行合一的同时，要注意启发学生的个性和良知，教育引导学生去体验师德情感与师德意志的心理历程。幼儿师范教育在引导学生职业定向和生活价值定向的同时，更要积极关注幼儿师范生内心的师德良知的成长，尽量引导他们把对师道的认知转化为师德认知，再转化成师德行为。因此，学生的师德水平可能会随着年龄的增长而进步，学生的师德经过教育引导，会朝着社会期望的方向发展。

（二）个性心理特征规定师德教育过程及原则

师德的养成是幼儿师范生个体、教师群体、学校或机构协同教育的结果。因此，师德的养成过程就是师德教育的过程。在这一过程中，师德教育适于学生个性心理的发展是十分关键的因素。在年龄增长与阶段性进步基本同一的心理发展规律基础上，师德教育可视为合于规律的"职业涵化——职业适应——职业进步"的过程。

职业涵化指的是个体经过组织化和非组织化的教育陶冶，从毫无职业概念到逐渐形成和发展个体职业理想的过程。职业涵化过程包含着两个阶段：一是未成年期经验性非定向的自然习得阶段（如幼儿师范生因一直都在接受学校教育的经历而对教师职业比较熟悉）；二是成年期系统接受定向的专业性职业训练的教师教育阶段。职业适应则是指一个人在经过涵化过程后，进入新的文化教育环境，改变原有的价值观念、行为习惯、思维方式，即建设和优化其个体文化知识以适应新教育文化环境的过程。可以说，职业适应是一个贴近角色、亲近职业的定向过程。这一阶段，学校教育旨在帮助幼儿师范生实现自我发展，促进师德认知进步的任务，形成幼儿教师职业责任感和自豪感。职业进步是在职业涵化和职业适应的基础上,着眼于师德的发展性进程,指向幼儿教师的自我修养。

师德教育的不同阶段应遵循不同的原则。

1. 职业涵化阶段应遵循的原则

职业涵化阶段师德教育应该遵循两大原则:一是因"德"施教的原则。这是指针对幼儿师范生不同的师德认知状况而采取不同的教育态度和手段。由于受家庭、学校和社会环境共同作用,幼儿师范生在刚入校时或在入校前的认知水平是不同的,可以分为三种:自我教育、缺乏教育和抵触教育。因而,对于入学前能够坚持自我教育并已养成良好习惯的幼儿师范生,师德教育要因势利导,及时提供操作策略和检验标准,较快地把师德转化成师行。对于入学前缺乏教育且尚未建立起良好习惯的幼儿师范生,师德教育要及时付诸大量的关心,引导他们对幼儿教师职业的感情体验和意志坚持,直到良好的师德行为习惯确立为止。而对少数入学前抵触教育又养成坏习惯的幼儿师范生,师德教育要付诸高度的耐心和责任心,特别是要强化心理健康教育与咨询,以爱心化解其抵触的态度,帮助他们适应新的环境,不断接近和满足未来幼儿教师的职业要求。二是他律而后自律的原则。在职业涵化阶段就要让幼儿师范生了解熟知幼儿教师的师德要求。师德教育是由外化演进为内化的过程。因此,师道是引导师德形成的涵化路径。

2. 职业适应阶段应遵循的原则

职业适应阶段师德教育要遵循两大原则:一是循序渐进原则。师德发展会经过不同的阶段,各阶段之间只能逐级渐进而不能跃升。我们就要在提升幼儿师范生师德每一阶段的发展中,让幼儿师范生学会自主思考判断,如此由师德教育提升其师德认知水平,即对师德的认知程度,确保认知的进步。二是教育内容生活化和现实化原则。实施师德教育,要改变以往重形式欠实际、重教条欠生活的弱点,师德内容力求生活化和实际化。也就是使得师德内容必须贴近生活,能够分辨现实,让幼儿师范生在熟知的生活事实中获得经验的积累与认知的进步。这要求教师经常交流与幼儿师范生日常生活有关的现实问题,也可让幼儿师范生自行讨论,然后得出结论,进行价值澄清,学习为自己的观点寻找合理的立论理由,从而提升师德认知,规范师德行为。

3. 职业进步阶段应遵循的原则

在职业进步阶段,幼儿教师的师德教育更强调幼儿教师的自我修养。因此,幼儿教师要坚持知行统一、动机与效果统一、自律与他律结合、个人与社会统一、继承与创新结合等原则,切实提高幼儿教师自身的师德修养。

(三)学习目标特征引导师德教育的价值取向

目前,我国教师教育已经实施教师资格证书制度,许多综合大学也承担起师资培养的任务。把幼儿师范生培养成合格的幼儿教师,教他们学会如何教书育人,帮助其完成角色的转变,完成幼儿师范院校和综合大学相应专业的培养目标,这些任务直接规定了师德教育的方向及其理想价值取向。而敬业乐群、身正道高、技精自律等品质,就是上述学习目标对幼儿师范生专业发展的要求。为此,相关院校要以全部的精力和热情致力于提高未来幼儿教师的专业发展质量,尽心尽力培养师德、师技、师表等各方面优秀的幼儿教师,尤其要力求降低不良师德出现的可能性。

第二节　幼儿师范生师德教育的常用方式与途径

师德优良是幼儿教师必备的素质。由于幼儿教师职业的特别要求和幼儿教师劳动的特殊性，相关院校应加倍关注幼儿师范生的职前师德教育工作。目前相关院校师德教育的途径和方式很多，方法更是不胜枚举，而且师德教育的常用方式和有效方法多样并各具特点。

一、师德教育的方式

关于师德教育的方式，可以从两对范畴加以分析。

（一）启发式与灌输式

启发式与灌输式这对范畴隐喻的是种相对的教育观念。前者是以学习者为中心的教育方式，反应了以学生为中心的教育策略；后者是以教育者为中心设计的教育方式，反映了以教师为中心的教育策略。

1. 启发式

启发式是指在学前教育专业师德教育中，教师尊重学生的人格，围绕学生的身心实际需要，采取平等的沟通和交流的方式对学生进行师德教育的教育方式。该方式的特点表现在：一是关注幼儿师范生的心理感受，从现实生活和学生所思所想所需出发，把幼儿师范生的师德自律性的培养作为核心，旨在培养出在师德上受过教育和自我教育的未来幼儿教师。二是内容的实际性、师德教育起点的根基性、平等和民主的沟通方式。三是注重交流、启发、引导幼儿师范生自我成长。四是具有非强制性。启发式师德教育效果良好，容易培养起幼儿师范生对幼儿教师职业的亲近感、忠诚感，无形中强化了职业信念，是幼儿师范院校最常用的师德教育方式。

2. 灌输式

灌输式是指在学前教育专业师德教育中，以说教的方式传授、传达师德信息，对学生进行师德教育的方式。该方式的特点表现在：一是内容的预定性、教育起点的无根性、受教者的被动性和培养方式的权威性。二是注重师德知识和规范的传达，忽略幼儿师范生的人格尊严、心理感受和师德内化过程。三是以规范的强制性和他律性为出发点，仅把幼儿师范生当作师德的遵守者，未看成是德性自律的主体。四是注重教育发生的外部行为与现象，未关注教育沟通的结果。

由于进入幼儿师范院校学习的学生存在知识结构有待完善，阅历不够，心理不成熟，思维较理想化和偏激情绪色彩较浓，以及职业信念模糊，自我评价偏高等情况，容易产生失意感和挫折感。同时，教师又不关心幼儿师范生心理需要，只顾及师德规范的需要，采用灌输式说教方式实施师德教育，显然无法切合幼儿师范生的心理需要和心理发展特征，导致师德教育的实践有效性不理想，甚至不仅不能养成幼儿师范生的责任感和职业信念，还可能产生比社会期望低得多甚至完全相反的效应。因此，我们必须改变师德教育灌输式的说教方式，代之以启发式，后者才是与经济社会发展要求和人文主义的时代精神相吻合的师德教育方式。

（二）封闭式与开放式

这对范畴是由灌输式和启发式这对范畴所决定的，能够表明师德教育方式的性质和价值取向。

1. 封闭式

封闭式方式是把学校作为师德教育的独立场所，把课堂作为师德教育的唯一途径，把教师认定的价值取向作为唯一的价值取向。它的特点表现在：一是因封闭而产生的保守性、唯一性。二是教育环境封闭呈现为"学生—教育者"环形回路的保守环境。三是面向社会和幼儿师范生生活实践的开放程度极小，缺乏社会环境因素的渗入和影响。四是教育内容抽象化，普遍采取思维较理想化的价值取向，教育过程中不懂得利用社会环境反教育性的案例作强化分析。五是忽视社会德性全面性的呈现，只告诉幼儿师范生幼儿教师职业的崇高性，未说明幼儿教师职业的现实状况及其缘由，对非本意就学者的职业选择的心理障碍也就不能完全解决，培养其幼儿教师的责任感和职业荣誉感及忠诚感就更无从谈起了。

2. 开放式

开放式是强调师德教育面向开放的社会实践和职业实际，允许多元师德价值取向的相互交流和讨论的方式。它的特点表现在：一是以现实的开放态度把师德内容生活化、实际化，把师德教育行为的起点现实化。二是以开放的姿态看待幼儿师范生成长的环境，采用多元化的师德教育途径。三是通过构建多方位、多层次的整体教育模式，把课程、活动和情境作为师德教育的主渠道。四是通过显性方式和隐性方式相结合，以实现幼儿师范生的人生价值观，达到增强教育合力，缩短幼儿师范生现实师德与理想师德的差距。

需要特别指出的是，尽管我们不提倡封闭与灌输的教育方式，但由于其技术操作难度不大，对教师的能力、灵活性等方面要求不高，大多数教师都比较容易胜任，因此这种教育方式长期、广泛地存在着。考虑到封闭与灌输式的师德教育方式的诸多弊端，这种教育方式必须加以改变。开放与启发的教育方式技术操作难度较大，对教师有较高的综合素养的要求。而教师对开放与启发的教育方式的不确定性、复杂性把握不足。目前这种教育方式还未广泛使用，师德教育工作是一项复杂的系统工程，师德的形成受历史因素、文化因素、家庭因素和学校因素等多种因素的影响，即使学校只是其中的一个因素。

二、师德教育的途径

目前，开放式与启发式已是幼儿师范院校师德教育的主要方式，也是选择师德教育具体方法的指导性原则。本章节主要介绍课程、活动和情境三种师德教育的主要途径。

（一）课程

1. 概念

课程主要是幼儿师范院校对幼儿师范生进行师德教育的显性内容，即列入课程教学计划中的实体内容。幼儿师范院校的师德课程一般设置为三类：一是普通课程，以学科教学为途径，发挥德育功能。二是师德专业课程，包括相关学科课程、专题课程和讲座等形式。师德专业课程是幼儿师范生需要学习的特殊课程，包括师德原则推理、师德规范的学习、师德两难问题的探讨、师德案例的分析等。三是实践活动课程，包括师德行为的规训、学生教育见实习、社会实践活动等。

课程是师德教育的基本方法。它的特点在于能够把一般的师德原则和师德规范有机结合并有效实施，突出地表现启发式和开放式的人道主义精神和现实主义态度。课程教学具有弹性而富于变化的内容，灵活多样的教学方法，典型而有规模的系统性，集中而方便的时间条件等基本特点和优势。但需要注意的是，如果课程方法运用不妥，教育观念闭锁、教学内容封闭、教学方法机械单一的，也会导致出现灌输式和封闭式的问题或弊端。因此，必须注重启发式和开放式的课程方法，以促进师德教育的优化效果。

2. 现状

由于多方面的主客观原因，目前师德教育课程教学的效果并不理想。

（1）思维较理想化的师德价值取向。目前师德教育课程内容的选取，普遍采取思维较理想化的价值取向，忽视人性和现实的事实存在，把德性的终极境界当作师德教育的起点，以培养圣人人格为师德教育的使命，导致师德教育目标的空想色彩浓重，把师德理想作为师德教育的唯一出发点，理想师德和理性师德理论成为学校师德课程的主要内容甚至唯一内容，严重脱离社会现实和幼儿师范生的生活实际。由于抽离了德性生长的现实根基，幼儿师范生无论怎么努力也无法达到要求的高度，促使一部分幼儿师范生选择放弃的态度。也由于师德教育严重脱离现实，而不能真正内化成幼儿师范生师德行为的指导准则。

（2）师生互动沟通交流存在障碍。在师德教育过程中，教师的态度影响甚至决定着师德教育的效果。如果授课教师以"家长心态"和权威态度，不尊重幼儿师范生人格、缺乏平等民主精神，忽略幼儿师范生心理需要，一味地采用"告诉""输入"等只重形式、不顾效果的强制性灌输的方式，没有考虑到幼儿师范生的心理状态和情绪体验，师生之间就会很容易产生沟通交流障碍，师德教育效果就必然不理想，特别是难以消除那些非本意就学的幼儿师范生的颓废心理和职业选择环节中产生的无可奈何的情绪，也会导致师德教育从一开始就进入死胡同。

（3）师德教育课程内容及教学过程缺乏开放性。目前，幼儿师范院校师德教育课程的内容一般都是固定的甚至是强制性的，这使得课程之外的先进师德思想很难进入学校或者课堂中。这种课程内容的封闭性，也为教师选择强制的、灌输式的教育教学方法提供了"靠山"。

3. 建议

为提升师德教育课程教学的实效，需要特别注意以下两点。

（1）内容设置现实化和生活化。思维较理想化的师德价值引导是必要的，但不能空洞泛化，需修正师德教育课程目的的架构基础和提高课程内容的现实化和生活化水平来实现。一是设置师德教育课程要正视复杂的人性事实和环境事实对社会道德和幼儿师范生个体德性的影响。具体地说，应把培养理想德性人的师德培育目标变成培养有道德判断力的自主性个体。我们既要提倡和鼓励师德高尚，也要允许合乎师德底线行为的存在。二是要坚持师德教育课程内容的阶梯化和现实化。幼儿师范生的德性具有层次性：社会公民的一般道德，公民化的社会公德，为人师者的师德。依据此层次性，师德教育的课程内容需要将思维较理想化和现实主义有机结合起来，从幼儿师范生的现实生活入手，承认幼儿教师职业首先是教师的谋生手段，然后才是奉献社会的职业，只有这样才利于消除幼儿师范生在职业选择上的迷茫或不愉快，使未来幼儿教师树立职业理想、职业信念及坚定职业意志成为现实。

（2）沟通交流的态度和方式的民主化。一是要正确对待教师权威。师德教育课程授课教师如果过度看重权威，就容易导致师生间产生不平等交往的心态。教师是师德教育课程的开设者和组织者，以平等、亲切的态度对待幼儿师范生，所讲授的师德教育课程内容会让幼儿师范生更容易接受。因此，我们要把师德教育过程变成师生双方互动沟通交流的过程，教师建立以幼儿师范生为中心的平实的服务态度，排除强硬专制的"家长"心态，以取得幼儿师范生真正的信任、认同和接受，实现师生人格平等意义上的有效沟通。二是要增强师德教育课程的开放性。要以幼儿师范生乐于接受的方式，让课程内容鲜活起来。采取启发式，把现实生活中的案例引入课堂，让幼儿师范生切实参与师德教育，进行价值分析、价值判断和价值确认，真切地感受师德教育课程内容的价值意义。

（二）活动

1. 概念

活动是指在幼儿师范院校的师德教育中，具有教育意义或功能的个人或群体的外部活动。即是在师德教育过程中，以幼儿师范生兴趣和道德需要为基础并自主参与的，为促进其个体德性发展的现实的教育和社会实践及交往活动。包括幼儿师范生主动参与的游戏、劳动，幼儿师范生之间的外部协作和见习、实习等其他集体活动。活动是个体德性的形成、发展的根源和动力，通过活动和交往可以加深幼儿师范生对师德规则的理解，为师德的真正获得提供基础，培养和发展幼儿师范生的职业信念与职业责任感。活动还是实现幼儿师范生自我教育的基础，是改变灌输式教育的有效手段。

活动同课程一样，也是幼儿师范院校进行师德教育最常用的方法和途径。师德教育需要活动提供实践和德性践履的机会与场域。活动在一定程度上弥补了课程方式的师德教育的不足。此外，活动能够充分兼顾幼儿师范生的心理需要特性和社会的期望需求，教师运用得当会带来良好师德教育效果。

2. 现状

就目前现实情况来看，由于尚未理顺活动方法的某些方面关系，其利用仍然存在一些问题，其中最突出的是活动与课程逻辑关系混乱问题。

（1）活动与课程逻辑关系混乱。在教育领域中，一般把与学校教育有关的活动统称为隐性课程，或第三类课程，作为与显性课程相对的概念。这种区分容易把二者混为一谈，界限不清。再加上对两者关系的理解偏差和操作误差等原因，活动、课程、活动课程、活动类型课、综合课等内容指向的概念重复交叉使用，混乱不清。书中所指的活动是相对于课堂教学的一种利用正课时间和课外时间进行的有组织、有计划、有目的的活动方式。在师德教育中，它既包括参观、访问、调查、见习和实习等列入教学计划的专门活动，也包括文体活动、阅读活动、科技活动、劳动、社会服务和举办党团活动辅导班等常规活动。因此，活动应纳入课程体系中，以此明确课程的方法与活动的方法在内容、范围等方面的原则界限，避免导致两者在性质上的模糊和逻辑上的混乱。

（2）活动的可操作性不强。活动的方法在师德教育过程中要把幼儿师范生看作是责任主体和行动主体，强调幼儿师范生作为参与主体的自主性，而这种自主性是建立在幼儿师范生的需要和兴趣基础上的。但我们在师德教育中常常犯错，往往只是让幼儿师范生按照教师的思想进行活动，而忽视了幼儿师范生的自主意识和对活动的主观需要与兴趣。同时，幼儿师范院校为幼儿师范生提供的社会实践活动和机会不充足，如见习、实习时间的限制、对幼儿教师师德状况信息掌握的不完全、很少有机会参与幼儿园教师师德建设与改革等，从而对师德教育工作带来一定的困难，为幼儿师范生的师德的成长发展带来了不确定和不完整性。

3. 对策

活动方法运用得当会取得良好的师德教育效果。为此，需要注意以下几点。

（1）坚持学生主体性和自律性的原则。师德教育要突出幼儿师范生的主体性和自律性特征，不能只按教师的个人意愿去设计和组织幼儿师范生的活动。因此，在活动中应该贯彻幼儿师范生主体性原则，即尊重幼儿师范生的兴趣和需要，关注他们的心理感受和情感体验，从幼儿师范生困惑或不解的现实问题入手，激发他们参加活动的兴趣和热情，从而解决其思想困惑或危机，坚定职业信念。如教育见习实习结束后，让幼儿师范生自主探讨幼儿教师的社会地位和师德现状，找出不良师德的成因及应对之策，使其在亲身参与体验的过程中，获得提升师德素养的经验和自主性的成长。

（2）师德教育活动的常态化。幼儿师范院校的目标是培养满足社会发展和家长期望的幼儿教师，对幼儿教师师德有较高要求。活动是师德教育不可或缺的重要途径。但要强调的是，师德教育活动必须要常态化的持续开展，如教师师德知识竞赛、专门师德讲座、师德论坛、教育见习实习动员、职业规划、就业指导等形式，对消除幼儿师范生选择幼儿教师职业的动摇不定心理，强化其幼儿教师职业信念有着引导定向的功能。

（3）积极提供参与活动的机会。师德教育与社会实践活动紧密相联，与社会实践相隔离的师德教育是不可取的，偏离社会生活的师德是无法经受考验的德性。因此，幼儿师范院校要为幼儿师范生的成长积极提供接触社会的机会，鼓励和支持幼儿师范生积极参加社会实践活动，保证幼儿师范生有充足的见习实习和社会调查的时间，允许幼儿师范生在闲暇时间从事一定的社会工作，使幼儿师范生能够更好地掌握社会教师师德全景信息，并在实际参与各种社会活动中学会适应社会，避免产生反师德教育的心态。

（三）情境

1. 概念

情境是指教育者和受教育者共同参与，根据师德教育目标而主观创造和设定的具体的情感氛围和物质条件相统一的自觉可控的环境。从师德教育的视角而言，情境特指具有文化品质、艺术品质和性情陶冶功能的情景、气氛和境地。在学校中，主要是指校园的文化和生活情境等能够起到潜移默化的暗示作用的师德教育气氛：亲切感人的语言，形象直观的器物，幽雅唯美的校园环境，和谐的人际关系等。这些能引起幼儿师范生情感共鸣的师德教育情境，能更好地激发幼儿师范生的师德情感。

情境是师德教育常用而有效的教育方式，让幼儿师范生在实际的教育教学过程中产生积极的、健康的情感体验。师德的形成和成长是幼儿师范生的知、情、意、行的发展过程，师德情感的培育需要一定的情境因素的诱导。情境方法相对前两种方式具有明显而独特的优势:一是以感染性取胜。这种感染性是以情感为基础的,以正面、积极的气氛渲染为依托而具有潜移默化的陶冶性情的教育功能。轻松愉快的情境,是取得师德教育优良教学效果的重要条件,幼儿师范生情感高涨和欢欣鼓舞之时即是师德知识内化和深化之时。二是情境方法运用艺术化的表达方式,间接地把师德规范的内容融入其中,让幼儿师范生在感官的享受中,自然、自觉或不知不觉地接受了精神的洗礼和心灵的涤荡。另外,良好的师德教育情境还对良好的师德行为习惯的形成有良好的促进作用。

2. 现状

师德教育中要合理运用情境方法,否则会产生一些问题。一是校园的文化情境与生活情境有松散性的一面。主要是幼儿师范生的惰性及自律性的欠缺,难免有时会放松对自己的要求,甚至放纵自己,如不按时起床锻炼,上课迟到乃至旷课,生活作息无规律,校园秩序不佳,等等。二是校园艺术情境和活动情境相对贫乏。利用形象化、艺术化和现代多媒体技术手段结合师德教育内容而创设的情境较少,贫乏而枯燥的情境起不到陶冶幼儿师范生师德情感的作用,没有起到情境应有的教育力量。三是缺乏情境的适时调控。师德教育情境会到受到教育系统、社会环境等因素的积极或消极的影响。消极影响会减弱原有的师德教育情境功能的发挥,更有甚者还会破坏情境的初衷。因此,我们要对师德教育情境进行科学评价及监控,及时发现应传递的师德教育内容传递不到位、师德教育效果不显著或与预期相反等消极影响,并根据症结所在对原来的情境作进一步优化。

3. 对策

一是要加强校园文化情境的管理。把情境教育和制度教育结合起来,大力倡导人文关怀,创设有利于师生之间和谐交流、充满人性关怀的情感情境,利用必要的制度引导幼儿师范生加强"自我教育、自我管理、自我服务",为师德教育提供良好的情境。二是充分发挥校园艺术情境和活动情境的教育价值,大力开展主题校园文化活动,努力创建有本校特色的自然景观和人文景观,重视校园文化载体的建设。把身教、言教、形教与境教有机结合起来,善于树立幼儿师范生身边的榜样并形成良好的风气。三是提倡细节养成的风气。良好的行为习惯是幼儿师范生师德健康形成和发展的基础。师德教育要从关灯、扫地、擦黑板等点滴小事抓起,帮助幼儿师范生逐渐养成良好的德性习惯。四是注重情境的适时调控、反馈和优化。师德教育情境不是固定僵死的,不能一成不变,要对师德教育情境进行科学评价及监控,不断优化,使情境按照预定的正确方向发展,让幼儿师范生受到有效的教育。同时,还要对受教育者进行追踪来收集有效的反馈信息,结合教育者的总结作出评估,总结经验教训,使情境更加科学和高效。

第三节 幼儿师范生师德教育的基本教育模式

师德教育模式是指根据不同的师德教育内容和教育对象而设计的一组师德教育方式和方法,并规定各种方式方法出现及连接的顺序。它是连接理论与实际操作的桥梁,也是前一节所讲的师德教育方式方法的具体化和经验化。本节着重介绍三种师德教育模式,以提供师德教育的借鉴。

一、传授—推理模式

1. 概念

传授—推理模式是指在师德教育课程教学和活动情境中，教育者的教授方法与行为和幼儿师范生的讨论行为交替出现，完成师德推理进步的方式。该模式的价值取向和出发点是力图避免说教—灌输模式的弊端，努力执行开放式和启发式的基本精神，把抽象的师德推理和学校生活现实结合起来。

传授—推理模式是以柯尔伯格的道德认知发展阶段理论为基础的，其理论假设是：道德以一般的普遍的阶段顺序发展，道德教育重于道德判断而不是师德行为。因此，它强调的就是认知发展和道德思维之间的关系。柯尔伯格还强调，阶段是一个"结构整体"和有组织的思想系统；阶段构成一定恒定的程序，逐级向前运动；阶段是等级化的结合，较高阶段的判断包含较低阶段的判断，它朝着最高的有效阶段运行。

该模式的重点在于讨论在学校环境中出现的现实问题，同时强调取舍、互相关心和集体承担义务的重要性。在幼儿师范院校，师德规范的讲授和师德教育指向的重点是师爱、师责、师表、师行，为此，教师被看作是促进师德和师德问题讨论的人，其任务是通过教师提出各种不同的行动方案或行为模式对集体的价值和意义，以供幼儿师范生在讨论时作为参考，进而帮助幼儿师范生感受到对集体的强大责任感，自觉把师德认知提升至更高的发展阶段，把对师德的认识提升到更高水平。

在师德教育过程中，传授—推理模式的基本程序是：教师呈现或鼓励幼儿师范生提出有关的师德现实问题或师德问题案例，设计两难问题情境，幼儿师范生讨论不同的观点和各种行为后果，教师制定问答策略，期望引起幼儿师范生师德推理结构的变化。这一模式要求幼儿师范生必须自己去理解和思考。更重要的是，让幼儿师范生在具体的冲突性选择情境中，提高他们对冲突价值观的判断能力，进而对其职业观念和法制观念，甚至对未来的从教生涯都将起到持久而强烈的警示作用。

2. 传授—推理模式的变式

传授—推理模式是师德培育的主模式之一，在不同的学校所使用的具体方案有所不同。讲授—讨论、教授—思考、问题—分析等都是该主模式的变式。其中，问题—分析模式是较有代表性和典型性的模式。它在西方师德教育模式中的表现形式是价值分析和价值澄清。

问题—分析模式利用课程、问题和活动情境，通过价值观分析的过程，完成减少价值观困惑和混乱、保持价值观一致的任务。该模式力求避免师德观念和规范的灌输，注重推理的作用，让幼儿师范生在选择、行动的过程中提高自己分析和处理各种师德问题的能力。幼儿师范院校有责任帮助幼儿师范生在价值多元的社会中，通过价值澄清和分析的方法树立他们自己的价值观。价值澄清过程包括选择、珍视和行动三个阶段。选择阶段包括自由的选择、从多种选择项中进行选择、在考虑后果后进行选择三个步骤。珍视阶段包括珍视与爱惜、公开的证实两个步骤。行动阶段包括根据选择行动、定型的与重复的行动两个步骤。任何一个价值观都可以通过这一价值选择过程来获得。这一模式充分体现了启发和开放的精神。

价值分析模式是问题—分析模式的另一种表现形态。主要包括：识别和澄清价值问题、收集支持性事实、评估收集的事实真相、澄清事实、作出尝试性的价值分析、检验蕴含价值决定中的原则。而相应的冲突解决的任务就是减少和解决人们在完成价值分析中所造成的各种差异。

二、行为—矫正模式

1. 概念

行为—矫正模式的目的在于规训幼儿师范生的师德行为,即通过对幼儿师范生特定行为予以奖惩的方式使其师德行为得以进步的模式。该模式一方面关注良好师德和行为的养成,另一方面提供矫正不良行为的技术策略。从行为主体的主观认知程度而言,该模式可以演化为对幼儿师范生的主动行为和被动行为的矫正模式;按行为发出的不同对象区分,包括对个人行为和集体行为的矫正模式。而就师德教育而言,该模式强调的是良好师德和行为养成规训及对不良师德和师行的矫正技术。

行为—矫正模式是以道德发展的社会学习观为理论基础。社会学习观强调师德行为是模仿父母和由父母、教师及社会直接训练的结果。因此,教育者的教育措施和榜样在青少年的师德发展中起着重要作用。同时,它的另一个理论前提预设是品格教育思想:假定从教育者或其他成人的经验来说,相信这一种信仰和行为比另一种信仰和行为更好,因此,要尽最大努力说服幼儿师范生,这是你最希望的价值观。这是对幼儿师范生师德困惑采取的一种价值引导,希望学校能将社会公认的师德标准内化为幼儿师范生的个体德性。师德要转化为师德行为,就是让幼儿师范生以师德规范中被认为是正确的方式表现其行为。而榜样模仿和行为矫正都是改变幼儿师范生不良行为的有效方法。

奖惩是行为矫正的重要方面。对幼儿师范生的行为进行奖惩时,教育者要坚持公平、公正和负责的原则,科学适当地利用矫正技术策略改变幼儿师范生的不良行为。同时,还要从幼儿师范生学习和生活日常行为抓起。如幼儿师范生随地吐痰、乱涂乱画等不良行为习惯,浪费水电、宿舍脏乱等现象,都是师德教育和师德养成的切入点。

2. 行为—矫正模式的变式

社会行动模式是行为—矫正模式的一种变式。20世纪70年代中期,美术教育家弗雷德·纽曼提出社会行动模式。他把注意的焦点放在公民的有效行动上,强调每一个公民应发挥对公共事物的影响,并把它与社会变化联系起来。该模式试图从培养公民的角色出发,帮助幼儿师范生提高参与民主政治的能力,其初衷和用意是好的,但存在实际操作和应用上的困难。社会行动模式的基本目标是帮助学生获得适应并影响环境的能力,即是给予幼儿师范生这种影响未来工作环境和对象的意识,并努力培育影响环境的能力和师德素质,如职业责任感与忠诚感、自信心和精湛的教学技能等。

范例—模仿模式是行为—矫正模式的另一个重要变式。它强调教师行为本身的伦理意义,利用教师言行能够潜移默化影响幼儿师范生的作用,以及幼儿师范生无意或有意模仿教师行为的心态,帮助幼儿师范生改变自身不当的认知方式和行为方式。幼儿师范院校要充分发挥教师行为的师德榜样作用,尤其是教师的人格价值对幼儿师范生成长所具有现实指导意义。教师爱岗敬业、乐于奉献、公道正直、实事求是、宽容理解、为人师表、以身作则等人格表现,对幼儿师范生人格的形成起着"耳濡目染""潜移默化"的作用,不仅影响着幼儿师范生在校期间的学习行为、品德行为,更为其人格形成打下深深的烙印,影响终身。同时，教师工作和幼儿师范生未来职业的传承关系，不仅能够为未来教师的健康成长提供可遵循、模仿的成型的行为范例，而且能造就幼儿师范生对幼儿教师职业的责任感和使命感。

三、情感—体验模式

1. 概念

情感—体验模式是指通过关注幼儿师范生内在的心理需要，发挥课程、情境等方式或手段的教化和陶冶功能，以情感人，改变幼儿师范生情感体验和状态过程中引发积极的师德情感从而内化为师德规范。

该模式提倡在师德教育的过程中，以沟通为主要方式贯彻启发和开放精神，强调尊重幼儿师范生的个性特征和内心世界；从情感及其发生情境入手，让幼儿师范生切身理解并认同师德规范，合情合理地完成由他律向自律的转换。师德教育是对幼儿师范生的情绪、情感和理适应的过程，是对学生情感需要的引导和提升，因而，师德教育要建立在幼儿师范生的情绪和情感适应的基础上。该模式的突出特点是强调情感在幼儿师范生师德形成及其在师德教育中的地位和价值。

2. 情感—体验模式的变式

体谅模式是情感—体验模式的重要变式。由英国教育家彼得·麦克菲尔于20世纪70年代所创。该模式是一种让学生学会关心或为他人着想的德育模式，其宗旨是假定与人友好相处是人类的基本需要，以一系列的人际与社会情境问题启发学生的人际意识与社会意识，鼓励试验期的青少年试验各种不同的角色和身份，引导学生学会关心，学会体谅。

体谅模式的最大特点在于表明关心的方式是愉快的方式，有助于教师较全面地认识幼儿师范生在解决特定的人际—社会问题的各种可能反应和可能遭到的种种困难，以便更好地帮助幼儿师范生学会关心。在师德教育中，尤其应该着力培养幼儿师范生关心他人的意识和爱的心态，因为教育是一种爱的交流和沟通，是对教育对象的尊重和爱护。该模式强调任何道德都不是靠教授，而是靠理解和领会，这十分符合疏导和沟通的原则。学校和教师的责任是创造一个符合关心人的课堂环境、校园环境和社会教育环境，让幼儿师范生在这种生活中学习。

为了推行体谅模式，麦克费尔等人编制了一套独具特色的人际—社会情景问题教材——《生命线丛书》。这套教材由设身处地、证明规则、付诸行动三部分组成，循序渐进地向学生呈现越来越复杂的人际与社会情境。

《设身处地》。含"敏感性""后果""观点"三个单元，所有情境都是围绕学生在家庭、学校中经历的各种共同的人际问题设计的。这部分的内容和方法非常适用于幼儿师范生师德行为的规训。教师可以运用儿童中常见的教育现实问题和冲突的典型或两难案例，创设情境和情景角色，让幼儿师范生习得关心幼儿的情感经验，体验爱的情感在处理问题时对儿童成长的生命意义和发展价值，为其确立正确的儿童观及选择恰当的师德行为提供经验和路径。

《证明规则》。这个部分包括"规则与个体""你的期望""你可曾了解我"三个单元。具体包括含规则与个体、你期望什么、你认为我是谁、为了谁的利益、我为什么该等5个小单元，情境所涉及的均为比较复杂的群体利益冲突及权威问题。即是通过陈述教育案例，让幼儿师范生讨论社会和师德的要求，再分析法律和合法的期望，了解法律、习俗的生存和生活意义，启发幼儿师范生审视自己和理智地解决各种师德问题。

《付诸行动》。含"生日""幽闭""悲剧"等6个单元，向学生展示以历史事实或现实为基础的道德困境。通过提出"如果是你，你会怎样做"的问题，以典型的教育案例作为思考起点，让幼儿师范生感受和体验强烈的情感冲力，趋向"关心他人、体谅他人"的教育主题。

第五章　幼儿师范生师德教育的现状与原因

《幼儿园教师专业标准》的颁布为我国幼儿教师的专业发展提供了重要依据。根据此标准，"专业理念与师德"是幼儿教师专业素养的核心组成部分。在新时代背景下对学前教育需求更加强烈、对学前教育质量要求更高，各高等院校、中职院校纷纷开设学前教育专业，但是针对幼儿师范生的师德教育仍有缺位：幼儿师范生职业认知差异明显、职业道德观念参差不齐、个人修养与行为偶有失范等现象。

第一节　幼儿师范生的师德教育与专业成长

师德教育对幼儿师范生的专业发展不仅具有规范和约束作用，更有助于使幼儿师范生明确自己的职业角色，真正从内心和价值取向上认同幼儿教师职业，使从教变成一种内心的自由选择，在自主的专业化学习过程中提升专业素养，并把从教乐教作为自己人生价值的不懈追求。

一、师德教育

（一）师德教育概念

一般而言，师德教育是指党和政府、教育行政管理部门、师范院校及师资培训机构，按照幼儿教师师德规范要求，有组织、有目的、有计划地对在职幼儿教师及在校师范生进行系统的师德教育、重铸师魂和提高技能的过程。简单来说，师德教育是指通过对即将从事教师工作的人和专职教师所进行的职业道德教育与培养，把一定社会的思想观点、政治准则和道德规范转化为教师个体的道德品质的社会实践活动。叶立群在《师范教育学中》对师德教育的解释是："师德教育是指对即将从事教师工作的人和专职教师所进行的职业道德培养与教育。"[①] 师德教育旨在通过施加教育和影响，使他们提高教师德性，遵循师德行为准则，自觉履行应尽的义务，养成良好的师德品质的活动。

由于当今的幼儿师范生不仅局限于师范院校，师德教育的对象也就不只是在职幼儿教师，还包括有广大师范院校和有志从事教育事业的非师范院校学生，因而书中所研究的师德教育是主要针对承担培养幼儿园师资的院校所开展的一种注重内化和养成相结合的教育实践

---

① 叶立群．师范教育学 [M]．福州：福建教育出版社，1997．

活动，就是把一定社会的思想观点、政治准则和道德规范转化为教师个体的道德品质的社会实践活动。

所谓幼儿师范生师德教育是指幼儿师范院校的教育者依据一定的道德要求，对在校生施加有目的、有组织、有计划地系统的教育和影响，将幼儿教师师德规范转化为师德品质的一种教育活动。其目的是要帮助幼儿师范生树立正确的职业道德观，增强其辨别是非的能力，从而树立热爱幼儿教育、献身幼儿教育的专业信念。培养未来的幼儿教师，是幼儿师范院校的神圣使命，要让幼儿师范生具备良好的幼儿教师师德素养，更好地适应未来幼儿教师职业，必须加强师德教育，积极引导其自觉加强师德修养。

（二）师德教育的内容

1. 师德教育的一般基本内容

（1）爱国守法，以德育人。幼儿师范生要成长成为一名合格的幼儿教师，不仅要具备一般公民的道德素质，而且要"为师"，应当是践行社会主义核心价值观的表率。因此，"爱国守法，以德育人"是幼儿教师履行教育责任义务的首要职业素养，也是对幼儿师范生开展师德教育必不可少的重要内容。这一内容要求在幼儿师范生师德教育过程中要融入社会主义核心价值观培育和法制教育。这就意味着，幼儿师范生不仅要认真学习《宪法》，还要学习《中华人民共和国教育法》《中华人民共和国教师法》《中华人民共和国义务教育法》《中华人民共和国未成年保护法》和《中华人民共和国预防未成年人犯罪法》等教育相关的法律法规。通过接受这些内容的教育，让幼儿师范生逐步认识到幼儿教师职业的神圣职责和义务，从而在日常学习生活中，模范遵守各项法律、法规；在教育实习实践中把握德法并重的教育原则，使今后的教育教学活动完全符合法制的要求和道德的要求。

（2）爱岗敬业，无私奉献。爱岗敬业，无私奉献，既是幼儿教师坚持为人民服务的宗旨，具有高度政治责任感和职业责任感的具体而集中的体现，也是幼儿教师实现人生价值的途径。因此，对幼儿师范生进行以爱岗敬业为核心内容的师德教育，有助于其忠于人民的教育事业，志存高远，将个人的成长进步同社会主义伟大事业、同中华民族伟大复兴紧密联系在一起，并在深刻的社会变革和不断的教育实践中，践行为国家为民族培育人才的光荣使命。

（3）关爱幼儿，携手共进。关爱幼儿是幼儿教师职业本身的客观要求，也是幼儿教师必须具备的情感品质。霍华德·加德纳的多元智力理论和罗森塔尔的皮格马利翁效应研究都提出，人们的学习活动不仅依靠大脑皮层结构，而且是在情感的参与下进行的。师爱是幼儿教师与幼儿之间情感的一种常态交流，是教育教学中不可忽视的重要因素。这种爱又是一种教育力量，它能促进幼儿内心产生积极的学习兴趣，进而转化为幼儿接受教育的内在动力，又能激起幼儿教师对教育活动的浓厚兴趣，促进幼儿教师创新教学方法，从而达到一种教学相长的良好效果，更能促使幼儿师范生提前学会建立师幼感情，在校园内作为大学生做到"爱师"，有利于提高自身学习的兴趣和动力；在教育实习，乃至今后的职业生涯中做到"爱幼"，从而实现教学相长的理想目标。

（4）教书育人，诲人不倦。立德树人是教育的根本任务，教育必须为社会主义现代化建设服务，必须与生产劳动相结合，才能更好地培养德、智、体等方面全面发展的社会主义事业的建设者和接班人。教书育人是幼儿教师的核心任务。根据新时期创新型社会和教育改革发展的要求,幼儿师范生师德教育要紧紧围绕"教书育人"这一核心内容展开,在提高其道德素质的同时注重其创新能力的培养,引导他们全面发展。只有这样,幼儿师范生才能不断成长为勇于探索创新的合格幼儿教师,才能在今后的教育中培养出社会所需要的、富有创新精神的、担当责任奋发有为的时代新人。

（5）为人师表,明德惟馨。苏联教育家乌申斯基曾说:"教师个人的范例,对于学生的心灵,是任何东西都不可能代替的最有用的阳光。"① 幼儿教师的劳动是一种以灵魂来塑造灵魂、以人格来培养人格的劳动,教育过程始终都是人与人之间相互影响、相互作用的互动过程。正因为幼儿教育劳动的这种特殊性,就决定了幼儿教师必须为人师表。为人师表就是要求幼儿教师从言行举止到心灵外表,从课堂内外到幼儿园内外的各个方面率先垂范,做幼儿的榜样,以崇高的思想境界、良好的精神状况和高尚的行为表现,以自己的人格学识魅力,潜移默化地教育和影响幼儿,从而实现教书育人的神圣使命,真正做到明德惟馨。学生时代是培养幼儿教师师德品质和行为养成的重要阶段。通过这一内容的师德教育,对幼儿师范生将来做到为人师表具有重要的意义。

（6）终身学习、精业勤业。教师承担着提高全民族素质的重要责任,为经济社会的发展提供着有力人才支撑和智力保障。因此,幼儿教师应当率先成为终身学习的模范。这既是21世纪知识信息迅猛发展的时代要求,也是幼儿教师的职业特点。这就意味着培养幼儿师范生终身学习,精业勤业的师德品质,是幼儿师范生师德教育的重点内容。因此,从在校教育阶段就应树立起终身学习,精业勤业的理念,幼儿师范生才能不断更新知识内容,勇于探索创新,最终成长为适应时代发展需要和符合幼儿教育发展要求的合格幼儿教师。

2. 师德教育的特殊内容

（1）务实的职业理想。职业理想是选择幼儿教师职业并愿为之努力践行的追求。马克思在《青年在选择职业时的考虑》一文中写道:"在选择职业时,我们应该遵循的主要指针是人类的幸福和我们自身的完美……人类的天性本来就是这样的,人们只有为同时代的人的完美、为他们的幸福而工作,才能使自己达到完美,如果我们选择了最能为人类福利而劳动的职业,那么,重担就不能把我们压倒。"② 幼儿教师职业是"最能为人类福利而劳动的职业",因而也是崇高的职业。幼儿教师肩负着崇高的历史使命,在人类社会发展和幼儿成长成才中,发挥着巨大的作用,因而帮助幼儿师范生树立崇高的职业理想,是师德教育的本质内容。幼儿师范院校要加强幼儿师范生的职业理想教育,帮助他们树立务实的职业理想,把长期献身幼儿教育事业作为自己的远大志向。只有这样,我们培养的"未来教师",才能够"下得去""用得上""留得住""教得好"。

（2）浓烈的教育爱。教育是爱的教育,教育要有爱。教育家马卡连柯曾说过:"爱是一种伟大的感情,它总在创造奇迹,创造新人,唯有爱,教师才会用伯乐的眼光去发现学生的闪光点,才会把辛苦的教育工作当做乐趣来从事,它使教师感觉到每个儿童的喜悦和苦恼都

---

① 王正平. 教育伦理学 [M]. 上海:上海人民出版社,1988:84.
② 中共中央马克思恩格斯列宁斯大林著作编译局. 马克思恩格斯全集（第40卷）[M]. 北京:人民出版社,1979.

在敲打他的心,引起他的思考、关怀和担心。"① 孔子主张教师对学生要"仁爱",要"诲人不倦"。教育的爱,是热爱教育事业、热爱孩子最直接、最集中的情感表达。当今社会,功利主义思想对幼儿教师价值观的影响和冲击非常大,能否培养出愿意坚守幼儿教育事业、能守住清贫耐住寂寞的合格幼儿教师,是保障幼儿教师队伍相对稳定、保障幼儿教育健康发展的关键因素之一。幼儿师范院校开展师德教育时,就必须注重培育幼儿师范生对幼儿教育事业浓烈的教育爱。这种教育爱,是促进幼儿师范生积极实现教育理想的道德力量,培育幼儿师范生高尚道德品质的重要因素。因而,在开展师德教育的过程中,要引导幼儿师范生基于加深幼儿教师职业的理解、明确自身责任和义务的基础上,对教育对象产生一种超越血缘关系的爱,从而在教育过程中表现出一种高尚的道德境界、执着的敬业精神、贴心的教育艺术和对自我职业行为充分肯定的价值取向。

(3) 积极的职业态度。幼儿教师的职业态度直接影响着其职业行为和保教工作业绩。因此,努力提高幼儿师范生的幼儿教师职业技能至关重要。努力提高职业技能不仅是幼儿教师职业本身对幼儿师范生的要求,也是师德对幼儿师范生提出的要求。幼儿师范生的职业技能集中表现为今后教书育人的本领,教学技能水平的高低直接关系到幼儿的成长成才。因此,开展师德教育,要注重帮助幼儿师范生培养积极的职业态度,既要不断追求"精益求精"的幼儿教师职业技能,也要追求宽博的知识和全面的综合技能,不断创新教育方法,富有创造性地完成保教工作。

(4) 坚强的职业意志。幼儿教师是一项非常辛苦的职业,其所承担保教工作的艰巨性、复杂性,是常人难以想象的。幼儿教育的独特性,要求从教者必须具有坚强的职业意志,内涵主要包括:甘为人梯,甘于奉献,甘于寂寞,淡泊名利,任劳任怨,吃苦耐劳,意志坚定。在现实社会生活中,大多数青年学子颇有才学,具备成就事业的能力,但往往缺乏恒心,没有忍耐力。面对幼儿教育这样一项非常辛苦的事业,许多刚毕业就进入幼儿教育战线的幼儿师范生常会产生畏难情绪、消沉状态。由此,让幼儿师范生在从教之初就具备坚强的职业意志,增强幼儿师范生适应幼儿教育的能力,肩负起发展幼儿教育事业的重任,是师德教育的重要内容。

(5) 忘我的专业精神。专业精神就是建立在专业技能的基础上的一种对工作极其热爱和投入的品质,是一种发自内心的持久的动力,包含了博爱之心、强烈的责任感、坚定的使命感,不仅是全心全意、尽职尽责,更有坚定的信念、极强的奉献精神。专业精神意味着对自己所从事的工作保持精深的学习,并在原有知识基础上不断地学习与创新,充满创造力;予以孜孜不倦的研究,以求各方面的精益求精,并保持最高的技术水准;执着地追求教育对象极高的满意度。专业精神更表现为一种专注、敬业的态度,是专业能力在精神层面的升华。幼儿师范生应不懈追求专业精神,除了要把工作当事业干,更要把敬业作为最大的能力,持之以恒地保持对工作的热爱,保持一钻到底和专注做事的韧劲,不断激发出自己的最大潜能,有强烈的责任心,脚踏实地,甘为人梯,艰苦奋斗,勇敢顽强,乐于奉献,有所作为,才能够完全胜任将来所从事的保教工作。

---

① 王正平,汤才伯.中外教育名言集萃[M].上海:百家出版社,1989:58.

二、幼儿教师职前师德教育的必要性

师德是幼儿教师专业化发展的根本要求。幼儿师范生是未来的幼儿教师,加强其师德教育,意义重大。

(一) 加强幼儿教师师德教育是时代发展的必然要求

建设教育强国是中华民族伟大复兴的基础工程,必须把教育事业放在优先位置。教育关系着一个国家和民族的前途和命运,教育是推动社会发展的重要力量。而教师是推动幼儿教育事业发展的主体,要培养造就高质量、高规格的时代新人,让每个幼儿都能享有公平而有质量的教育,就必须建立一支高素质的幼儿教师队伍。幼儿教师的师德决定了幼儿教师的素质,幼儿教师的素质又决定了幼儿教育的质量。在社会经济发展过程中,广大幼儿教师教书育人、敬业奉献,得到了社会的认可和尊重。但是我们也必须清醒地看到,幼儿教师师德建设工作面临许多新情况、新问题和新挑战,特别是社会对幼儿教育的期望日益增高,这对幼儿教师素质不断提出了更高的要求。因此,及时对幼儿师范生开展师德教育,加强幼儿师范生的师德修养是时代发展的必然要求,也是幼儿师范院校顺应社会发展的必然体现。所以,在新时代,加强和改进幼儿师范生师德教育是一项刻不容缓的紧迫任务。

(二) 学前教育事业快速发展和师资队伍不断壮大,迫切需要加强幼儿教师师德教育

2010年以来,国家非常重视学前教育的发展,先后出台了多项促进学前教育发展的政策。十九大报告指出:"推动城乡义务教育一体化发展,高度重视农村义务教育,办好学前教育、特殊教育和网络教育,普及高中阶段教育,努力让每个孩子都能享有公平而有质量的教育。"[①] 2017年10月22日上午,教育部党组书记、部长陈宝生回答记者提问时说:"到2020年,学前教育(即幼儿园)毛入园率要达到85%,现在是77.4%,还有普惠性的幼儿园要占到幼儿园的80%以上,现在超过60%。"2017年4月,广西壮族自治区政府印发《广西教育事业发展"十三五"规划》,广西将增加幼儿园数量和质量,普及学前3年教育。2020年,学前3年毛入园率达90%。

由于国家政策等的大力支持,幼教事业迎来了春天,幼儿教师人数快速增长,幼儿教师队伍的不断壮大,幼儿教师所承担的任务越来越艰巨,这些都对幼儿教师的师德提出了较高要求,《2016年全国教育事业发展统计公报》显示:"全国共有幼儿园园长和教师共249.88万人,比上年增加19.56万人。"[②] 幼儿教师成为我国教师队伍中增长最快的一支。但新任幼儿教师由于缺乏师德培养和教学实践,而部分工作年限较长的幼儿教师因职业和待遇提升空间有限,工作压力大,导致对所从事的职业产生了倦怠感,从而使整体师德水平不断下降。针对新任幼儿教师和年限较长的幼儿教师出现的各种状况,迫切需要大力加强师德教

---

① 习近平.决胜全面建成小康社会 夺取新时代中国特色社会主义伟大胜利——习近平同志代表第十八届中央委员会向大会作的报告摘登〔N〕.人民日报,2017-10-19.
② 教育部.2016年全国教育事业发展统计公报〔R〕,2017-07-10.

育，特别是要将职前幼儿教师师德教育和职后幼儿教师师德建设有机结合，提高幼儿师范生师德素养，担负起迎接幼儿教育新时代的使命和责任。

（三）幼儿教育的地位、任务和对象决定需加强幼儿教师师德教育

幼儿教育是国民教育体系的重要组成部分，是我国学制的基础阶段，是基础教育的有机组成部分。在国内，幼儿的健康成长问题一直是社会和媒体关注的焦点。幼儿教育对幼儿及其家庭、社会、国家都非常重要，它能够促进幼儿身心和谐发展，为提高基础教育的质量打好基础，也为幼儿家长参加工作提供便利。幼儿教育的对象主要是3~6岁学龄前儿童这一尚未成熟的群体，他们身心发展迅速、可塑性大，同时易受伤害，特别需要幼儿教师精心的呵护和教育培养。而且，幼儿在成长道路上受到幼儿教师无形的、潜在的、长远的、深刻的潜移默化的影响，这种影响可能是积极的，也可能是消极的，所以幼儿教师应当具有高尚的师德，给幼儿以良好的积极的影响和指导。而师德的形成是从幼儿师范生时就开始萌芽，且对职后师德的形成具有重要的影响，因此，必须加强师德教育的职前培育，将幼儿教师的职前培育和职后教育有效融合，使幼儿教师具有良好的师德，保持对工作有高度的责任感，对幼儿有无私的爱。

（四）幼儿教师队伍建设的现实状况要求加强师德教育

师德建设是幼儿教师队伍建设的首要问题。近年来，由于个人主义、功利主义、拜金主义等思想的影响，一些幼儿师范生有重物质利益轻无私奉献，重金钱实惠轻理想追求，"重才轻德"的倾向，把主要精力放在加强专业知识学习方面，只注重成绩并不重视师德；幼儿教师的师德水平也出现了严重滑坡，缺乏责任感和爱心，缺少对幼教工作的热爱及积极的职业追求，奉献意识淡薄，过度追求个人利益，功利意识较强等。导致出现这些问题的因素是多方面的，但无论是社会原因还是个人原因，无疑都与师德教育的职前培育密不可分。作为未来的幼儿教师，幼儿师范生综合素质水平直接影响着我国幼教事业未来发展的质量。如果不重视幼儿师范生师德素质的养成和提升，将为以后走上幼儿教师岗位的幼儿教师师德行为埋下隐患，甚至有可能对幼儿的健康成长造成巨大的破坏性后果。鉴于此，加强师德教育的职前培育，提升幼儿师范生的师德水平，具有现实必要性。

而且，幼儿教师职业要求幼儿教师要有广博的专业文化知识，更重要的是还要有一定的人格魅力。因此，除了要运用教材和教具进行专业能力教育以外，还要对其教师情感、品质、修养等进行教育，而后者的教育在塑造幼儿师范生人格方面更为重要。"身教重于言教""律己才能成师""为师之道，端品为先""学高为师，身正为范"等，是当代幼儿教师的真实写照和显著特点。这一特点决定了对幼儿师范生的教育应当而且必须将师德教育放在首位，使未来的幼儿教师在接受知识的过程中，不断提高自身的品德修养和人格魅力，道德品质得到提高，具备基本的教育人、影响人和感化人的品格魅力。通过师德教育引导幼儿师范生树立正确的人生观、世界观，在实践中不断地完善自身人格，树立高尚情操，培养高尚师德，从而为成为一名符合时代要求的合格的幼儿教师奠定坚实的基础。

（五）幼儿教师教育的一体化要求加强师德教育

在知识型社会和信息时代，全球化趋势在经济、文化等领域的迅速发展，人的全面发展

和适应社会需要日益统一,终身学习在世界范围内的深入人心等一系列变化,对教师教育一体化提出了新的挑战和要求。"教师教育一体化着眼于满足教师的终身专业发展需要,在不断提高教师专业水平这一总目标的前提下,实现教师教育的纵向各阶段和横向各方面的辩证统一。其基本思路是把教师教育的几个阶段作为一个完整的过程通盘考虑,增强教师职前培养和职后培训的连贯性,使两者成为相互联系和沟通的有机体。同样,对于师德的培养与建设也应该纳入教师教育一体化的范畴。"① 因此,教师教育一体化,不仅要加强幼儿教师师德教育的职后培养,更要加强幼儿教师师德教育的职前培育,因为两者在培养的目标和内容方面,侧重点是不同的。幼儿教师师德教育的职前培育是对幼儿师范生所进行的道德教育,主要培养幼儿师范生树立正确的幼儿教育理念、教育信念和价值观,激发幼儿师范生追求真善美的内心情感,养成良好的道德品质,注重教师人格特征和职业道德的培养,引导他们树立正确的职业道德观,使他们保持对幼教事业的热爱与追求,对从事幼教工作怀有价值感、使命感、幸福观和快乐心。师德教育的职前培育为职后培养奠定基础,二者的有效贯通能不断提高幼儿教师的专业水平。

三、幼儿师范生的师德教育与专业成长

(一)有助于增强幼儿师范生的职业认知

幼儿教师作为一种职业,承担着社会所寄予的职业责任,了解并且积极实践幼儿教师职业的基本规范与要求,提高职业意识,爱岗敬业,为人师表,这是幼儿教师职业的立足点。幼儿师范生对幼儿教师职业角色的认知仅限于感性的经验或带有相当多的理想成分,缺乏科学的职业角色认知。师德反映了教育的本质,师德教育有助于幼儿师范生深刻理解幼儿教师的职业职责。

通过师德教育,幼儿师范生能对自己将来的职业有明确的角色定位。作为一名幼儿教师,不仅要向幼儿传授知识,更重要的是要充分挖掘知识的育人价值,塑造幼儿良好的人格。同时,还应意识到自身的道德因素也会作为一种教育因素。这样就可以改变幼儿师范生可能所持有的教师就是"教书匠""学科教学者"的片面认识。科学的职业认知,一方面,有助于幼儿师范生职业定向,知道自己将来要做什么、怎么做;另一方面,还可以使幼儿师范生更深刻地领悟到学前教育的本质和幼儿教师职业的伟大,从而产生职业自豪感和坚定从教的信念。另外,师德明确了幼儿教师职业的基本规范与要求,可以使幼儿师范生意识到教育活动是有其客观规定性的、专业化的活动,幼儿教师职业需要专业的知识和技能,而不是随意而为的,这样幼儿师范生就能够确立专业发展的方向和要求,提高专业发展的意识。

(二)有助于强化幼儿师范生的专业学习

师德对幼儿教师的专业素质结构提出了明确的、较高的要求,幼儿教师应精通学科专业知识,具备广博的文化知识和良好的思想品德修养,以及教学、反思、研究以及创新的技能

---

① 贺春湘. 当前师范生师德教育研究 [D]. 重庆:西南大学,2010.

等。师德教育可以使幼儿师范生明确幼儿教师职业对自己提出的具体要求，从而使自己的专业学习更自觉、更有针对性。

幼儿师范生的专业知识和专业技能的学习有其特殊性。教育本质上是一种道德活动，教育教学过程渗透着道德因素，幼儿教师专业知识、专业技能的学习只有在遵循教育教学的道德性的前提下才有价值。因而，幼儿师范生在学习专业知识时，就不仅要理解知识本身的认知价值，还要充分领悟知识的精神价值。专业技能的学习也是如此，每一种教学模式、教学方法和教学手段都具有教育学意义，都要求学习者在学习过程中不仅要掌握外在的操作技巧，而且要深刻领悟蕴含其中的教育价值。幼儿师范生个体自身修养是师德形成的基础，但师德又赋予个体道德更丰富的教育意义，师德教育会使幼儿师范生个体的道德修养更具有自觉性。

（三）有助于培养幼儿师范生的创新精神

幼儿教师教育对象是活生生的人，是开放性、不确定性的存在，教育在根本上是具有创造性或是期待创造性的，而不是机械模仿和简单的重复劳动。教学有法，但无定法，教育的创造性要求幼儿教师对教育过程进行开放性、创造性的理解，不断领悟和发现新的教育规律，从而把个人的教育行为建立在个人对教育的理性理解而不是盲从之上，使个人的教育行为成为个人理性的教育实践。特别是当今学前教育面临深刻的变革，迫切期待教育教学创新，要求幼儿教师以一种开放、学习、探索、进取的姿态，不断深化对教育教学的理解以及在此基础上对教育理想、信念的不懈追求。

师德在强调对幼儿教师职业进行规范和约束的同时，更强调了幼儿教师的职业责任感以及在此基础上所做出的努力和奉献，幼儿教师个体是满足于经验、常规的教育模式、照章行事，还是不断去追求教育的真知，获得对教育的深切理解，并积极转化成当下的创造性教育实践，已然成为当今评价幼儿教师师德的重要维度。

综上所述，师德教育对幼儿教师至关重要，而幼儿师范生未来的职业是幼儿教师，因而，对幼儿师范生进行师德教育也是必要的。师德教育还可以为幼儿师范生的创新提供保障。教师创造性劳动既需要其自身对教育有深切理解，同时还需要遵循教育教学的客观规律，即专业自主权的发挥是以专业自律性为前提和保障的。但是，教育实践中形成的一系列调节教师行为的具有强制性的规范和约束，在一定程度上无法为教育创新创造条件。因此，幼儿师范生主体性的发挥还需要有一套灵活的、更有效的调节体系，它不是从外面强加于教师的，而是来自幼儿师范生本身的，这只能是教育道德。教育道德对教育行为的调节是考虑到教育劳动的各种特点，并且内在于自身的专业结构，自觉地对教育过程起调节作用。有了这一体系，幼儿师范生的各种创造性活动就会更加自主、自觉和自律。

（四）有助于幼儿师范生的人生价值引导

师德从根本上而言就是对教师人生目的和意义的追寻，师德教育并不是简单地对未来教师或在职教师的行为进行规范和约束，师德教育的根本目标是更好地给他们的职业以人生引路，引导其成为师之道，促进其职业与人生的结合以及本人人生的完善，增进其人生的幸福。师德教育的目标更重要的是在于引导幼儿师范生能以从教为乐，从幼儿教师职业行为中获得教师人生自我实现的快乐，激励其对教育理想的追求。

师德教育的这一目标通过对幼儿师范生的人文关怀，促使其将来成为一个能持续发展的幼儿教育专业工作者，培养其健康的个性，促进其幸福地生活。师德养成可以使幼儿师范生更深刻地理解教育，并使他们知道为什么而教、怎样去教，懂得作为幼儿教师意味着什么，并且努力去实践自身对教育、对幼儿教师职业的理解。有了这样的理解，他们就会不停地去探寻教育的真义，清醒地意识到自己在教育中该做什么，不该做什么，懂得理解、欣赏、尊重、激励与爱对于教育意味着什么，也更加深刻理解幼儿教师工作的特殊性以及幼儿教育的价值和意义，并努力把自身投入到这种价值与意义的建构之中，从而更加信赖幼儿，充满对人性的美好向往，对教育抱有崇高理想和坚定信念，全身心地投入到教育工作中，并且在工作中表现出默默无闻、甘当人梯的无私奉献精神。

（五）有利于幼儿师范生师德的整体提高

幼儿教师的职业性质与特点决定了幼儿师范生必须要接受良好的师德教育。习近平同志曾说："百年大计，教育为本。教师是立教之本、兴教之源，承担着让每个孩子健康成长、办好人民满意教育的重任。希望全国广大教师牢固树立中国特色社会主义理想信念，带头践行社会主义核心价值观，自觉增强立德树人、教书育人的荣誉感和责任感，学为人师，行为世范，做学生健康成长的指导者和引路人。"教师的职责是教书育人，教书只是育人的一种形式，育人才是教师工作的核心任务。一位幼儿教师要想胜任教育幼儿的神圣职责，就必须要具备高尚的师德。

师德教育对提高幼儿师范生的整体师德水平至关重要。师德不是天生的，而是需要后天的塑造与培养才能形成。作为未来的幼儿教师并不是完美无缺的，在道德领域存在着各种各样的问题，因此需要接受良好的师德教育，不断提升自身的师德水平与能力，进一步优化职业道德行为，将幼儿教师师德规范的要求内化成为自身发展的准绳。只有具备高尚的师德，才能在将来的教育实践中给幼儿作出道德榜样和正确的道德引导。

第二节 幼儿师范生师德教育现状的调查呈现

一、研究设计

（一）研究的基本情况

为使样本选取更具代表性和广泛性，研究主要选取广西区内各层次幼儿师范生及少量区外院校学生共计1 576人作为调查对象，采用匿名方式进行调查，共发放调查问卷1 576份，收回有效问卷1 542份。本次调查在范围上体现一定的广泛性。学生的性别、学历、年级等基本情况见表5-1。

表 5-1　学生的基本情况

	性别		学历				年级			
	男	女	中职在读	高职高专在读	本科在读	研究生在读	中职、高职高专、本科、研究生			本科四年级
							一年级	二年级	三年级	
人数	111	1 431	503	1 022	8	9	986	293	261	2
百分比	7.2	92.8	32.6	66.3	0.5	0.6	62.6	18.6	16.6	0.1

备注：以上数据以有效问卷 1 542 份作为原始数据统计。

（二）研究方法

研究的方法是问卷调查表法，调查问卷主要内容分为五个部分，每一部分包含问题数量见表 5-2，共计 28 个问题，其中单选题 21 个，多选题 6 个，问答题 1 个。所获得的数据均采用 SPSS 软件录入、管理与分析。

表 5-2　问卷各部分内容及其所含调查题目

调查内容	调查题目个数
学生自然情况	3
对职业的理解与认识	6
对幼儿教师师德现状的理解与认识	11
对学生师德教育现状的理解与认识	6
学生个人修养与行为	2

二、调查结果

（一）幼儿师范生对幼儿教师职业的理解与认识

对职业的理解与认识是从幼儿师范生对学前教育专业和幼儿园教师职业宏观层面的认识，对一个合格幼儿教师所应具有的专业理念和师德的整体认知。总体来看，多数学生认为良好师德是在读书期间培养养成，绝大多数学生喜欢学前教育专业，并认为道德对幼师职业很重要，很有必要学习相关师德课程。但是，不同学生在对道德重要性、专业学习态度上，表现出显著差异。

根据表 5-3~表 5-8 数据显示，在这 1 542 名学生中，50.6% 选择学前教育专业是出于自己的理想，24.7% 是由于家长意愿，17.6% 是出于无奈选择。84.6% 的学生喜欢学前教育专业，92% 的学生认为道德对幼师职业很重要。39.6% 的学生认为非常有必要采取师德一票否决制。91.5% 的学生认为很有必要设置相关师德课程。81.4% 的学生认为良好师德是在读书期间培养养成。

根据表 5-9~表 5-11，男女生在道德重要性、专业学习态度上，显著性检验值小于

0.05，表明有显著差异。不同年级学生在选择专业原因、道德重要性、是否应采取师德一票否决、专业学习态度上，有显著差异。不同学历学生在选择专业原因、对幼师看法、道德重要性、是否应采取师德一票否决、专业学习态度上，均有显著差异。

表 5-3　选择学前教育专业原因

原因	人数	有效百分比
我的理想	780	50.6
家长意愿	381	24.7
无奈选择	271	17.6
其他	110	7.1
总数	1 542	100.0

表 5-4　是否喜欢学前教育专业

原因	人数	有效百分比
喜欢	1 305	84.6
不喜欢	100	6.5
无所谓	137	8.9
总数	1 542	100.0

表 5-5　师德对幼师的重要性

变量	频率	有效百分比
很重要	1 418	92
一般	99	6.4
不重要	25	1.6
总数	1 542	100.0

表 5-6　是否应该实行师德一票否决制

变量	频率	有效百分比
非常有必要	611	39.6
没有必要	839	54.4
无所谓	92	6
总数	1 542	100.0

表 5-7　专业学习态度

变量	频率	有效百分比
很有必要	1 411	91.5

续表

变量	频率	有效百分比
可有可无	100	6.5
不知道	31	2
总数	1 542	100.0

表5-8 良好师德是如何形成的

变量	频率	有效百分比
天生的	111	7.2
读书期间培养养成	1 255	81.4
毕业自然会有	46	3
说不清楚	130	8.4
总数	1 542	100.0

表5-9 男女学生对职业理解与认识的差异性检验

因素		离差平方和	均方差	组方差	显著性检验
选择专业原因	组间	2.648	1.324	1.348	0.260
	组内	1 513.178	0.983		
	总和	1 515.826			
对幼师看法	组间	1.686	0.843	2.352	0.096
	组内	556.996	0.358		
	总和	558.682			
道德重要性	组间	6.034	3.017	26.161	0.000
	组内	179.543	0.115		
	总和	185.577			
一票否决	组间	0.748	0.374	1.085	0.338
	组内	530.251	0.345		
	总和	530.999			
专业学习态度	组间	9.653	4.826	38.082	0.000
	组内	195.810	0.127		
	总和	205.463			
良好师德	组间	0.129	0.065	0.153	0.858
	组内	656.336	0.423		
	总和	656.465			

表 5-10　不同年级学生对职业理解与认识的差异性检验

因素		离差平方和	均方差	组方差	显著性检验
选择专业原因	组间	10.073	2.518	2.566	0.037
	组内	1 492.646	0.981		
	总和	1 502.719			
对幼师看法	组间	3.247	0.812	2.262	0.060
	组内	550.894	0.359		
	总和	554.140			
道德重要性	组间	3.237	0.809	7.001	0.000
	组内	177.759	0.116		
	总和	180.995			
一票否决	组间	5.091	1.273	3.720	0.005
	组内	520.463	0.342		
	总和	525.554			
专业学习态度	组间	6.306	1.577	12.543	0.000
	组内	191.798	0.126		
	总和	198.105			
良好师德	组间	3.536	0.884	2.099	0.079
	组内	644.940	0.421		
	总和	648.477			

表 5-11　不同学历学生对职业理解与认识的差异性检验

因素		离差平方和	均方差	组方差	显著性检验
选择专业原因	组间	25.531	5.106	5.264	0.000
	组内	1 476.425	0.970		
	总和	1 501.955			
对幼师看法	组间	7.015	1.403	3.922	0.002
	组内	549.183	0.358		
	总和	556.199			
道德重要性	组间	4.580	0.916	8.023	0.000
	组内	175.614	0.114		
	总和	180.194			

续表

因素		离差平方和	均方差	组方差	显著性检验
一票否决	组间	24.151	4.830	14.714	0.000
	组内	499.626	0.328		
	总和	523.777			
专业学习态度	组间	2.702	0.540	4.242	0.001
	组内	194.636	0.127		
	总和	197.338			
良好师德	组间	2.659	0.532	1.275	0.272
	组内	638.347	0.417		
	总和	641.006			

（二）幼儿师范生对幼儿教师师德现状的理解与认识

对幼儿教师师德现状的理解与认识是对目前幼儿教师所具备的师德现状的认知，包括学前教育学生对幼儿教师所应具备的基本道德素养、专业道德素养等方面的理解和态度。总体看来，学前教育学生对于当前幼儿教师师德现状基本满意，对当前社会中的师德问题有所关注。

根据表5-12～表5-21，43.4%学生认为不具代表性，40.6%学生认为虐童现象具有代表性；29.2%学生对当前师德现状满意，63.1%学生基本满意；26.7%学生很关注当前社会中的师德问题，65.6%学生有所关注。调查显示，学生认为幼儿教师应具备的最基本的职业素养就是职业道德，而幼儿教师最应具有的是爱心。另外，对幼儿教师最重要的是为人师表，最容易做到的是关爱学生，最难做到的是终身学习，最应加强和最应修订的都是教书育人。

根据表5-22～表5-24，男女生在对于虐童的看法、幼师最重要的素质、最难拥有的素质上，显著性检验值小于0.05，表明有显著差异。不同学历学生在当前师德整体满意度上，有显著差异。不同年级学生在幼师最重要的素质上，有显著差异。

表5-12 对于虐童的看法

变量	频率	有效百分比
不具代表性	669	43.4
具有代表性	626	40.6
原因复杂	247	16
总数	1 542	100.0

表 5–13 对当前师德整体满意度

变量	频率	有效百分比
满意	450	29.2
基本满意	973	63.1
不满意	119	7.7
总数	1 542	100.0

表 5–14 对当前社会中师德问题的关注度

变量	频率	有效百分比
很关注	412	26.7
有所关注	1 011	65.6
没有留意	119	7.7
总数	1 542	100.0

表 5–15 幼儿教师最重要的素质

变量	频率	有效百分比
爱国守法	339	22
爱岗敬业	304	19.7
关爱学生	261	16.9
教书育人	159	10.3
为人师表	356	23.1
终身学习	123	8
总数	1 542	100.0

表 5–16 幼儿教师最容易拥有的素质

变量	频率	有效百分比
爱国守法	429	27.8
爱岗敬业	196	12.7
关爱学生	584	37.9
教书育人	132	8.6
为人师表	85	5.5
终身学习	116	7.5
总数	1 542	100.0

表 5-17　幼儿教师最难拥有的素质

变量	频率	有效百分比
爱国守法	82	5.3
爱岗敬业	156	10.1
关爱学生	116	7.5
教书育人	282	18.3
为人师表	169	11
终身学习	737	47.8
总数	1 542	100.0

表 5-18　幼儿教师最应加强的素质

变量	频率	有效百分比
爱国守法	93	6
爱岗敬业	222	14.4
关爱学生	188	12.2
教书育人	461	29.9
为人师表	333	21.6
终身学习	245	15.9
总数	1 542	100.0

表 5-19　幼儿教师最应与时俱进的素质

变量	频率	有效百分比
爱国守法	227	14.7
爱岗敬业	242	15.7
关爱学生	154	10
教书育人	367	23.8
为人师表	288	18.7
终身学习	264	17.1
总数	1 542	100.0

表 5-20　幼儿教师应具有的基本素质

变量	频率	有效百分比
正直	1 311	85
爱心	1 400	90.8
文明	1 184	76.8

续表

变量	频率	有效百分比
热爱祖国	938	60.8
与人友好	1 051	68.2
总数	5 884	—

表 5-21 幼儿教师应具有的职业素养

变量	频率	有效百分比
职业道德	1 389	90.1
职业观念	1 117	72.4
职业态度	1 128	73.2
职业纪律	828	53.7
职业作风	785	50.9
其他	83	5.4
总数	5 330	—

表 5-22 男女学生对师德现状理解与认识的差异性检验

因素		离差平方和	均方差	组方差	显著性检验
整体满意	组间	0.786	0.393	1.215	0.297
	组内	499.392	0.323		
	总和	500.178			
虐童看法	组间	5.265	2.632	5.099	0.006
	组内	796.103	0.516		
	总和	801.368			
感知师德	组间	0.039	0.020	0.062	0.940
	组内	484.708	0.316		
	总和	484.747			
幼师最重要的素质	组间	67.286	33.643	12.198	0.000
	组内	3 809.048	2.758		
	总和	3 876.335			
幼师最容易拥有的素质	组间	0.123	0.061	0.029	0.972
	组内	3 002.574	2.146		
	总和	3 002.697			

续表

因素		离差平方和	均方差	组方差	显著性检验
幼师最难拥有的素质	组间	56.255	28.128	11.020	0.000
	组内	3 530.083	2.552		
	总和	3 586.338			
幼师最应加强的素质	组间	13.937	6.968	3.334	0.036
	组内	2 913.891	2.090		
	总和	2 927.828			
最应修订	组间	7.439	3.719	1.312	0.270
	组内	3 807.429	2.835		
	总和	3 814.868			

表 5-23 不同学历学生对师德现状理解与认识的差异性检验

因素		离差平方和	均方差	组方差	显著性检验
整体满意	组间	16.333	3.267	10.392	0.000
	组内	479.396	0.314		
	总和	495.730			
虐童看法	组间	3.634	0.727	1.411	0.217
	组内	785.258	0.515		
	总和	788.892			
感知师德	组间	2.558	0.512	1.619	0.152
	组内	479.075	0.316		
	总和	481.633			
幼师最重要的素质	组间	16.035	3.207	1.145	0.334
	组内	3 825.046	2.800		
	总和	3 841.081			
幼师最容易拥有的素质	组间	3.641	0.728	0.339	0.889
	组内	2 969.919	2.147		
	总和	2 973.559			
幼师最难拥有的素质	组间	16.302	3.260	1.261	0.278
	组内	3 530.937	2.585		
	总和	3 547.239			

续表

因素		离差平方和	均方差	组方差	显著性检验
幼师最应加强的素质	组间	20.567	4.113	1.971	0.080
	组内	2 875.837	2.087		
	总和	2 896.405			
最应修订	组间	16.095	3.219	1.130	0.342
	组内	3 779.597	2.848		
	总和	3 795.692			

表 5-24 不同年级学生对师德现状理解与认识的差异性检验

因素		离差平方和	均方差	组方差	显著性检验
整体满意	组间	2.483	0.621	1.925	0.104
	组内	491.772	0.322		
	总和	494.254			
虐童看法	组间	1.686	0.421	0.813	0.517
	组内	789.966	0.519		
	总和	791.652			
感知师德	组间	1.705	0.426	1.347	0.250
	组内	479.069	0.316		
	总和	480.774			
幼师最重要的素质	组间	22.017	5.504	1.966	0.097
	组内	3 819.778	2.800		
	总和	3 841.795			
幼师最容易拥有的素质	组间	6.492	1.623	0.759	0.552
	组内	2 955.578	2.139		
	总和	2 962.071			
幼师最难拥有的素质	组间	50.759	12.690	4.978	0.001
	组内	3 487.429	2.549		
	总和	3 538.188			
幼师最应加强的素质	组间	5.727	1.432	0.682	0.604
	组内	2 889.407	2.098		
	总和	2 895.135			

续表

因素		离差平方和	均方差	组方差	显著性检验
最应修订	组间	26.867	6.717	2.370	0.051
	组内	3 762.894	2.834		
	总和	3 789.761			

(三) 幼儿师范生对学生师德教育现状的理解与认识

在幼儿师范生对学生师德教育现状的认知的调查中,针对学生对师德的整体了解程度、学校是否教育到位、教育形式、学习途径等进行了重点分析。总体来看,大多数学生对师德内涵了解并不深入,只有不到三分之一的学生认为学校对学生师德教育到位。

根据表25、表26、表30、表31、表32、表33,只有30.6%的学生认为自己十分了解师德内涵,只有31.5%的学生认为学校针对师德教育到位,分别有83.6%和63.6%的学生认为,课程、实习是师德教育的最有效途径,分别有77.6%和70.6%的学生认为现在的老师和幼儿园教师是影响自身师德形成最重要的角色,67.4%和70.5%的学生认为校方和教师对学生师德教育负有重要责任,同时,也有59.4%的学生认为自我教育也是师德成长的重要方式。另外,学生认为在校方师德教育内容、教育方法、教育模式、教育条件等方面的水平都需要进一步提高。

根据表5-27~表5-29,男女生在对师德的整体了解程度上存在显著差异。不同学历、不同年级学生在对师德的整体了解程度和学校的教育认识上,都存在显著差异。

表5-25 对师德了解程度

变量	频率	有效百分比
十分了解	472	30.6
略知一二	1 021	66.2
不知道	49	3.2
总数	1 542	100.0

表5-26 学校是否教育到位

变量	频率	有效百分比
到位	486	31.5
基本到位	990	64.2
不到位	66	4.3
总数	1 576	100.0

表 5-27　男女学生对师德教育现状的差异性检验

因素		离差平方和	均方差	组方差	显著性检验
了解程度	组间	2.747	1.374	5.251	0.005
	组内	402.326	0.262		
	总和	405.073			
教育到位	组间	0.690	0.345	1.184	0.306
	组内	450.512	0.291		
	总和	451.202			

表 5-28　不同学历学生对师德教育现状的差异性检验

因素		离差平方和	均方差	组方差	显著性检验
了解程度	组间	4.718	0.944	3.617	0.003
	组内	396.257	0.261		
	总和	400.974			
教育到位	组间	7.272	1.454	5.053	0.000
	组内	439.538	0.288		
	总和	446.810			

表 5-29　不同学历学生对师德教育现状的差异性检验

因素		离差平方和	均方差	组方差	显著性检验
了解程度	组间	9.752	2.438	9.539	0.000
	组内	388.239	0.256		
	总和	397.991			
教育到位	组间	4.333	1.083	3.733	0.005
	组内	443.402	0.290		
	总和	447.735			

表 5-30　师德教育有效途径

变量	频率	有效百分比
课程	1289	83.6
讲座	799	51.8
实习	981	63.6
榜样	461	29.9
其他	43	2.8
总数	3 573	

表 5-31 影响师德形成的人

变量	频率	有效百分比
现在的老师	1 197	77.6
幼儿园教师	1 089	70.6
同学	302	19.6
以前老师	558	36.2
总数	3 146	

表 5-32 师德教育方式

变量	频率	有效百分比
校方	1 039	67.4
教师	1 087	70.5
社会	618	40.1
自我教育	916	59.4
其他	32	2.1
总数	3 692	

表 5-33 学校需要加强的方面

变量	频率	有效百分比
教育内容	782	50.7
教育方法	635	41.2
教育模式	771	50
教育条件	694	45
其他	102	6.6
总数	2 984	

（四）幼儿师范生个人修养与行为

学生个人修养与行为是从幼儿师范生的个性品质、行为习惯等个人修养的角度对合格的幼儿教师应该具备的专业理念和师德进行规定。幼儿教师的个人修养主要体现在胜任本职工作所必须具备的性格特征、积极的心理倾向、坚强的意志以及规范的行为方式等人格特征的总和。

根据表 5-34、表 5-35，幼儿师范生对自己专业在道德、行为等方面的较高要求是有意识的，但是只有 51.7% 的学生能够真正做到严格要求自己。另外，只有 54% 的学生能够完全理解并接受学校的日常管理要求。

根据表 36、表 37、表 38，男女生、不同学历学生及不同年级学生均在学校管理的认同感和接受度上,存在显著差异。

表 5-34 是否能够有意识地严格要求自己

变量	频率	有效百分比
意识到并做到	797	51.7
没有意识到	109	7.1
意识到但没做到	636	41.3
总数	1 542	100.0

表 5-35 是否理解、接受学校对学生的日常管理要求

变量	频率	有效百分比
完全可以理解并接受	833	54
无法理解也不接受	154	10
理解但无法接受	413	26.8
说不清楚	142	9.2
总数	1 542	100.0

表 5-36 男女学生对个人修养的差异性检验

因素		离差平方和	均方差	组方差	显著性检验
严格要求	组间	3.007	1.504	1.634	0.196
	组内	1 403.472	0.920		
	总和	1 406.479			
理解管理	组间	10.334	5.167	4.426	0.012
	组内	1 800.044	1.167		
	总和	1 810.378			

表 5-37 不同学历学生对个人修养的差异性检验

因素		离差平方和	均方差	组方差	显著性检验
严格要求	组间	8.752	1.750	1.907	0.090
	组内	1 382.358	0.918		
	总和	1 391.110			
理解管理	组间	78.057	15.611	13.816	0.000
	组内	1 720.890	1.130		
	总和	1 798.947			

表 5-38 不同年级学生对个人修养的差异性检验

因素		离差平方和	均方差	组方差	显著性检验
严格要求	组间	6.193	1.548	1.688	0.150
	组内	1 381.652	0.917		
	总和	1 387.845			
理解管理	组间	47.398	11.849	10.367	0.000
	组内	1 740.851	1.143		
	总和	1 788.249			

第三节 幼儿师范生师德教育现状及成因分析

一、幼儿师范生师德教育现状

(一) 幼儿师范生师德教育取得的成绩

总体上看,我国幼儿师范生师德教育工作取得了一些成绩,师德师风的主流较好。师德教育实践中采取了一些行之有效的保证措施,比如开设幼儿教师师德、教育伦理学、思想道德修养等课程,组织学生到幼儿园通过见实习考察幼儿教师的教育实践,聆听有经验的老教师和优秀模范教师谈师德等,使广大幼儿师范生对未来的幼儿教师职业充满了美好的憧憬,也认识到了应肩负的责任。师德教育的成绩主要有以下几点。

1. 幼儿师范生师德教育的重要性得到较为普遍的认同

长期以来,幼儿师范院校存在着重知识技能的提高而轻师德培养的现象,对幼儿师范生师德教育的重要性没有给予足够的重视。随着社会和国家对幼儿教师的职业素质和道德要求越来越高,幼儿师范院校作为培养幼儿教育师资人才的院校,开始意识到幼儿师范生师德教育的重要性,认识到师德教育在幼儿师范生的总体素质中占据着重要的地位。

2. 幼儿师范生师德教育的目标和任务认识清晰

目前,幼儿师范院校都将师德培养列入人才培养目标中,如"品德高尚、人格健全""尊教爱教、乐教适教""学高为师,身正为范"等表述,都饱含着师德的要求。这些都折射出幼儿师范院校能把"德育为先、师德为重"确立为主流教育价值的导向,把幼儿师范生培养成合格的幼儿教师乃至"未来教育家"作为人才培养的根本任务。

3. 幼儿师范院校拥有较为丰富的师德教育资源

幼儿师范院校立足于本地,在充分利用我国优秀的传统师德教育内容和新时期丰富的师德教育理论外,还开发和拥有丰富的师德教育资源,包括师德楷模、师德教育实践基地等等。这些都为幼儿师范生师德教育奠定了较好的基础。

(二) 幼儿师范生师德教育存在的问题

虽然目前幼儿师范生的师德教育取得了一些成绩,但是仍存在一些不容忽视的问题。

1. 学校层面存在的问题

(1) 师德教育课程体系欠完善。师范生师德的养成是一个深化认知、陶冶情感、磨砺意志、养成行为的有机结合体，需要专门的师德课程作为载体。然而，大部分幼儿师范院校培养幼儿师范生良好师德的专门教师师德教育课程呈现被边缘化的趋向，专门针对幼儿师范生的师德教育类课程开设较少，甚至还仅仅停留在普通学生的行为养成教育与政治思想教育上，不能给予学生专业化的师德教育。有些院校仅把幼儿教师师德教育作为公选课程或者作为思想政治理论课中的一部分内容进行讲授和渗透，还缺乏必要的师德情感实践体验和师德行为锻炼，完全无法满足准幼儿教师们对师德的认识和学习，也不能提高幼儿师范生的师德水平。而且，仅在其他课程的讲授中穿插进行师德教育，其所占的课时比例也很少，不足以进行关于幼儿教师职业特点及师德规范要求的讲授，深入的师德情感体验和师德行为锻炼更是成为空想，显现出师德教育的大面积"荒漠化"倾向。另外，多幼儿师范生也只注重学习专业课，而轻视甚至忽视师德的学习。缺乏一套完整的师德教育课程的现状，无疑制约了幼儿师范生师德的形成和发展。

(2) 师德教育教学内容与时代发展失衡。当前，幼儿师范院校的师德教育体系包含师德原则、师德规范和师德范畴三个层次的内容。但是，师德教育体系的内容往往在表述上缺乏层次性，在教育教学实践中大多数停留在师德规范的层次上，师德教育教学内容也缺乏创新性，明显滞后于时代发展、社会发展的需要，呈现出失衡的态势。师德教育教学内容还未摆脱传统师道尊严的影响，语词使用上比较抽象泛化，实践中缺乏可操作性。师德教育的教材大多集中在在职教师的师德建设方面，能把教师师德与幼儿师范生的身心发展规律和思想特点结合起来的教材却不多，讲授的师德内容大多停留在幼儿教师职业规范的层次上，甚至还停留在将师德简单理解为思想政治道德或者思想道德，忽视了教师理想、教师幸福、教师公正等方面的教育，且要求大多抽象笼统，不够具体，缺乏现实的人性基础，致使许多教师在有针对性地培养幼儿师范生师德方面有些无从下手，给师德教育的有效实施造成一定的困难，也导致幼儿师范生难以深入情境、用心体悟。另外，目前我们更倾向于从理想的层次入手，从应然的角度出发，阐述幼儿教师应有的师德，缺乏在幼儿教师专业生活现实的师德情境中提炼师德知识，忽视了与幼儿教师现实生活需要和时代特色的联系，激不起幼儿师范生的学习兴趣，对幼儿师范生解决教育实践过程中出现的道德冲突的能力培养并无多大效果，幼儿师范生大多只能停留在对这些词句的空洞复述上，难以理解其所蕴含的师德精神，无法内化为自身的师德信念，师德教育教学实践难以达成预期的教育效果。

(3) 师德教育途径形式单一。当前，幼儿师范院校的师德教育无论在形式还是在途径上都比较单一，重"灌输说教"轻"体验实践"、重"制度强制"轻"自我修养"，忽略了教育对象自身的主体性。单纯依靠课程载体进行师德知识的传授，不注重结合校园特色文化创新性地开展趣味性浓、教育性强、感染力深的校园文化活动，忽视了寓教于乐的绝佳载体；教育实践环节薄弱，不注重组织适宜的社会调查、社会实践、社区服务，教育见习时间短，对幼儿师范生教育实习中出现的问题缺乏相应的指导，缺乏幼儿师范生的自主参与与深刻体验，实践效果不明显；教学方法枯燥死板，过分注重通过课堂教学、集中培训、讲座等形式，对师德知识与规范进行硬性灌输和空洞说教，忽视了对幼儿师范生道德基础及师德养成规律的适应，不能结合幼儿师范生个性特点灵活地调整教学策略，教学效果不佳，使本应丰富感人的师德教育变得枯燥乏味，使本应提升幼儿师范生的精神和促进幼儿师范生的全面发展的师德教育越来越疏远了教师的生活世界。

在对"您对您所在的院校开展的师德教育针对性方面如何评价？"的调查中，仅有31.5%的学生认为"有很强的针对性"，64.2%的学生认为"有一定的针对性，但较随意"，4.3%的学生认为"没有针对性，形式主义"。说明师德教育的方法出现误差，导致沟通不顺畅，不能取得让人满意的实效。

2. 教师层面存在的问题

（1）师德教育师资队伍素质不高。

车尔尼雪夫斯基说："教师想要把学生塑造成一种什么人，他自己就该是这种人。"然而，目前幼儿师范院校的师德教育师资素质并不高，一定程度上削弱了师德教育的效果。

一方面，承担师德教育工作者专业化程度较低。师德教育师资缺乏专业教育的理论知识，缺少对师德规范、师德教育工作的意义、特点、规律的系统学习，对教育的内容研究深度不够，缺乏理论深度和有理有据的分析，缺乏对幼儿师范生的吸引力，针对性和有效性都不强。教师大都依据自身的工作经验来进行教育，尤其是党政干部作为师德教育工作者来说，往往在师德教育过程中用政治要求来代替对教师师德要求，师德教育泛政治化，脱离了教师主体。那些专门从事教师的思想政治工作的人，也并非都能坚持理论学习与实践的有机结合，理论上的间断学习带来观念上的落后，思想封闭，一定程度上影响着师德教育的效果。

另一方面，部分教师师德表现不尽如人意，影响师德教育的效果。有的教师受拜金主义、功利主义的影响，爱岗敬业意识不浓，注重科研和职称等个人的发展和利益，跑点讲课、热衷于第二职业赚钱；有的教师自身素质堪忧，上班迟到早退，课堂上举止粗俗，甚至辱骂学生，仪表仪容不端正，在学生面前大发牢骚，甚至还有教师违法乱纪、败坏道德，给幼儿师范生以极其恶劣的表率；有的教师在学术上急功近利、精神浮躁，不时曝出论文抄袭等学术不端行为；有的教师不关心关爱幼儿师范生，不愿意花时间与幼儿师范生成为良师益友，与幼儿师范生缺少交流，难以及时对幼儿师范生显现出的不良师德倾向进行正面的教育和引导。面对这样的教师，幼儿师范生必然会在内心产生反感，甚至会对教师职业的尊严产生怀疑等。教师以上种种不良表现，都对师德教育的开展和幼儿师范生师德养成产生负面影响，乃至对幼儿师范生今后从事幼儿教师职业产生严重的不良影响。

（2）教师重教书轻育人，忽视师德教育。

部分教师对教师职业的崇高性理解不深，意识不到教师所承担的传承人类文明、培养社会主义优秀接班人的伟大使命，把幼儿教师职业看作是谋生手段，得过且过，不思进取；部分教师对教师职业的把握不够全面，认为教师的任务就只是传播知识，提高幼儿师范生的学习成绩，对幼儿师范生的师德培养则是一种事不关己、高高挂起的态度，认为学生人文素养的提升、师德水平的优化是学校领导和行政部门的任务，与己无关。再加上教师超负荷的工作、不公正的片面的教育评价、媒体的过度渲染、频繁的教育改革、教师自我心理素质欠缺等原因造成的职业压力，以及学校把教师发表学术论文的数量作为评价教师工作优劣的标准之一，直接与其薪酬、职称等经济效益挂钩，导致教师疲于应付而身心疲惫，难以把教师职业当作一项无悔的事业去选择和追求。教师的消极认识和感受不同程度地加深了师德教育的问题。

3. 学生自身层面的问题

（1）幼儿教师职业情感淡薄。对于幼儿师范生来说，幼儿教师职业情感主要是表现在爱幼儿教育行业，能够在今后的幼儿教师岗位上尽职尽责、爱岗敬业，能够尽一名幼儿教师最大的努力去帮助、理解、关心和热爱自己的每一个幼儿。因而，从教学实践实习中体验到的成就感是最能升华幼儿教师职业情感的，幼儿对老师的信任、肯定，能够最大升华幼儿师范生的教师职业情感。幼儿师范生在结束教学实习时，最感到欣慰的就是幼儿对他们劳动成果的认可，因为当辛勤的汗水得到了回报，便觉得一切付出都是值得的。能够和幼儿结下深深的情谊，产生精神上的共鸣，让更多的幼儿师范生毕业后自愿成为一名幼儿教师并发自内心地为作为幼儿教师而自豪。然而，众多关于幼儿师范生幼儿教师职业情感的调查表明，幼儿师范生的幼儿教师职业理想并不坚定，对幼儿教师职业的认同度也偏低。

您愿意终身从事幼儿教师这一职业吗？有84.6%的学生选择"非常愿意"和"比较愿意"。也就是说，有15.4%之多的学生并不想走上幼儿教师职业道路。在报考幼儿师范院校的原因中，仅有50.6%的学生是源于自身理想而选择，42.3%的学生是由于父母意愿或其他原因无奈选择，另有5.1%的学生认为教师"工资较稳定，有寒暑假"。这些数字均表明并非所有幼儿师范生都真正想要加入幼儿教师队伍，有相当一部分人是由于父母的安排、高考分数限制、就业形势的考量甚至是盲目跟风等各种原因而选择了幼儿师范院校。即便是经过认真的职业规划，自愿报考幼儿师范院校并选择从事幼儿教师职业的幼儿师范生，也有相当比例的人并非热爱幼儿教育事业，而是出于工作稳定等其他目的选择迈入幼儿教师行业，幼儿教师职业理想不够坚定，导致幼儿教师职业情感低。

（2）师德认知不足，师德意识薄弱。一定的师德认知是师德养成的重要前提。师德认知主要包括师德规范、与教师职业相关的法律、社会公德方面的知识，它对于师德修养的提升、在实践中运用师德行为的培养都有着至关重要的作用。对幼儿师范生进行师德教育的一个重要任务就是让其了解并掌握一定的师德知识。缺乏必要的师德知识，幼儿师范生在将来走上幼儿教师岗位后面对错综复杂的教育情境，难以正确分辨何种行为是符合幼儿教师师德要求的，何种行为又是有违幼儿教师师德操守的，正确的师德认知与师德判断就无法形成，师德情感的培养、师德意志的磨砺以及师德行为的养成也就无从谈起。

但调查结果表明：绝大多数被调查的幼儿师范生对与幼儿教师职业行为有关的师德知识不甚了解，即使有一部分幼儿师范生对师德知识有所了解，但也仅仅局限于对相关理论肤浅的表面了解。在关于"您熟知师德知识吗？"的调查中，选择"略知一二"和"不知道"的学生分别为66.2%和3.2%，合计69.4%，占绝大多数。根据与之相关的一些题目的统计结果和一些访谈内容分析，结果显示目前幼儿师范生的教师道德知识比较欠缺。然而，有调查发现，将近一半的在校生对幼儿教师师德的基本内容和要求不甚了解，半数以上在校生不能保证毕业后在幼儿教育岗位上有合格的师德。从这些调查可以看出，当前我国部分幼儿师范生的师德知识是相当欠缺的，尤其是与幼儿教师职业相关的法律知识。

（3）师德意志和师德践行能力不高。目前，大部分幼儿师范生能够认可师德价值，展现出良好的师德愿望。但他们生活在纷繁复杂的社会环境，面对社会的诱惑，师德意志不够坚定，师德行为习惯还未养成，对自身能够做到在将来的教育生活中践履幼儿教师师德持不确定态度。调查研究也表明,幼儿师范生选择幼儿教师职业,有的是看重幼儿教师职业的安逸性,有的是看重幼儿教师的节假日和寒暑假,也有的只是为了做暂时的跳板,还有的是按父母之命。在"幼儿教师最应具有的基本素质"这个问题上,有 90.8% 的学生选择了"爱心"。而在"幼儿教师很难做到平等、公正、民主地对待孩子,可以理解"这一问题上,有 42.16% 的幼儿师范生是表示认同的。这两个问题显示出的认同度上的矛盾,说明大部分幼儿师范生对待幼儿的师德要求还是表示肯定的,热爱幼儿、诲人不倦被认为是幼儿教师应该具备的师德品质,表达了自己对于将来在工作岗位上做到热爱孩子、诲人不倦的主观愿望,但同时他们又表示这一主观愿望在具体实现上是有一定难度的,认为做不到师德要求的平等、公正、民主地对待幼儿也是可以理解的。由于没有幼儿教师责任感、使命感和光荣感做支撑,这些幼儿师范生很快就会产生职业倦怠,或者是在遇到压力和困难时,就选择跳槽或者直接逃避。这也就表明幼儿师范生的师德成长还有很大空间,幼儿师范院校应综合采取各种措施,在培养幼儿师范生职业理想与情感的同时,也要重视其师德意志的磨砺与师德行为习惯的养成,切实提高幼儿师范生的师德践行能力。

二、幼儿师范生师德教育中存在问题的原因分析

目前师德教育中存在问题的原因是多方面的,通过对问题的分析,导致幼儿师范生师德教育出现种种问题的原因有以下几个方面。

(一) 社会原因

1. 市场经济是一把"双刃剑",给师德教育带来负面影响

恩格斯曾说过:"人们自觉或不自觉地,归根到底总是从他们的阶级地位所依据的实际关系中,从他们生产和交换的经济关系中,吸取自己的道德观念。一切以往的道德归根到底是社会经济状况的产物。"① 市场经济极大地改变了人们的生产生活方式,在一定程度上也促进了师德教育的发展。然而,市场经济同时又是一把双刃剑,会给师德教育带来一些负面影响。主要表现在一些教师在金钱和利益诱惑面前,动摇了内心信念,丢失了诚信原则。片面追求学术荣誉,或有偿家教谋私利,向幼儿师范生家长索要好处甚至收受贿赂,导致少数教师违法乱纪,这些状况带来的负面效应潜移默化地影响了幼儿师范生的师德观和价值观,降低其对教师职业的认同感。一些幼儿师范生以自我为中心、集体主义精神淡化,追求物质享受,奉行实用主义,对学校的师德教育产生抵触情绪,师德教育也不可能落到实处。

2. 多元文化的冲突降低师德教育的效果

随着全球化进程的不断深入,我们正面临着世界各国的文化、价值、观念的交流与冲突。不同文化之间既可能和合共处,如费孝通所言"各美其美,美人之美,美美与共,天下大同",也可能造成如亨廷顿所言的"文明的冲突"。② 在各国文化的交流中,我们可以了解别国的师德培养模式,在一定程度上促进了我国幼儿师范生师德教育的发展,但与此同

---

① 中共中央马克思恩格斯列宁斯大林著作编译局. 马克思恩格斯选集(第三卷) [M]. 北京:人民教育出版社,1995.133 – 134.

② 李清雁. 教师是谁——身份认同与教师道德发展 [D]. 重庆:西南大学,2009.

时，我们会遇到前所未有的矛盾与困惑。在这样的浪潮下，西方国家所标榜的个人主义、享乐主义渗透到我国的价值观中，而我们传统文化中所信仰的集体主义、奉献精神等却逐渐被淡化。部分幼儿师范生在这种文化冲击之下，表现出令人担忧的倾向：其一，没有信仰，失去理想，转而重名轻义，追求享受生活，忽视敬业奉献精神；其二，张扬个人价值，道德意识滑坡，注重经济收入，自私自利，不参加集体活动，缺乏关爱互助，讲求人生苦短，讲究实惠，追求舒适。这样的一种价值取向，势必会影响他们在精神境界上的追求，降低师德教育的效果。

3. 重教不尊师的社会风气对师德教育的冲击

当今社会，人们越发意识到幼儿教育的重要性，从而对幼儿教师提出越来越高的要求。既希望幼儿教师能拥有渊博的学识、高超的教学技能，又要求幼儿教师拥有完善的德行、高度的责任感，像父母一样关爱幼儿，像"圣人"一样在各个方面给幼儿以端正的典范和正面的引导，致使教师负载着种种压力。然而，社会把幼儿教师职业的教育爱和奉献精神视为理所应当，在强调幼儿教师的责任和义务时，却极少提及家长、社会乃至制度上应给予幼儿教师职业应有的尊重与保障。幼儿教师要付出大量的心血，却得不到与劳动量相匹配的报酬，甚至个人需求和保障受到排斥，社会地位也不尽如人意。这样一个负担重、回报少的职业势必逐渐降低吸引力，导致部分幼儿师范生对幼儿教师职业望而生畏，转而寻求其他职业出路，即便是走上幼儿教师岗位，其中也会有相当比例的人选择得过且过混日子，如此一来，幼儿师范生对师德修养的提高也就全无兴致，吃苦耐劳、安贫乐教、为幼儿教育事业献身的传统师德被无情淡化。

（二）学校原因

1. 学校师德教育相对弱化

目前，学校师德教育体系的存在缺憾，重行为规训轻情感培养，重知识传授轻情境体验，师德教育过程缺乏连续性，重视幼儿师范生技能培养，师德教育相对弱化，教师进行师德教育时重"理论"轻"实践"。一方面，在市场经济的"裹挟"下，学校出于招生生源质量的考虑，对外招生宣传重视强调学校在幼儿师范生专业技能培养上的突出成绩。幼儿师范生技能相对容易考察，各级各类职业技能竞赛奖项是社会大众比较认可的学校人才培养的成果。这样，学校在人才培养的侧重点上，就会重视各种展示演出和比赛，更加偏向技能培养，将更多时间、精力投入到培养幼儿师范生技能，以及选送幼儿师范生参加各类技能比赛上去，甚至不惜让参加比赛的教师和同学停课排练比赛项目，幼儿师范生人文理论课的学习不得不中断，更别说师德的培养。另一方面，就业是幼儿师范生最关心的事，而找工作时所考察的技能，更是幼儿师范生关心的重中之重。而现实生活中，就业单位招聘往往又是重视考察社会认可的含金量高的专业证书。这样就会导致幼儿师范生更加重视自身专业技能的学习，而对自身道德修养缺乏关注，甚至认为师德学习对今后就业没有帮助。

2. 学校师德管理和评价流于形式

主要是师德教育制度不完善，缺乏有力的外部支持，资源配置、人力、物力、财力等诸多因素的限制使师德教育难以成为一个工作系统。甚至部分院校尚未建立规范的师德教育制度，对师德教育没有具体的规定，随意性很大，可操作性不强。这就使师德教育缺乏连续性、规范性，师德教育内容没有紧跟时代缺乏创新，师德教育的方法缺乏针对性，师德教育的途径缺乏丰富性。而且，有的院校未完全建立师德教育监督机制。由于缺乏科学的测评标准和执行措施，这些途径使师德监督大多流于表面、形同虚设。即使学校有一套健全的师德管理、评价体系和机制，师德考核一票否决制的考核办法，但可操作性很低。此外，上级主管部门很少组织开展师德教育方面的研讨和经验交流会议，没有形成对师德教育的检查、督导、考评的制度，使得学校间在师德教育管理、监督和评价体制机制方面没有统一的师德教育精细化的管理目标和监督措施，师德教育缺乏实效性。

3. 师德教育目标的设置相对笼统

合理的师德教育目标应该是培养学生具有工作智慧，并能获得成长的乐趣和人生的意识，感到自身价值在工作中的充分体现，真正为我国幼儿教育事业作出自己的贡献。《关于加强和改进职业学校德育工作的意见》指出："职业道德教育要以为人民服务为核心，以职业道德规范教育为主要内容，着重进行爱岗敬业、诚实守信、办事公道、服务群众、奉献社会的教育。通过职业道德教育，要使幼儿师范生逐步树立敬业意识、服务意识、质量意识和法纪观念，增强抵制行业不正之风的能力，养成良好的职业道德行为习惯。"这样的目标相对脱离幼儿师范生实际，比较理想化。而且当前幼儿教师师德教育更侧重于对幼儿师范生道德行为的培养教育，相对弱化了师德认知、师德情感、师德意志的培养。对于幼儿师范生而言，师德教育的目标显得过于理想化，仅靠缺乏真实的工作环境和社会体验来培养幼儿师范生爱岗敬业、服务群众、奉献社会等师德素养，很难达到良好的效果。

4. 师德教育课程相对欠缺

一是师德教育缺乏独立的专业课程模块。目前，一些学校没有单设师德教育专业课程，而是将师德教育的内容包含在教育学或其他课程之中，以至于绝大多数学前教育学生缺乏系统的关于师德理论的学习。所以，幼儿师范院校要加强师德教育课程建设，不仅要在其他课程中增加师德教育内容的比重，还要在基础课程上增设师德修养课，使师德教育贯穿在整个教育活动中。通过系统知识的讲授，使幼儿师范生明确师德的具体要求，提高师德认识。二是《职业生涯规划》等课程关于师德教育的章节，内容相对匮乏，不利于发展幼儿师范生对师德的认知与理解，阻碍幼儿师范生师德思维的提高与师德体验的深入。三是师德教育途径单一，教学方法不合理，教师片面强调"正面灌输"与"行为强化"，缺乏丰富性和创新性，使师德教育陷入"就范教育"的误区，导致师德教育缺乏成效。课堂主要以教师讲授为主，唱"独角戏"，不善于调动幼儿师范生自我教育的能力，造成幼儿师范生被动学习的局面，使得师德教育很难深入幼儿师范生内心，引起他们情感上的共鸣，真正激发他们的职业理想。从调查结果可见，只有 31.5% 的学生选择他们接受师德教育的途径是丰富多样的。由此可以说明，师德教育的开展还是缺乏丰富性的。这就要求学校不断提高师德教育的创新意识，组织开展各种实践活动，增强幼儿师范生的师德认知、陶冶师德情感、磨炼师德意志、引导师德行为，激发幼儿师范生的情感体验，达到理想的师德教育效果，实现师德教育的总体目标。

5. 教师示范作用相对薄弱

调查显示，大多数幼儿师范生认为学校的教师及所在实习幼儿园的幼儿教师对自身师德的形成会产生重要影响。从实际来看，学校的教师一般都是师范类高校毕业，有的年轻教师也比较缺乏一线幼儿园实践经验，在授课中，很难把握师德教育的着力点，教授的理论知识和工作实践产生脱节，不能解决在幼儿园工作中产生的问题，无法有效地把教学内容和幼儿师范生专业实际相结合。此外，个别教师自身缺乏高尚的师德修养和人文素养，缺乏对幼儿师范生真正的尊重、关心和热爱，缺乏引导幼儿师范生专业成长的热情，自身很难成为幼儿师范生学习的榜样。

6. 实习实践作用尚未凸显

幼儿师范生的综合素养的形成，不单单取决于学校教育的效能，实践教育同样具有不可忽视的作用。实习实训是幼儿师范生学习和体验幼儿教师师德的重要机会。但有的学校出于教学考虑，把学年中的教育见习和所有课程结束后的顶岗实习结合在一起，幼儿师范生在读书期间缺少必要的师德体验和行为养成的机会，不能在今后的师德学习中进行反思和修正，接受的师德教育仅为"理论"飘浮着。有的学校虽安排了见实习机会，但实习形式仅限于"参观""听课"，或者只有一到两周短时间的蜻蜓点水式的见实习。幼儿师范生用掉大量的时间和精力熟悉幼儿园环境、了解幼儿特点、适应实习工作，通过这种短时间的见实习很难再深入体验幼儿教师师德的养成和外化。而且在实习实训中，实习指导教师对学生师德养成的指导不够，很少引用幼儿园实际案例作为教学材料引发幼儿师范生关于师德内涵、师德情感等方面的积极思考。幼儿师范生在实践实习中，也缺乏足够的体悟、总结。实习实训应该成为幼儿师范生师德养成的起点，不断在实践中锻炼、总结，应用于今后的工作实践中，这样才能逐步培养形成良好的师德。

（三）个体原因

1. 个体师德素质不高

随着经济全球化、文化多样化、社会信息化的不断深入，在外来文化的碰撞，西方价值观的冲击和市场经济所固有的趋利性的影响，以及受师德"滑坡"现象的影响，幼儿师范生面临着许多矛盾与困惑，其师德素质也不容乐观。有部分幼儿师范生个人利益至上，集体主义精神被抛之脑后，自私自利、以自我为中心、崇拜权威，难以与同学友好交往；拜金主义盛行，衣食住行互相攀比、追求名牌；诚实守信缺失、奉献精神沦丧；公德意识差，不敢站在正义的立场对待社会的不公平，摆出一副事不关己的姿态。这些道德问题势必会影响师范生在精神境界上的追求，也必然影响其高尚师德的培养，这无疑会降低幼儿师范生对于幼儿教师职业的认同感，对师德教育产生负面影响。

2. 对师德养成缺乏动力

不论是从入学意愿还是从就业意向来看，并不是全部的幼儿师范生将来都会走上幼儿教育岗位。因而，部分具有其他就业意向的幼儿师范生便将师德教育视为一种多余，认为既然不从教就完全没有必要培养师德，而只注重眼前的师德考试通过就可以了。具有从事幼儿教师意向的幼儿师范生主张在校期间应努力学习教师专业知识和教师职业技能，以便在教师招考中能脱颖而出，顺利找到工作，师德养成完全可以在入职培训中完成，这些幼儿师范生根本就不会在乎是否真正领悟师德内涵，师德认知也不全面。甚至还有一些幼儿师范生对师德的重要性意识不到位，认为博学多识、专业技能强、教学能力高对幼儿教师来说才是最重要的，师德修养高不高都能当幼儿教师。幼儿师范生在师德教育中主体性没有得到体现，不注重把握师德内涵、内化师德精神，更不愿意积极强化自己的师德意志、培养良好的师德行为习惯，导致其对幼儿教师职业缺乏认同感，师德学习的主动性、积极性下降，从而影响了师德教育的效果。

3. 缺乏从他律到自律的深化

提高幼儿师范生师德素质，主要依靠自我教育和自我修养。师德教育实际上是把师德规范由认知内化为相应的情感、意志，进而自觉地践行道德行为的过程。然而，师德教育并没有达到幼儿师范生自律的效果。他们在道德困难和诱惑面前不能自觉地克服和消除自己头脑中有悖于师德的观念意识，表现为意志力不坚定，师德信念的动摇。所以，客观上一味加强师德教育建设让幼儿师范生被动地接受教育，而不能让幼儿师范生自觉发探索师德教育的新方法和新途径以达到幼儿师范生学习师德的自觉性的话，师德教育很难从本质上落到实处。

第三篇
途径探索：幼儿教师职前师德的教育

第六章 幼儿教师师德形成发展的基本规律及师德教育任务

幼儿教师职前师德教育是教师教育的一项重要内容,掌握幼儿教师师德形成发展的基本规律及落实师德教育的基本任务是保证师德教育有效开展的关键,也是满足社会、学校和家长对教育的真正需求的重要举措。

第一节 幼儿教师师德形成发展的基本规律

师德的形成与发展有其自身的规律。学者傅维利将师德形成与发展的基本规律概括为四个方面:师德的形成发展与变化受学生一般道德发展水平的制约;师德的形成是师德认知、师德情感、师德意志及师德行为和谐统一的过程;师德是在解决师德冲突中逐渐发展起来的;师德发展的轨迹是由他律迈向自律。[①] 笔者也比较赞同傅维利对师德形成发展基本规律的概括,我们在加强幼儿师范生师德教育的过程中,要遵循师德形成与发展的基本规律,以增强师德教育的针对性和有效性。

一、师德的形成发展与变化受学生一般道德发展水平的制约

师德的形成、发展和变化受学生一般道德发展水平的制约,两者之间存在着明确的相关性。良好的一般道德原则一旦形成,师德问题就比较容易解决。公民基本道德规范是师德的基础,幼儿教师应当具有公民的道德水准和人格素质。合格的公民未必是合格的幼儿教师,但合格的幼儿教师必须是合格的公民,必须遵守公民基本道德规范,符合公民基本道德要求。"爱国守法、明礼诚信、团结友善、勤俭自强、敬业奉献"是新时期包括每一名幼儿教师在内的每一个公民都应具备的道德素质。幼儿教师如果连普通公民的道德要求都达不到,也就失去了作为幼儿教师的资格。但是,任何称职的、优秀的幼儿教师,都不会满足于做一个合格公民,其社会角色、职业特征要求他在公民基本道德规范的基础上,不断追求更高的道德目标。这就是幼儿教师所应具备的师德。[②]

根据这一规律,在选择和培训幼儿教师时,我们要更注重选择的作用。一般道德不佳的人,不得进入幼儿教师队伍。只有一般道德基础良好的学生,在师德方面才具有良好的发展

---

① 傅维利. 教师职业道德教育指南 [M]. 北京:高等教育出版社,2002:95-98.
② 方国才. 遵循师德规律 加强师德建设 [J]. 江苏高等教育出版社,2005 (6):75-76.

前景。由此看来，师德与学生一般道德水平的发展密不可分。它不是一个孤立独行的过程，而是伴随着学生一般道德水平的发展而不断变化和发展的。一般道德是师德发展的基础，而师德发展又会深化一般道德。不论是职前教育还是在职培训，师德教育都应该与一般道德教育很好地融合在一起。为此，在师德教育过程中，我们一定要处理好"为人"与"为师"的关系。学校首先要教育学生学会做人，把幼儿师范生培养成为合格公民。而为人师者应有高尚的道德情操、良好的师德，否则就无法为人师表，这是对师德教育的特殊性要求。

二、师德的形成是师德认知、师德情感，师德意志及师德行为和谐统一的过程

师德的形成是师德认知、师德情感、师德意志及师德行为和谐统一的过程，它一般要通过专门的教育和学生的亲身体验才能最终稳定地形成。

师德的形成是知行合一。仅有"知"而无"行"，师德认知就会失去其根本的价值。由于从"知"到"行"还受情感、意志、行为等复杂因素的影响，因此，知与行之间并不是对应的因果关系。从心理学角度分析，知行合一的师德行为背后，一定含有情感、意志等其他重要的心理因素。依此规律，我们容易理解，幼儿师范生良好师德的形成，需要一个比较漫长的时间过程，需要在教育实践中，对师德行动产生良好体验，又要在师德冲突中因师德意志坚持自己的师德行为。只有这样才能最终完成"凝道成德"的过程，把社会所要求的师德规范，内化为个人的自觉行为。

由此我们可以确定，在师德养成的诸因素中，职前教育和在职培训有各自不同的优势。一般来说，幼儿师范院校在解决师德认知问题方面具有优势，而在职培训强调要结合幼儿教师的师德情感、师德意志和师德行为，加快完成幼儿教师"凝道成德"的过程。

三、师德是在解决师德冲突中逐渐发展起来的

师德是在解决各种师德冲突中逐渐形成与发展起来的。利用先前所形成的规范来预防和解决各类冲突正是师德的力量和价值所在。

幼儿师范生完成"凝道成德"过程，需要直接面临师德冲突并在过程中真切地解决两个问题：其一，真正领悟解决冲突中师德的力量和价值，从而产生师德亲近感；其二，在解决师德冲突中，学会利用自己的智慧，把师德的原则和规范，变为能够切实解决师德冲突的师德行为。这是一个依据师德冲突的情境，能灵活选择方式、方法和程序解决冲突的过程，而所有这些方法和过程又不能违背基本的师德原则。

幼儿师范生所面临的师德问题有模拟和真实两种形态。模拟的师德问题，并不向幼儿师范生提出师德行为的要求，不提供实现师德行为的条件和环境，也不能为幼儿师范生提供解决师德问题的全流程，因而其对促进幼儿师范生师德养成的作用是有限的，只是解决部分的幼儿师范生的师德认知问题，或许可以引发师德情感，但不能引发真实的师德冲突，也就不能帮助幼儿师范生养成真实的师德行为，更不能磨炼幼儿师范生的师德意志。真实的师德问题，向幼儿师范生提出明确的师德行为的要求，并且这种要求使得幼儿师范生切身利益面临直接的挑战，因而真实的师德问题蕴含有强烈的师德教育的价值，会引发幼儿师范生的师德认知不支持、倾向于支持或坚定地支持师德行为的实现。

一般而言，利用模拟形态的师德教育，主要是让幼儿师范生在话语模拟或戏剧模拟的师德情境中讨论、研究和解决虚拟的师德冲突。真实形态的师德教育，主要是让幼儿师范生参与到真实的师德教育活动中，围绕关乎其切身利益的师德问题或真实的师德冲突，使幼儿师范生在不能回避的师德冲突中考验和磨炼自己。

四、师德发展的轨迹是由他律迈向自律

师德教育旨在促进学生"凝道成德"，即把师道转化为师德，也就是将师德规范由外在于幼儿师范生的异己力量转化为内在于幼儿师范生的获得性品质。这就决定了师德的发展必然是一个由他律逐渐迈向自律的过程。要实现这一转变的过程中，下面几个方面是不能缺失的。

其一，师德教育要特别提供幼儿教师职业意义的给予。包括幼儿教师职业理想、职业义务、职业公正、职业荣誉、职业良心、职业幸福等意义的给予，为幼儿师范生提供理想和期望的社会规定性。在这种职业意义的引导下获得职业价值选择的预存立场，初步形成合乎社会和世人所期望的教育观、教师观、儿童观等的基本认知。

其二，师德教育还要提供工具意义的给予。包括对师德规范合理选择、判断和批判的意向，为幼儿师范生获得师德思想力和行动力从理论上提供路径依赖，这是师德不可或缺的一部分品质。师德思想力是幼儿师范生基于自身理性思考对师德行为的判断能力、选择能力和批判能力，具体包括认识和理解社会规则的能力、分辨是非的能力、意识到彼此情感的能力、掌握与特殊情况相关知识的能力等。师德行动力是指在理论引导下能采取合理、规范、协调行动的能力，包括平等待人和尊重他人利益的能力，在社会情境中行动的能力或师德原则适时运用的能力，以及实施合理行为的能力等。

其三，在师德教育实践中促进学生完成师德自证。师德自证，即是幼儿师范生在师德实践中以师德行为证明、检验和修炼自身师德的过程，也就是师德的发展和完善的过程。因此，师德教育绝不是在学校教育的他塑阶段就能全部完成的，还需要在幼儿师范生社会化过程中的自塑阶段继续进行。也就是说，师德教育在实践意义上是持续终身的，在空间上是超出学校教育范畴的。而且，在发展幼儿师范生师德的起始阶段，幼儿师范生的师德行动常常不是出于自愿和自觉，而是用外在的制度纪律加以强制保证的。其目的是用外在的力量引发幼儿师范生内在的体验，从而加快由他律转为自律的速度。而要在真正意义上完成由他律迈向自律，幼儿师范生必须在教育实践中完成师德自证。[①]

第二节 幼儿教师职前师德教育的任务

幼儿师范生作为未来的幼儿教师，对他们进行的师德教育是师德形成的起点，师德的成长有赖于幼儿教师职前培养与教育。加强幼儿教师职前师德教育是适应当前新形势和培养合格人才的需要，有利于幼儿师范生走上幼儿教师岗位后，树立崇高的教育理想和正确的教育

---

① 傅维利. 教师职业道德教育指南 [M]. 北京：高等教育出版社，2002：95-98.

观念，在教育教学实践中，有效发挥师德的表率作用，更好地教书育人。

幼儿教师职前师德教育的任务是通过有效的教育方法让幼儿师范生接受师德教育内容，进而将师德要求真正内化到幼儿师范生个体的品德架构中去①。幼儿教师职前师德教育的任务主要包括幼儿教师的师德认知及培养、师德情感及培养、师德意志及培养和师德行为及培养等四个方面。

一、幼儿教师的师德认知及培养

（一）幼儿教师师德认知

幼儿教师师德认知是指幼儿教师对教育活动中客观存在的道德关系以及处理这些关系的原则和规范的深刻理解和认识。它包括师德观念的形成、师德知识的掌握、师德判断能力的提高和师德信念的树立等。② 认知是师德情感产生的依据，是进行师德意志锻炼的内在动力，是决定师德行为倾向的思想基础。师德认知是促使幼儿师范生在内心形成善恶、荣辱和是非等师德观念，以及平等、公正、权利、义务、关怀等师德准则，是幼儿师范生的师德判断、师德信念、师德行为的基础，是师德内化和师德行为的先导和关键，是师德自律的导向性机制。

提高幼儿师范生师德认知，要求其掌握师德的基本知识，分清是非、美丑、善恶的区别和界限，培养师德评价和师德判断的能力，促进师德信念的形成。由此可见，有效地提高幼儿师范生个体的师德认知水平是其师德修养的首要条件。

（二）幼儿教师师德认知的培养

基于"科教兴国"、"人才强国"战略的实施，随着教育事业不断发展，幼儿师范生的师德认知水平提升对我国幼教事业发展有着深远的价值意义。幼儿师范生作为幼儿教师后备军，他们的师德认知的培养也尤为重要，可以从以下几个方面进行培养。

1. 加强对幼儿师范生师德自我认知能力的培养

培养幼儿师范生的师德自我认知能力，对提升幼儿师范生师德认知水平有着重要的铺垫作用，在培养幼儿师范生自我认知能力过程中，应完善幼儿师范生的自我认知的结构，完善相关理论知识框架，逐渐升级和强大知识储备库，同时结合专业学习，引导幼儿师范生全面掌握师德理论知识，并能对学习中获取的知识做出正确理性判断，提升师德认知水平，完善师德自我认知结构；另外要积极创造幼儿师范生师德认知生成的可能性，将这种认知形成的过程扩大为对师德自主提升的内在需求。

2. 优化师德教育内容和方法，构建科学的师德认知教育体系

幼儿师范生的思想认识、道德观念、教育水平以及实践创作能力等是影响其师德认知的主要因素，因此，优化师德教育内容和方法，构建科学的师德认知教育体系是培养幼儿师范生师德认识的重要途径。一是优化师德教育的内容，根据师德教育的目标，重新整合并优化

---

① 冯文全. 论新时期学校德育方法的变革 [J]. 中国教育学刊, 2005, (5): 16-21.
② 韦冬雪. 高校师德修养实用教程 [M]. 桂林: 广西师范大学出版社, 2011: 174-175.

师德教育内容，发挥实践教育在师德养成中的作用。二是结合幼儿师范生的实际，组织开展多种形式的，以师德为主题的师德教育培训活动，构建科学的师德认知教育体系，使幼儿师范生都能得到良好熏陶。三是优化师德教育的方法，如创设条件组织师范生进行协作学习和民主讨论，以促进学生与教师之间、学生与学生之间的交流与讨论，并对协作过程进行适当引导以使之朝向有利于意义建构的方向发展。① 这种师德教育方法有利于培养幼儿师范生的合作意识，提高交流协作等综合能力，对幼儿教师师德的基本要求形成正确的认知。

3. 营造良好师德教育环境，促进幼儿师范生树立正确的师德认知

良好的师德教育环境有利于幼儿师范生树立正确的师德认知，营造良好的师德环境需要从以下四方面努力：一是政府或教育部门及社会各界应重视幼教事业，加大财政投入，积极开展对幼儿师范生的师德教育活动，营造一个良好的社会环境，为幼儿师范生树立正确的师德认知提供保障。二是加强高校教师的师德师风教育，建立健全师德教育榜样示范机制，在全校范围内形成良好的师德师风，进而潜移默化影响幼儿师范生，使其形成正确的师德认知。三是建立和健全幼儿师范生师德教育体系，在制定并完善科学的管理制度和健全幼儿师范生考核系统的同时，强调师德教育要从关心、理解、体贴即推己及人的角度进行教育和引导，更有利于在对幼儿师范生科学的管理和考评中促进其树立正确的师德认知。四是在实践中深化师德认知。教育实践是师德认知的来源，也是检验师德认知的最佳方式。只有在教育实践活动中，才能帮助幼儿师范生正确地认识教育活动中的各种利益和关系，以及幼儿教师的职业使命，才会明确在今后的从教工作中清楚应该坚持什么、应该放弃什么，从而形成高尚的师德品质。

4. 强化幼儿师范生师德的评价与学习。

强化对幼儿师范生师德的评价与学习，对提升幼儿师范生师德认知具有现实意义。可以从两个方面加以强化：一是定期对每个幼儿师范生师德进行考察和评价，通过考察和评价，准确了解每个幼儿师范生的师德认知过程和水平，积极引导幼儿师范生形成科学的师德认知。二是开展师德相关理论研究，如专任教师与对一线幼儿教师开展相关课题，对幼儿师范生在师德认知方面存在的问题展开深入研究，并提出相应对策，对幼儿师范生进行针对性教育，防范失德行为，保证幼儿师范生形成正确的师德认知，并正确指导教育教学实践工作。

二、幼儿教师的师德情感及培养

（一）幼儿教师师德情感

幼儿教师师德情感就是指幼儿教师在教育活动中，在处理相互关系、评价他人和自己行为举止是否符合幼儿教师师德要求所产生的内心体验。② 幼儿师范生的师德情感是伴随着幼儿教师的职业活动而产生的。一方面，它以幼儿师范生师德认知为基础。另一方面，幼儿教师师德情感是教育实践的产物，是在长期的教育活动中逐步形成的。这种情感形成之后，便成为推动幼儿师范生献身教育事业的精神动力。

---

① 张聪聪. 师范生师德教育改革研究 [D]. 济宁：曲阜师范大学硕士，2015：25 - 27.
② 韦冬雪. 高校师德修养实用教程 [M]. 桂林：广西师范大学出版社，2011：175 - 176.

师德情感对幼儿教师师德认知有激发作用和引导作用,能够促使幼儿师范生积极接受师德教育,产生强烈的幼儿教师职业认同感。师德情感一旦形成就会积极地影响、调节和控制幼儿师范生的师德行为,使其某种行为加速或延缓、中断或持续,更加自觉遵循师德要求,规范自身行为。

《幼儿园教师专业标准(试行)》明确提出了幼儿教师师德情感的培养目标:理解幼儿保教工作的意义,热爱学前教育事业,具有职业理想和敬业精神;认同幼儿教师的专业性和独特性,注重自身专业发展;关爱幼儿,重视幼儿身心健康,将保护幼儿生命安全放在首位;尊重幼儿人格,善待幼儿,维护幼儿合法权益,平等对待每一个幼儿,不讽刺、挖苦、歧视幼儿,不体罚或变相体罚幼儿;信任幼儿,尊重个体差异,悦纳幼儿,主动了解和满足有益于幼儿身心发展的不同需求;重视生活对幼儿健康成长的重要价值,积极创造条件,让幼儿拥有快乐的幼儿园生活;富有爱心、责任心、耐心和细心;乐观向上,热情开朗,有亲和力。其中,对幼儿教育事业的热爱和对幼儿的关怀、爱护是幼儿教师师德情感的核心。明确师德情感的培养目标,有助于未来的幼儿教师更加坚定自己的职业选择并乐观地努力成为一名优秀的幼儿教育工作者。

(二) 幼儿教师师德情感的培养

培养幼儿教师师德情感是加强幼儿师范生师德建设的重要方面,培养高尚的师德情感是幼儿师范生师德教育不可缺少的重要内容和必要环节,在提高其师德认知的基础上,要培养其师德情感,可以从以下几个方面培养。

1. 培养幼儿师范生对幼儿和幼教事业的热爱

幼儿师范生对幼儿和幼教事业的热爱是幼儿师范生师德情感的核心。2018 年 2 月 11 日,教育部、国家发展改革委、财政部、人力资源社会保障部、中央编办等五部门关于印发《教师教育振兴行动计划(2018—2022 年)》的通知指出:"全面提高师范生的综合素养与能力水平……为幼儿园培养一大批关爱幼儿、擅长保教的学前教育专业专科以上学历教师,教师培养规格层次满足保障国民教育和创新人才培养的需要。"① 由此可见,培养幼儿师范生对幼教事业和幼儿的爱是时代社会发展的迫切需求,应在师德教育过程中落实。如在讲幼儿教师师德内容时,选取优秀幼儿教师校友作为案例,通过身边的榜样作用,让幼儿师范生懂得只有热爱幼教事业和幼儿,才能在本职工作中能够始终保持激情,并努力取得卓越成绩,也让幼儿师范生意识到爱是教育最有力的手段,幼儿教师对幼儿的热爱之情,可以变成推动幼儿进步的力量。事实上,幼儿教师对幼儿的感情越真挚,就会愈表现出对幼儿的期望深切,幼儿所受到的激励鼓舞就越大,其自觉能动性就越高,学习和成长的效果也就会越好。

2. 幼儿师范生要培养自尊心、责任感和荣誉感

自尊心、责任感和荣誉感是影响幼儿师范生师德情感的主要因素。一是培养幼儿师范生的自尊心,自尊心能够让幼儿教师维护自己的声誉,保持良好的道德形象,为了培养幼儿师

---

① 教育部等五部门. 关于印发《教师教育振兴行动计划(2018 - 2020)》的通知 [EB/OL]. http://www.gov.cn/xinwen/2018 - 03/28/content_5278034. htm, 2018 - 03 - 28/2018 - 06 - 11.

范生的自尊心,应自觉主动按照幼儿教师道德要求规范自己,不作任何有损幼儿教师形象的事情。二是培养幼儿师范生的责任感,责任感是一种高尚的职业情感,是做好教育工作的巨大动力,幼儿师范生责任感的培养要立足本职工作,自觉地对幼儿、家长、国家、社会等负责,对工作负责,为教书育人全力以赴。三是培养幼儿师范生的荣誉感,荣誉感使幼儿教师意识到自己的社会价值并感到由衷的愉快,荣誉感是一种推进器,它促使幼儿教师认真履行职业道德义务,发扬锐意进取、奋勇拼搏的精神,为培养新时代社会主义接班人贡献一切。

3. 幼儿师范生要培养对同事和家长的尊重与热情

在教育过程中,幼儿教师与其他同事都是为共同目标而努力,都是为祖国建设事业培养人才,共同遵循幼儿教师之间的道德要求,互相尊重,团结合作,提高教育教学质量。幼儿教师与幼儿家长之间应保持联系,对幼儿提出统一的要求,共同掌握幼儿在德智体美等方面的成长情况,做到家园共育。① 因此,幼儿师范生在见习、实习过程中,抓住与同事和家长相互交流合作的机会,现场或通过通信工具等与学生家长互动,注意倾听家长对幼儿园和幼儿教师本人的意见和建议,尊重家长的合理要求,共同实现培养幼儿的目标和任务。

4. 合理采用幼儿师范生师德情感的培养方法

加强幼儿师范生师德情感的培养方法可从正面积极的角度和反面的角度进行培养。

(1)从正面积极的角度,采用情感陶冶法等方法培养幼儿师范生的师德情感。情感陶冶法指教育者通过人格感化、环境熏陶、艺术感染等方式创设一定的教育情景,对幼儿师范生进行积极地熏陶与感化,从而培养其良好品德的方法。② 一是幼儿师范生通过创设情境,如:观看相关电影、播放相关歌曲等,触动幼儿师范生的情绪,让幼儿师范生体悟师德,引导幼儿师范生树立师德理想,形成高尚的幼儿教师师德。二是师德教育者还应重视榜样示范和发挥人格感化作用,以自己高尚的品德和人格魅力等对幼儿师范生进行陶冶,通过"以情育情"的方式培养幼儿师范生的良好师德情感。如邀请优秀校友讲座或现身说法等,通过身边的榜样,引导自身形成高尚的职业道德。

(2)从反面的角度,利用对比法或角色扮演法等方法呈现缺乏师德对幼儿师范生造成的巨大影响,从而深化幼儿师范生的师德情感。以幼儿教师师德的内在要求为例,其内在要求是为人师表、教书育人、自尊自律,做幼儿健康成长的启蒙者和引路人。若只是照本宣科地讲授,大部分幼儿师范生都能够记住这是幼儿教师师德的内在要求,但是真正能落实到以后教育保育工作中的人并不会太多。若我们转换一个角度,利用对比法或角色扮演法去设计教学,效果则可能会不同。比如,教师可以选举两个相反的案例,一个是虐童的案例,另一个是全国教书育人的楷模,可以提问学生"这两位教师的行为对比能说明什么?"或者邀请学生进行角色扮演,揣摩扮演这两位老师的学生的内心世界。在这样的教学方式下,幼儿师范生可以从两个案例的对比中和角色扮演的切身体验中理解幼儿教师师德的内在要求,明确幼儿教师的一言一行对幼儿的成长至关重要,从而达到引发积极的师德情感、增强养成教师职业道德的自觉性的目的。

---

① 韦冬雪. 高校师德修养实用教程 [M]. 桂林:广西师范大学出版社,2011:175 – 176.
② 李昊凤. 德育方法之情感陶冶法初探 [J]. 湖北经济学院学报(人文社会科学版). 2008 (05):165 – 166.

三、幼儿教师的师德意志及培养

幼儿教师师德意志是其克服困难、教书育人的动力和保证，同时，对幼儿形成良好的道德意志品质和完善的人格具有重要作用。

（一）幼儿教师师德意志

心理学上的意志是指人们根据自觉地确定的目标支配和调节自己的行为，并克服障碍实现目标的心理过程。意志的作用反映在自觉的确立目标对行为及心理状态的调节和控制上。

师德意志是指教师追求职业道德理想过程中进行道德抉择时调节行为、克服困难的心理控制能力。师德意志是意志的特殊形式和高级形态，是意志在教师师德领域中的反映。

幼儿教师师德意志是指幼儿教师按照师德原则和要求进行师德抉择时调节行为并克服困难实现职业理想的心理控制能力，是在履行职业义务过程中所表现出来的决心和毅力。它主要表现为幼儿教师师德行为中的坚定性和坚持精神，是为实现一定的职业理想和人生信念作出的自觉而顽强的努力。幼儿教师师德意志的形成过程也是师德认知向师德行为和实践的转化过程，是主观见之于客观、观念付诸行动的实践过程。

师德意志是一种内在的精神力量，它的基本功能是直接支配和调节幼儿教师的师德行为，为幼儿教师师德信念向师德实践方面的转化提供动力。幼儿教师师德意志是形成良好师德品质的重要因素。良好的师德品质是自觉意志的凝结。由于师德品质是幼儿教师在一系列的师德行为中表现出来的比较稳定的人格特征或人格倾向，所以，离开教师师德意志对教师师德行为的统一，也就不会形成其良好的师德品质。没有教师师德意志，就没有教师师德行为。幼儿教师形成了自己的师德意志，才能抵制各种不良诱惑，排除各种不道德的欲望，调节和控制自己的消极情绪，自觉克服各种困难，从而不断超越自我实现高尚的职业理想。

（二）幼儿教师师德意志的培养

如前面所述，幼儿教师的师德意志使其能够做出正确的价值判断，用理智战胜欲望，避免错误行为的发生，同时也能使幼儿教师有勇气和决心排除来自主客观方面的干扰和障碍，持之以恒。因此，培养和磨砺幼儿教师的师德意志是至关重要的。

1. 树立崇高的职业理想

职业理想是人们对未来职业的向往和追求。既包括对将来所从事职业的种类和方向的追求，也包括未来事业成就的追求。职业理想是人生理想的重要组成部分，决定着人们在职业活动和职业生活中的事业心及责任感。

崇高的职业理想，是师德意志活动的灯塔，是幼儿教师行动的强大动力。它可以使幼儿教师在任何师德境遇中保持高尚的道德情操，不为任何不良动机所迷惑，不为任何压力所屈服，牢记使命，百折不挠，奋勇前进。幼儿教师坚强的师德意志源于崇高的职业理想，崇高的职业理想又源于深刻的师德认识和科学的世界观。因为，幼儿教师只要有了关于外部世界及其规律的正确认识，才会避免让自己丧失意志，自觉将师德意志和自己的师德行为相统一起来。

人生目标是通过职业理想来确立，并最终通过职业理想来实现。托尔斯泰曾说过："理想是指路的明灯，没有理想就没有坚定的方向，就没有生活。"青年时期正是学生的人生观、世界观形成的关键时期，也是其职业理想孕育的关键时期。幼儿师范生有了明确的、切合实际的职业理想，无论是顺境还是逆境，都会奋发进取，勇往直前。为此，我们要注重通过教育幼儿师范生，让其学会全面地认识自己、了解社会，树立正确的人生观和职业观，使幼儿师范生能够树立崇高的职业理想，帮助其达到所渴望的职业境界，实现其人生目标。

2. 加强师德意志的磨砺

师德意志的磨砺是一个自觉行动的过程。实现职业理想的过程也是师德意志品质成长的过程。坚强的师德意志是在日常学习、生活和工作实践中逐步培养起来的。因而我们要有意识地组织幼儿师范生进行意志培养和道德实践，根据他们在已有的态度、志向、意志水平基础上进行师德意志锻炼，从而使其能在不同的场域中时刻表现出同样坚强的师德意志。教育实践表明，有意识地、机智地开展的师德实践对幼儿师范生的师德意志进行磨砺是行之有效的。因为只有实践意志行动，进行意志努力，克服内部阻力以及周围环境的障碍，才会形成果断决策能力、坚韧性和自控力等师德意志品质。当然，更重要的是幼儿师范生要在自我修养中磨炼师德意志，就是通过自己对师德行为的自觉调节和评价而产生坚强的毅力和韧劲，特别是幼儿师范生要通过执行不感兴趣即没有直接吸引力，但又很有师德价值的教育行为，才能更有助于磨砺并形成坚定的师德意志。

四、幼儿教师的师德行为及培养

（一）幼儿教师师德行为

幼儿教师师德行为是指幼儿教师在师德认知、情感、信念的支配下，在教育活动中对幼儿、家庭、集体、幼儿教育事业和社会做出的可以观察到的客观反应及所采取的实际行动，是教师个体道德意识的具体表现和外部特征，是师德教育的终极目标。[①] 从动机和效果角度而言，师德行为可以分为良性师德行为和不良师德行为。前者以追求和实现社会整体利益或他人利益为出发点归宿，具有利他性。后者表现为为了私利而侵害社会整体利益或他人利益的行为，具有自私性。

幼儿教师的师德品质是否高尚在于他的行为是否高尚、言行是否一致。幼儿教师的思想品德、治学态度、举止言谈都对幼儿成长起着至关重要的作用。"教师行为的示范性及学生的模仿性，决定了师生共同参与的社会性交往中，教师行为对学生的社会化与成熟过程有着重要的影响。[②]"幼儿教师面对的学生是 3~6 岁学龄前儿童这一特殊的群体，他们可塑性大、模仿能力强等，因此，幼儿教师师德行为培养尤为重要，而这部分的培养要追溯幼儿师范生期间，幼儿师范生师德行为是幼儿教师职前教育的主要环节，幼儿师范生师德行为培养对于幼儿教师师德的养成至关重要。

（二）幼儿教师师德行为的培养

幼儿师范生师德行为培养是为了弥补学生缺乏职业经验而设置的重要教育环节。可从以

---

① 教育部人事司. 高等学校教师职业道德修养 [M]. 北京：北京师范大学出版社，2000：260.
② 韦冬雪. 高校师德修养实用教程 [M]. 桂林：广西师范大学出版社，2011：177-178.

下几个方面培养幼儿师范生良好的师德行为。

1. 整合资源，开设专门课程

理想的师德是知行合一的。仅强调"知"而忽视"行"，师德认知就会失去其意义，师德的养成也就无从谈起。因此，针对幼儿师范生师德行为培养十分关键，高校在人才培养方案的制定时就要明确培养幼儿师范生师德规范的意识，一方面是将师德规范的要求内化到各课程的教学与实践中，特别是在专业课的讲授中，要不断强调幼儿教师师德行为的重要性，引导幼儿师范生积极面对各种社会现象，使其能通过自己的思考确定如何行动是合乎师德要求的，使学生学会"如何决定去做什么"而非直接获得正确答案或知道"去做什么"。[①] 另一方面是开设专门的师德课程来学习幼儿教师师德规范的相关知识。如开设"幼儿教师师德与法律规范""思想道德修养与法律修养"等课程，并结合高校所编的校本教材，针对性地对幼儿师范生进行职业能力培养、师德素养和职业规划教育。幼儿师范生不仅要会读书，更重要的是品德好，这样才能更好地适应新时代对幼儿教师的职业要求。

2. 创设磨炼平台，在实践中规范师德行为

幼儿师范生的师德行为不仅要通过理论学习，也要通过亲身的实践锻炼，在实践锻炼中提高。如高校为幼儿师范生创设了良好的历炼平台，提供见习、顶岗实习的锻炼机会，并将幼儿师范生的教育见习、实习纳入正常的教学考核，规定幼儿师范生在三年或四年内必须完成规定学时的见习、顶岗实习任务，让幼儿师范生深入幼儿园一线，与幼儿教师、家长和幼儿直接相处，从基础做起，熟悉幼儿园的流程与管理，掌握幼儿教师每日应该做的事情，培养高尚的师德，养成良好的师德行为，做到知行合一。此外，在思想政治理论课的教学实践环节，思政教师应结合幼儿师范生专业特点，布置实践调查活动。如请幼儿师范生结合自身见习、顶岗实习，完成关于幼儿教师师德行为重要性的调查报告；幼儿师范生通过搜集、整理、讨论、小组学习的方式了解幼儿教师师德行为的相关内容，强化自身对师德行为的要求。

3. 发挥榜样示范，引导幼儿师范生养成良好的师德行为

在专业人才的培养中，一是幼儿师范生所在院系应邀请校内外优秀幼儿教师校友代表进行座谈、专题讲座等，通过交流学习，让幼儿师范生了解幼儿教师师德规范的具体内容，培养幼儿教师的职业积极性，并把这些优秀的幼儿教师校友作为自身学习的榜样，激励自己严格地要求自身的师德行为。二是加强高校教师自身的职业道德建设，严格要求自身的言行。幼儿师范生在高校中要接触各部门的老师，而这些老师无形中都会对幼儿师范生产生影响，"其道德信息总会蕴藏在教学或其他日常互动中，无法人为控制，也无法掩藏"[②]。正如彼得斯所言："不管你愿不愿意，每位教师都是德育教师。"[③] 同样，科尔伯格也提出类似的观点："教师有时并没有意识到他们所从事的这些日常工作就是教育活动。"[④] 因此，高校所有教师都应不断提高自身师德修养水平，才能更好地发挥榜样示范作用。三是在讲授师德行为

---

① 杜威. 中学的伦理学教学 [J]. 教育研究, 1967 (04).
② Jackson, W., Boostrom, R. E. & Hansen, D. T.. The moral life of schools [M]. San Francisco Jossey-Bass, 1993. 77.
③ [英] 彼得斯. 道德发展与道德教育 [M]. 杭州: 浙江教育出版社, 2000.
④ [美] 柯尔伯格. 道德发展与道德教育 [A]. 瞿葆奎. 教育学文集·德育 [C]. 人民教育出版社, 1989.

相关知识时，应列举一些优秀幼儿教师的例子作为典型示范，教师可以组织幼儿师范生结合案例进行充分的思考和讨论，使幼儿师范生在各种观念的交锋、碰撞中，掌握师德行为的重要性。尊重幼儿师范生的主体作用，激发其作为德育主体的自觉性和能动性，加强幼儿师范生的道德体验和自我内化[①]，使其养成良好的职业道德与师德行为，在走上幼儿教师岗位后，能胜任本职岗位，真正将社会所要求的教师师德规范转变为个人自觉的行动。

师德行为的培养，不仅可以提高幼儿师范生对师德的认知水平，也可以促进幼儿师范生内化师德规范。通过不断的技能训练，使幼儿师范能够较好地掌握处理师德相关关系的能力，有利于其更快地融入幼儿教师群体。[②] 总之，幼儿师范生师德行为的培养是一个长期积累和学习的过程，既需要学校和教师的培养，也离不开学生自身的努力，此外，在实践的过程中还离不开幼儿园的合作培养。

---

① 张聪聪. 师范生师德教育改革研究 [D]. 曲阜师范大学，2015：28-29.
② 廖鑫彬. 论师范生师德行为训练 [J]. 四川教育学院学报，2011 (11)：33.

第七章　幼儿教师职前师德教育路径

幼儿师范生师德的养成,既取决于个人的自我教育和自我实践,也取决于他所受的教育,特别是师德教育。幼儿师范生是未来的幼儿教师,这就要求他们在接受专业教育过程中,要认真学习师德理论,坚定职业信念,树立职业理想,养成良好的师德习惯,逐步培养自己基本的师德素养,从而顺利踏上幼儿教师岗位。根据幼儿教师师德形成发展的基本规律及职前培育任务,针对幼儿师范生师德教育的困境与成因分析,尝试提出以下策略,以期提高幼儿师范生师德教育的实效性。

第一节　国外师德教育的经验借鉴

随着人类社会的文明进步与教育事业地位提高,教师职业道德问题日益受到人们重视,特别是在一些发达国家,尤为重视教师职业道德建设,并已取得了成效,一些对师德教育问题的认识及进行师德教育的做法值得我国学习与借鉴。①

一、国外关于教师师德的研究与借鉴

古代西方社会就非常重视师德。古希腊唯物主义哲学家德谟克利特是最早对教师道德提出要求的人之一。他从人的德行可教、教育可以构成人的第二本性的思想出发,认为不能用强制手段来教育,而应当用鼓励说服的办法。在古罗马时代,教育家马库斯·法比尤斯·昆体良和马库斯·图留斯·西塞罗均对教师师德提出了具体的要求。昆体良认为教师首先应热爱学生,应以父母般的感情对待自己的学生。西塞罗认为教师不能滥用体罚,要仁爱、谦和,富有同情心。近代教育科学先驱夸美纽斯认为教师职业是"太阳底下最光辉的职业",提出教师要充分了解自己职业的社会意义,加强品德修养。他还把努力提高知识素养看作是教师师德的基本要求之一。

现代世界各国都非常重视师德。20世纪60年代,苏联在《教师报》上展开了一次关于教师师德修养问题的辩论,教育科学院主席团做出"关于教师的教育伦理学的修养"的决议,对加强教育伦理学研究、提高教师的道德修养的迫切性做了肯定。其中,B·H·契尔那葛卓娃和B·H·契尔那葛卓夫所著的《教师道德》一书,对教师道德的理论分析和研究

---

① 傅维利.教师职业道德教育指南[M].北京:高等教育出版社,2002:45.

很有独到见解。该书提出了"教育分寸"的概念——"最恰当地顾及行为的环境条件和它的社会教育后果的那种特殊的行为方式就是教育分寸。"① 并指出"教育分寸"的实质就是"一种道德生活现象",是教育学生的"适当方式",具有"对象的特殊性""教育效果的可预见性"等基本特点。

英国著名哲学家、教育家洛克强调教师的榜样作用:"做导师的人自己便应当具有良好的教养,随人、随时、随地都有适当的举止与礼貌。"② 在教师职前培训过程中,专门开设了关于教师师德方面的课程,要求学生了解所在社区对教师的要求,学习如何注意自身形象,培养良好的师德,同时,培养学生同其他教师团结合作的意识和能力等。

美国是从20世纪20~30年代开始研究的现代教师师德。一些学者用实证研究方法,比较系统地分析了教师的品质、人格,概括了诚实、热心、好学等25项教师职业应有的品质。1948年,全美教育委员会所属的师范教育委员会发表了《我们时代的教师》报告,对教师应当具备的职业道德品质提出了13项详细的要求和指导。1968年美国国家教育协会正式制定了《教育职业伦理准则》。从20世纪70年代开始,美国教育界对教师职业内部的不同教育层次、不同专业的伦理道德进行分门别类的研究,并以经验为根据,制订出更加符合教师专业和工作特点的教师职业伦理准则。现在,美国地方师范教育仍将师德教育列为教育专业课程。美国的本科水平师资培训课程,主要包括通识课程、学科专业课程及教育专业课程。教育专业课程由教育科学的基本理论课程、教学法和教学实践三部分组成。对师范生的师德培养课程包含在教育专业课程的基本理论课中。美国师德教育不是采取直接灌输,而是通过间接渗透的方式进行,注重师德教育的实践性和渐进性。③ 美国教育家杜威在《民主主义与教育》中指出:"教师不仅应具备所教学科的知识,还应具有教育学和心理学的知识,教师既须懂得教材,还须懂得学生特有的需要和能力。"④

1947年,日本从探讨"现代的教师形象"转为研究现代教师师德。1952年,日本教职员组织通过了至今仍被广泛运用的《伦理纲领》。从1959年起,把"道德教育研究"列为师资培训课程的必修课目。日本当代著名教育家、玉川大学总长小原国芳在《师道》一书中,对师德的本质、内容和发展的条件做了探讨。《人类教师与国民教师》一书中,分析了教师提高职业伦理素养的必要性。长期以来,日本各师范院校十分重视对师范生进行师德教育。教职伦理修养是日本教师培训的必修课。

联合国教科文组织在关注世界教育问题的同时,也同样关注师德问题。1966年10月,联合国教科文组织通过了《关于教师地位的建议书》,提出了"教师不得以种族、性别、民族、社会成分或经济状况等为理由和形式歧视学生;教师要为每一个学生提供可能的、最充分的受教育机会,应适当注意对教育活动有特殊要求的儿童……教师应公正地评定学生的学业成绩"等九条具体的师德规范。除联合国教科文组织外,国际教师团体协商委员会于1954年在莫斯科通过《国际教师团体协商委员会教师宪章》,其中提出各国应遵循的师德规范包括:第一,教师必须尊重学生的思想自由,并鼓励他们发展独立的判断力;第二,教师

---

① B·H·契尔那葛卓娃,B·H·契尔那葛卓夫,严家华. 教师师德[M]. 上海:华东师范大学出版社,1982:203.
② 约翰·洛克. 教育漫话[M]. 傅任敢,译. 北京:教育科学出版社,1999. 67.
③ 袁洁. 地方高校师范生师德教育研究[D]. 赣州:赣南师范学院,2013(05):3-7.
④ 约翰·杜威. 民主主义与教育[M]. 王承绪,译. 北京:人民教育出版社,2001:200.

要致力于培养作为未来成人及公民的道德意识,并以民主、和平与民族友谊的精神教育儿童;第三,教师不能因性别、民族及个人信仰和见解等的不同,将个人信仰和见解强加于儿童;第四,教师要在符合学生自尊心的范围内实施仁慈的纪律,不得采用强制和暴力。联合国教科文组织和国际教师团体协商委员会有关教师师德的论述,对世界各国的教师师德的教育培养明确了地位和作用。

以上这些对教师师德研究的经验是值得我国学习和借鉴的。

二、国外关于教师职前师德培养对策的研究与借鉴

美国在教师职前培训中,注重师德教育在学校日常德育中全方位的渗透,而不以师德为名专门设课,部分州还专门开设"职业道德和法律"课程加强教师道德教育。[①] 在美国,幼儿教师培养模式是以项目为导向的培养培训一体化模式,如美国提前开端项目等[②],还十分重视开展实践活动,认为单靠课堂教学不足以培养学生良好的品德,学生应在实践中确立信念、深化感情、锤炼意志、规范行为。目前,美国有三种比较常用的师德教育方法。第一种是将教师培养成为有道德理性的主体,学校帮助教师洞察并保持在教学和学校中需要的道德理性[③],通过阐述教师在处理与同事、学生及其家长时所应具备的道德准则,培养教师行为的道德理性[④],可以使学生参与到周边语境以及反思性思维中,养成道德义务感[⑤]。第二种是关注于教师面对职业伦理困境时所具备的能力,结合美国国家教育协会(NEA)颁发的职业道德,由学生学习一种或几种伦理理论,通过细致分析实际的道德困境并解决实际生活中的道德两难问题来学习师德。Kenneth A. Strike 和 Jonas F. Solos. 合著出版的《教学伦理》一书中就采用了这种教学方式,在提供一些道德困境的案例后,作者用效果论与非效果论的伦理观点,分别分析了惩罚及其正当程序、学术自由、平等对待学生、应对多元文化、民主、专业化与正直教学六个视角之下的道德困境,并试图使学生通过这样依据在伦理学原理之上的理智分析,获得教师职业道德的概念,并建立道德敏感,从而提高日后在教学过程中处理伦理问题的能力,最终提升教师师德[⑥]。第三种是试图通过培养教师美德,提升教师个人德性,最终实现师德的习得,这种方法是试图通过规则与案例的讨论,使学生明白一个教师应该具备哪些好的品质,体会到如何成为一个道德上正确的教师,从而建立师德。

在英国,通过立法和间接渗透来实现师德教育及师德观念的确立,法律明文规定了教师的权利与义务,要求学生理解与掌握,师德教育被融入各学科教学内容和教学实践中。师德教育中,始终强调接受教育者要掌握关于青少年身心发展、卫生安全知识、与学生家长关系

---

① 韩玉. 德育的关怀:迈向教师的意义世界——免费师范生道德教育研究 [D]. 重庆:西南大学,博士学位论文,2010.

② 霍力岩. 美、英、日、印四国学前教育体制的比较研究 [M]. 北京:北京师范大学出版社,2013:643.

③ Landon E. Bever. The moral contours of teacher education [J]. Journal of Teacher Education 1997,(48)

④ Mackenzie Sarah V. Now What? Confronting and Resolving Ethical Questions: A Handbook for Teachers [M]. California: SAGE Asian Pacific Pte. Ltd. 2010. 55—109

⑤ Landon E. Bever. Schooling, Moral Commitment, and the Preparation of Teachers [J]. Journal of Teacher Education 1991,(42)

⑥ Kenneth A. Strike, Jonas F. Solits. The Ethics of Teaching [M]. New York: Teachers College Press. 2009. 23-45

等方面的知识,理解尊重学生人格的重要性。在教师师德的评价上,制定了务实的、易于操作的评价内容和方法。

在日本,师德教育的做法主要有两点。一是严把教师选聘的师德关,日本建立的幼儿教师培养选拔制度,注重考查幼儿教师的专业伦理、职业理解以及专业知识的把握。[1] 要求教师受过长期专业性教育训练、具有教师许可证、自觉进行教师进修,具备专业职能、自律性和职业伦理,进行有益的社会活动;具有教师使命感,深刻理解学生身心发展的规律,热爱教育,有教养并具有实际指导能力。二是重视在培养教师的学科教学中渗透师德教育。如在综合演习课中,培养师范生关于培养儿童生存技能的能力;在培养使命感的课程中,使学生获得"教师是什么,教职是什么"的体验,树立教育信念;在其他教师教育类课程中,也均结合教学内容对师范生进行教师职业道德教育。[2]

在德国,不单独提出职业理想与师德教育,也不设立课程或特别组织该类教育活动,而是把师范生职业道德素养与教育理念的培训依据于师范生教育职业化的观点来进行。在师范教育中强调未来教师教育学理念的培养,将师德教育完全渗透在具体的专业教育教学之中,不仅加大教育科学理论知识的学习,还要加强教育教学实践活动的力度,让其在教育见习中体会做教师之道,以此实现职业理想与职业兴趣的培养目标。这是德国在培养教师师德素养的有力方式。

以上国家都十分重视教师师德修养水平,注重教师师德规范建设,特别是教师职前的师德培养。加强师德教育在各科教学中的渗透;重视通过校内外各种实践活动,加深对教师道德观念的理解,追求师德教育的实践性,注重考核教师申请者的道德认知水平和道德修养水平,严格把控教师入职关。

三、国外教师职前师德教育内容的研究与借鉴

美国的教师职前教育课程,主要包括通识课程、学科专业课程及教育专业课程。教育专业课程由三部分组成:一是教育科学的基本理论课程,二是教学法,三是教学实践。对师范生的师德培养课程包含在教育专业课程的基本理论课中,如《职业道德与法律》。[3]

在英国,教师教育的培养过程中重视教师师德的养成是其一贯保持的传统。在职前教师培养过程中,也专门开设了关于教师师德方面的课程。如教师的道德修养课程、教育在精神、道德、社会和文化等方面价值的课程[4]。此类课程要求师范生了解所在社区对教师的要求,学习如何注意自身形象,培养良好的职业道德,同时,培养师范生同其他教师团结合作的精神和能力等。[5] 英国非常重视未来教师的职业态度问题,重视学生对有关教师职业职责与法律责任的法律条文的理解与掌握,使其能够成为一位热爱教师生涯,能与同事合作共事,并具有个人主义精神的合格教师。

在德国,教师职前教育课程具有课程内容丰富、重视学科教学论的研究和教学、教师资

---

[1] 诸园,吴玲.日本幼师职前培养、选拔制度及其对我国的启示[J].宿州学院学报,2010(10).
[2] 金美福.面向21世纪的日本教师培养课程改革特点[J].外国教育研究,2000,27(5):53-55.
[3] 教育部师范教育司.教师专业化的理论与实践[M].北京:人民教育出版社,2003:285.
[4] 教育部师范教育司.教师专业化的理论与实践[M].北京:人民教育出版社,2003.154
[5] 教育部师范教育司.教师专业化的理论与实践[M].北京:人民教育出版社,2003:154.

格认证严格等三个特点。① 德国师德教育内容主要表现在如何理解教师与学生之间的关系，是学生对教育关系的理解，认为教育教学活动中师生关系的质量起着催化剂作用，师生关系的质量在整个教育教学活动中占据至关重要的地位，甚至具有决定性的影响作用。德国还主张加大教育科学理论和实践部分的比重，强调师范生教育学理念的培养，认为这是提高教师师德素养的前提，是解决教师师德素养问题的关键。

在瑞典，要求教师必须具备共有的核心能力以及特定学科或者特定年龄段的专业能力。其教师职前教育课程包含了普通课程、学科专业课程、专业化课程等相互整合的三大领域。普通课程包括普通的基础知识和交叉学科知识，学科专业课程是根据师范生所选的教授年龄组，以及特定学科与交叉学科的内容，专业化课程旨在加深、拓宽、补充教育类师范生原有的知识。这一教师教育课程模式在瑞典被称为"整合编码"。②

在日本，非常重视师范生的师德培养。长期以来，日本各师范院校十分重视对师范生进行职业伦理道德的教学与教育，重视学生的人格、品行、教养、责任心、热情、干劲、使命感等职业道德。日本在师资培养教育课程的结构包括三类内容：即一般教养科目、学科教育专业科目、教职专门科目。③在为各专业学生开设的教育理论课、方法与技能课中，道德方面的课程设在教育理论课的必修课部分，其内容及课程数量较为引人注目，如道德教育研究课程、道德的本质及其教育方法、法和道德、社会生活和道德、历史和道德、现代教育中的道德教育、道德心理学等课程。④

在新加坡，对师范生的培养十分重视师德教育的内容，开设了涉及道德及师德方面的课程有孔子伦理教学法和社会道德问题等。教育文凭课程的培养目标共有六条，第五条即是要培养师范生"具有正确的职业态度和价值"。

上述国家在对师范生开设的教育类课程中都设有教师职业道德方面的课程，即对师范生进行专业道德的培养，应放在教育类课程之中来进行，并开设了与师德培养相配套的系列课程，这就说明师范生的师德培养并非只是一门教师职业道德课程所能解决的，这些做法是值得我们借鉴的。对我国教师教育课程的启示：发挥教师教育课程标准的规范功能，培养模式的改革要与课程教学的改革同步，教师教育课程内部的改革要整体设计，认识上的转变是教师教育课程改革的关键。

四、国外教师资格标准的研究与借鉴

在国外的教师教育中，实施教师职务资格证书制度，严把教师职业入口关，注重教师职务申请者的师德认知水平和师德修养水平。教师资格的获得有很严格的程序，只有合格的人才能够获得教师资格。国家通过立法的形式对教师资格做出了规定，在规定中对师德提出了明确的要求。

美国有专门的教师资格认证制度，并有专门的教师资格条例。对教师的评价中，制定了

---

① 柴跃晶.课程设置视角下我国师范生的师德教育问题研究——以沈阳师范大学为例[D].沈阳：沈阳师范大学，2014（06）.
② 姜勇.瑞典"整合编码"的教师教育课程改革述评[J].外国中小学教育，2013（01）.
③ 王广中.中日师资培养的比较研究[J].广西青年干部学院学报，2002（06）.
④ 教育部师范教育司.教师专业化的理论与实践明[M].北京人民教育出版社，2003：281.

教师资格评价的标准，标准以教师的专业素质为基础，这里的教师素质，要求教师能够具有自我反省的能力和道德引领的能力，这是对师德的一种新的诠释。美国初任教师资格标准，规定了知识、意向和表现三方面的内容。这些标准中，包含对专业知识和教学法的了解、关心学生、因材施教、自我完善和发展等方面的教师素质。在美国，教师可分为初任、普通、专业教师，针对不同教师提出相应的要求，并颁发不同级别的证书，入职后，进修同证书的更新相结合，明确各级教师的认定标准。

英国对教师的资格要求也很严格，早在2002年就发布的专门的法律对合格教师资格标准做出了规定，2007年又进行了重新修订。在2007年的《合格教师资格标准和教师职前培训要求》中从专业素质、专业知识与理解和专业技能三个方面对合格的教师提出了明确的要求。其中对专业素质的要求有：与学生建立平等、尊重、信任、支持性和建设性的关系；知晓教师的专业职责和工作的法律框架、知晓工作场所的政策与措施，共同承担责任；反思并改进自身的实践，承担起确定和满足自身不断发展的专业需求的责任；等等。分别从师生关系、政策法规、沟通与合作、个人专业发展四个方面规定了教师应该具备的专业素质。①

日本幼儿教师实施准入制度，其涉及幼儿教师培养、录用、选拔、在职培训等多方面内容，接受考试后再就业，考试中的面试要对幼儿教师的言谈举止、反应能力、性格以及家庭环境进行考察。

综上，国外的教师资格准入制度或标准中，强调了教师的职业特色，教师的工作对象是学生，所以在对教师师德的规定中强调要了解学生的发展、了解学生的学习方式和方法、了解学生的思维方式等，这样对教师的师德中就包含了教学的道德以及道德的教育，要求教师具有道德教育的素质和能力。②另外英国和美国有严格的教师资格制度，教师上岗前要经过严格的考试，教师资格证书不是终身制的，要有定期的检测。而我国对教师资格的条件方面只是规定了教师应该具有教育的能力以及各级教师应该具有的学历，而对教师的师德问题没有提及，获得了教师资格证就是终身制，没有定期检测。因此，在我国所实施的教师资格证书制度的具体操作过程中，国外重视考核申请者的品行、人格、教养、使命感、责任心等做法是值得我们学习和借鉴的。

五、国外教师师德考核内容的研究及借鉴

一些发达国家对于师德考核的实践探索和理论研究已经有了几十年的经验，形成了比较完整的考核评价体系。其主要研究和实践成果有三个方面。

（一）努力建立教师师德规范

国外发达国家对于教师的具体师德规范，普遍做到有章可依，确保教师在从业之前习得道德规范并养成相关的道德行为，编制规范的原则较为具体、细化，大的标准有准则，小的

---

① 柴跃晶. 课程设置视角下我国师范生的师德教育问题研究——以沈阳师范大学为例 [D]. 沈阳：沈阳师范大学，2014（06）：12.

② 柴跃晶. 课程设置视角下我国师范生的师德教育问题研究——以沈阳师范大学为例 [D]. 沈阳：沈阳师范大学硕士学位论文，2014（06）：13.

标准有细化，可以督促教师重视并不断养成道德规范行为。

美国通常把职业道德称为职业伦理，用以规范教师工作实际的各种行为准则。美国十分重视师德规范的制定，并认为各种师德要求的提出需以法律为准绳，各种行为规则的确定均在法律框架之下。① 1896 年，美国以州为单位纷纷颁布教师专业伦理规范。1929 年全美教师协会正式通过《教学专业伦理规范》，并于 1941 年、1952 年、1968 年、1975 年进行了修订，1975 年的版本沿用至今，该规范大体包括师德理想、师德原则、师德规则三个层次的道德要求，这不仅是美国教育界最具影响的专业伦理规范，而且还成为其他国家建立师德规范的范本。② 其中，师德理想是对教师提出的最高要求，师德原则指导教师的行为准则，而师德规则在美国《教育专业伦理规范》中所占比重最大，是对一个称职教师的最基本要求。其基本特点在于：师德规范的形成具有地方性和行会性；师德要求的提出以法律为准绳；师德教育的具体要求偏重于教师的外显行为；对教师的职业道德要求表述多采用限制性语言；师德教育通过间接渗透的方式进行；注重师德教育的实践性和渐进性。

日本作为教育强国，同样注重师德规范的建立，其内容随时代和现实进行不断调整，近代的日本对教师的要求以品德为主，严于律己，举止沉毅，重视顺良、信受、威重的品质，日本教职员组织 1947 年成立后，制定并通过相关文件，目的在于提高教师社会地位和建设民主教育文化。于 1952 年日本正式颁布师德规范《伦理纲领》。

1954 年 8 月，国际教师团体协商委员会通过了《国际教师团体协商委员会教师宪章》，规定了各国教师应该遵循的师德规范。1966 年 10 月联合国教科文组织通过《关于教师地位的建议书》提出师德理想和制定师德规范的指导原则。

（二）师德规范的结构层次不断细化，考核实施更有针对性

已经建立相关教师师德规范的国家，大多数根据师德理想和原则，西方发达国家对教师准则的最高要求是师德理想，体现教师重要性的同时肯定教师的人格、价值和尊严，鼓励教师追求真理、不断探索等，这集中体现在美国和日本的师德理想中，与联合国 1966 年通过的《关于教师地位的建议书》有密切的关联。师德原则，它是对教师的第二要求，作为指导教师的行为准则和引导方向，在这一层次要求教师在专业提升自身成长和对待学生激发学生潜能和进步两方面考虑。第三层次是师德规则，是底线规则，是每一位从业教师必须达到的准则，是师德规范的核心部分，在规定方面偏重于细节和具体要求。

（三）考核方式不断探索

以泰勒为主的考核研究者除了关注学生的成绩、教师教育的成果，还关注学生的专业成长和学习潜力的发挥，学生情感和独立人格的培养，并将教师的教育教学过程纳入教师考核的范围。20 世纪 80 年代，美国田纳西大学的统计学家威廉·桑德斯博士创造了增值评估法，在教师考核评价方面更关注教师教育对学生成长带来的影响。在具体的实施过程中，需要对学校、教师、学生有连续性的衡量，考察一段时间学校教育和教师教学对学生学业和自

---

① 王维荣. 美加等国教师职业道德教育的特点 [J]. 教育科学，1999（03）：56-58.
② 傅维利. 教师职业道德教育指南 [M]. 北京：高等教育出版社，2002.48.

身成长的积极增加值来评判教师,通过学生的成长来衡量教师的工作表现,由此确定教师的专业成长和提高的方向。[①]

六、国外师德教育实践性取向的研究与借鉴

英国、美国等国家非常注重在师德教育中突出实践性,将关注重点从行为约束层面的师德规范,转为关注教师作为专业从业人员的专业责任及专业精神等内在的伦理素养,特别是将伦理素养从理论层面转化为实践动力的程度。

(一) 学习解读规范,解决学生的实际问题

英国、美国等国家的师德规范,一般包括规范制定的背景、目的、核心原则与行为准则以及违规处罚。要求教师分别对学生、家长、同事及自我专业发展负责,并遵守相应法律法规。当然,教师仅凭借师德规范对自我实践的指导是有相当难度,因为任何师德规范都无法涵盖所有教学中可能出现的师德问题,教师们也可能遭遇规范内部原则相互冲突的情境。因此,许多国家都在颁发规范后,特别强调通过案例分析、课堂反思、集体研讨等多种方式对规范的解读学习,以增进师范院校学生和教师对规范的深入理解,以帮助他们在实践中能够灵活运用规范,解决实际问题。

我们以加拿大安大略教师学校的师德教材为例,通过运用贴近生活实际的案例及一系列针对性的问题,阐明师德规范的精髓所在,以此深化学生对师德规范的理解和运用。在这一系列教材运用中,会向学生提供多个贴近真实情境的案例。要求学生首先回答"究竟发生了什么事"的问题,具体包括罗列出案例中出现的事实,定义问题,从不同的视角来审视案例中的师德困境,并思考是否有其他方法来解决这个困境。

英国教育总会 GTCE(General Teaching Council for England)也开发了类似的教材。教材介绍了职业规范及英国教育总会对教学进行规范的角色,鼓励教师持续反思、学习及发展。教材以一系列情节案例为主线,在案例及有相关问题后,还特别提示了跟本案例相关的行为准则,并鼓励学生积极思考提示之外的其他准则。

(二) 运用案例教学,培养学生的伦理思维

在西方国家,除了对规范的学习和掌握,师德教育的另一个重要的培养目标是教师的伦理思维。这种教学的基本框架通常为"提供材料—发思考—提升思维"。美国学者肯尼思·A·斯特赖克(Kenneth A Strike)的代表作《教学伦理》,展示了美国实践取向的专业伦理教育另一种途径。斯特赖克选择了在教学实践中遇到的实际案例和师德两难问题,案例涵盖了惩罚及正当程序、学术自由、平等对待学生、文化多样性、民主与专业化教学五个方面。通过案例展示伦理理论和伦理思维方法。写实的小品论述了这样的课堂情境,在课堂上伦理两难问题的出现能够使准教师对课堂思考中得到的伦理结果产生敏感,如概念和原则,包括公正的、尊重人、思维的自由、个人的权利,适当的方法和惩罚。[②] 而学生通过对案例的具

[①] 王雪. 中学教师职业道德考核指标体系的构建研究 [D]. 临汾:山西师范大学,2016 (04):12-13.
[②] Soltis, J. F. Teaching Professional Ethics [M]. Journal of Teacher Education. 1986,37 (3):2-4.

体细节研究和分析进入思考状态。首先，通过一个案例来创设一个伦理两难的场景。其次，虚拟出一场"辩论"，将伦理问题用主观的方式呈现出来。在辩论中，对于涉及的道德偏向问题，都会从伦理学角度思考问题所在。接着，向学生提供这个道德困境中涉及的相关伦理概念的讨论，让学生掌握一些主流伦理理论探索类似问题的方法。理论教学的目的不仅要解决孰是孰非的问题，还要让学生学会应该如何判断一件事情的是与非。理解这些伦理思想的过程，即是学生打开伦理思维之门的过程。

第二节　增强幼儿师范生的职业认同

教师职业认同是教师最重要的心理品质之一，目前职业认同的培养多通过职前教育、入职教育和职后教育来进行，一般比较偏重入职教育和职后教育，但近年来一些新上岗的幼儿教师出现严重的职业不适应、职业价值观缺失等问题。此外，幼儿师范生的职业认同不仅影响到"准幼儿教师"的专业学习和职业规划，还会影响到我国未来幼儿教师队伍的质量和稳定性。因此，研究幼儿师范生职业认同问题至关重要。

心理学家尼米认为，职业工作的认同是人们对其从事的职业活动的性质、内容、社会价值以及个人意义等熟悉和认可的情况下形成的，是人们努力做好本职工作、达成组织目标的心理基础。[①] 什么是幼儿师范生的职业认同呢？在总结前人对职业认同感概念界定的基础上，本书比较赞同杨锐和赵真两位老师对幼儿师范生的职业认同的操作性定义："指他们对未来将要从事的教师职业有合理的认知，端正的态度和积极的情感体验，即从内心深处认可、接纳教师职业，有乐于从教的积极意愿和良好的情感体验，不仅影响着高师院校培养目标的达成，还影响着未来的师资水平。"[②] 幼儿教师职业认同是幼儿师范生对幼教事业的热情的重要来源，是其努力学习以及从事幼儿教师职业的基本心理准备。

一、幼儿师范生职业认同培养的意义

（一）职业认同是幼儿师范生职业素质的核心

职业认同是幼儿师范生职业素质中最核心的部分，是幼儿教师专业成长的起点。幼儿师范生将来会成为幼儿教师，这是一种专业化的职业，对其专业素质要求极高，如：要求幼儿教师具有对学前教育事业的热爱与献身精神的职业品格，具有广博的文化基础知识和扎实的幼儿教育技能，以及健康的身体素质和高尚的道德素质。幼儿师范生的职业认同感不仅决定着幼儿师范生将来从事幼儿教师职业是否具有较高的工作积极性，也决定着幼儿师范生是否能成为合格的幼儿教师。因为幼儿师范生在三年或四年的学习中，若职业认同感较高，激发他们的学习动力，使他们自愿将大部分精力投入到自身的专业学习中，努力提升自身的职业素养，较好地提高自身的职业能力，有助于消除职业倦怠，为将来成为优秀的幼儿教师奠定

---

① 王艳玲. 学前教育专业本科生的职业认同：困境与消解 [J]. 长江大学学报，2011（07）：135-137.
② 杨锐，赵真. 学前教育专业学生职业认同调查研究——以铜仁幼儿师范高等专科学校为例 [J]. 重庆城市管理职业学院学报，2016（03）：70.

基础。

（二）职业认同是稳定幼儿教师队伍的需要

有研究表明，幼儿师范生的职业认同感影响幼儿教师师资队伍的质量和稳定性。在幼儿园，幼儿教师队伍普遍存在队伍不稳、流动性大的现实问题，由于幼儿师范生考上在编教师的比例有限，幼教行业在社会上的经济地位、社会声望不高，导致相当部分幼儿教师，特别是刚参加工作的年轻教师对幼教行业的认同程度低，这在一定程度上影响了幼教行业的健康发展。[①] 增强幼儿师范生的职业认同感能使其体验到作为幼儿教师的自豪感和成就感，无论条件如何艰苦，他们都自觉认同、热爱、安心和乐于从事自己所做的工作，默默无闻，无私奉献，甘愿坚守幼儿教师岗位，从而保证幼儿教师队伍的稳定性。

二、幼儿师范生职业认同影响因素

职业认同感作为一个动态发展的过程，它受到幼儿师范生自身的特点、学校环境以及社会大环境的影响非常大。调查表明：专业认同感的影响因素受个人层面、学校层面以及社会层面的影响，尤其是个人层面对专业认同感的影响最大，其次为学校层面的影响，最后为社会层面的影响。[②]

（一）个人因素

幼儿师范生作为促进职业认同感的主体，其个人特质和价值观直接影响其职业认同感的程度。影响职业认同的个人因素有以下三点。

一是幼儿师范生主体能动性不强，缺乏对自身专业的了解。大多数幼儿师范生选择专业时比较盲目，缺少主观能动性，并非自愿选择，因此，对自身所选专业缺乏了解和认识，对幼儿教师存在一定程度的反感和厌恶，导致职业认同感偏低。

二是幼儿师范生职业生涯规划适宜性影响其职业认同感。合理规划自身的职业生涯是提高职业认同感的前提，幼儿师范生要做好具体的职业规划，除学校要给幼儿师范生的职业规划提供指导外，也需要幼儿师范生自己制定详细的职业生涯规划，这对提高幼儿师范生的职业认同感有重要的作用。大部分幼儿师范生在学习中遇到职业发展困惑不懂得寻求教师指导等，得过且过，对自身未来发展毫无头绪，这也直接影响了幼儿师范生专业知识的学习。

三是幼儿师范生对幼儿教师职业发展前景的自信度影响其职业认同感。对专业发展和前景的高度自信是职业认同感形成的前提，但大部分幼儿师范生缺乏对专业的理解，加之不喜欢自己专业，缺乏对自身专业发展和前景的高度自信，使幼儿师范生在学习过程中缺少积极性，缺乏激情和动力，职业认同感极低。

（二）学校因素

学校作为影响职业认同感的重要环境，对幼儿师范生职业认同感的影响因素主要有以下

[①] 谭日辉. 当前幼儿教师职业认同存在的问题、原因分析及其提高策略[J]. 学前教育研究，2009（12）：49.
[②] 林媛. 重庆市高职学前教育专业学生专业认同感的现状研究[D]. 重庆：重庆师范大学，2016（04）：38.

三个方面。

一是校园环境影响幼儿师范生的职业认同感。部分幼儿师范生在选择专业时，不是自己自愿选择，是在他人建议下或调剂选择学前教育专业，还有一部分幼儿师范生选择该专业是被动的，而这部分学生对专业知识的学习和理解主要来自学校教师讲授的知识，学校层面的影响显而易见。由于高校不仅是幼儿师范生学习和生活的主要场所，又兼具培养人的功能，因此，校园环境对丰富幼儿师范生专业知识及形成积极的职业认同感至关重要。

二是学校人才培养目标的合理性影响幼儿师范生的职业认同感。高校在人才培养目标的制订时，应结合学校自身特色和幼儿师范生自身特点，以真正提高幼儿师范生的学习兴趣与职业认同感为前提来制订教学目标和人才培养方案。学前教育专业在人才培养规格与要求上都应强调人文素养和师德的培养与熏陶，这是将来成为一名合格学前教育教师和专业发展的基础。① 而在现实中，部分学校对人才培养方案的重视度不够，存在人才培养方案制定不合理现象，如部分学校的幼儿师范生专业课程设置不合理，未按照课程目标设置专业课程；部分学校过度重视专业基础知识的学习，忽视实践教学，导致学生专业实践性不强。因此，学校对人才培养方案的重视度以及合理性直接影响幼儿师范生的学习积极性和幼儿师范生的职业认同感。

三是教师专业素养和专业行为的适切度影响幼儿师范生的职业认同感。新时代的发展和培养高素质人才亟需对教师专业化的教育，而教师专业化的教育也需要提高教师的专业素养和规范教师的专业行为。大部分幼儿师范生在专业学习中，喜欢把帮助过自己专业学习的老师作为榜样人物，模仿教师的行为进行专业学习，激发自己不断前进，增强专业自信。但现实生活中，在高校教师发展中，由于种种因素，部分教师的专业素养和专业行为不专业，幼儿师范生在模仿榜样的行为进行专业的学习过程中，对他们身心发展以及世界观、人生观和价值观都产生了不良的影响，最终导致幼儿师范生对职业认同感不高。

（三）社会因素

社会也是影响职业认同感的重要环境，对幼儿师范生职业认同感的影响归结起来主要有以下三种。

一是社会对幼儿教师职业评价影响幼儿师范生的职业认同感。社会对幼儿教师职业评价对幼儿师范生职业认同感有潜移默化的影响。目前，社会对幼儿教师职业认同度不高，甚至仍有人认为幼儿教师不需要太强的专业性，正是由于社会对幼儿教师职业的不理解和不尊重，对幼教职业不够重视和关注，在很大程度上导致幼儿师范生对幼儿教师职业存在偏差，影响他们的职业认同感。

二是幼儿教师的职业发展前景影响幼儿师范生的职业认同感。幼儿教师的职业发展前景好坏直接影响到幼儿师范生的职业认同感的高低。若幼儿教师的职业发展前景较好，容易激发幼儿师范生投身幼教事业的信心和激情，在校期间努力学习专业知识和技能知识，全方面提高自身综合素质，明确自己将来成为一名合格或优秀幼儿教师的职业理想，对幼儿教师的职业认同度较高。而现如今有部分幼儿园管理缺乏民主，对幼儿教师作为人的主体关怀不

---

① 柳国梁. 学前教育教师发展：取向与路径 [M]. 杭州：浙江大学出版社，2013：89.

够,大部分幼儿教师真正学习培训的机会较少甚至几乎没有,没有为幼儿教师专业发展提供良好平台,在一定程度上影响到幼儿教师的工作热情和积极性,从而产生倦怠心理。幼儿师范生在见习、顶岗实习或通过其他途径关注到幼儿教师的职业发展前景不尽如人意,致使幼儿师范生对幼儿教师职业认同感偏低。

三是幼儿教师工作性质和经济收入影响幼儿师范生的职业认同感。一方面幼儿教师工作内容偏多,工作时间较长,重复性强,工作负担重,幼儿教师每天在幼儿园消耗了大量的精力,下班后还要在微信群、QQ群等解答家长的问题,占据他们较多课后时间,导致大部分幼儿教师身心疲惫,使得幼儿教师的流动性强,离职率高,幼儿师范生通过关注教育教学一线的状况,了解幼儿教师的专业生活不理想情况,这严重影响了幼儿师范生的职业认同;另一方面幼儿教师经济收入较低,在各地基本属于中低层,对于实习期或刚入职的幼儿教师工资更低,其实这也折射出社会对幼儿教师的关注程度不够,导致幼儿教师地位不高,社会对幼儿教师的尊重和关注决定了幼儿教师是否敬业和奉献,过低的工资会严重影响幼儿师范生从事幼儿教师职业的积极性和态度,而提高工资待遇,才能使他们感受到社会对其尊重,愿意投身幼教事业,感受自身的价值和意义,同时也能激发幼儿师范生对幼儿教师职业的认同和追求。

三、提升幼儿师范生职业认同的策略

对教师职业的认同是进入幼儿教师职业的幼儿师范生应具备的基本心理品质,应在幼儿教师教育的职前阶段开始培养,上述分析了幼儿教师职业认同受到学生个人、学校环境以及社会大环境的影响较大,以下从个人层面、学校层面和社会层面角度尝试提出建构提升幼儿师范生职业认同感的几点策略。

(一)个人层面:幼儿师范生应努力培养自身的职业情感,做好职业生涯规划

1. 自觉提升教师职业认同感,激发幼儿师范生主体能动性

提升幼儿师范生对教师职业的认同感是帮助他们树立职业理想的前提。良好师德品质的养成,究其本质来说是师范生个体在教育者的引导下自觉自愿地进行内部思想矛盾斗争的自我教育过程。[①] 对于师德情感的形成、师德意志的磨砺及师德行为的养成都离不开幼儿师范生主体性的发挥,幼儿师范生在教师的引导下,通过自觉地对师德的学习,了解幼儿教师劳动的特殊性,充分认识幼儿教师的要求。同时,对幼儿教师这个职业形成较为清晰的认识,再与自己对幼儿教师这个职业的理解进行比较,形成自己对教师职业的认同,从而主动以幼儿教师师德的要求规范自己的行动,变被动接受师德教育为主动自我教育、自我完善。

2. 结合幼儿师范生专业特点,做好职业生涯规划

虽然有一部分幼儿师范生的专业意识淡薄,对专业学习不负责任,但是对于幼儿师范生来说,他们将来要从事幼儿教师岗位,既然选择了学前教育专业,就应该尽快融入专业的学习,对自己今后所要从事的幼儿教师职业有基本的了解,使自己具有专业的素养,这就要求幼儿师范生要端正自己的学习态度,结合自身专业特点,在刚升入大学时就应该建立一个合

---

① 张聪聪. 师范生师德教育改革研究 [D]. 济宁:曲阜师范大学,2015:35.

理的三年或四年的学习规划，在无法改变自己专业的前提下，找到最适合自己的学习方式真正在专业学习中找到快乐。学校和教育工作者有责任帮助他们从入学初始，就建立最初的职业生涯规划观。① 幼儿师范生应充分利用在高校的专业学习机会，不断提升自己以适应社会发展需求，逐步培养幼儿师范生的专业情感，最终形成良好的职业认同感。

3. 积极参加专业实践活动，提升自身的专业能力

幼儿师范生在初步掌握教师职业道德规范之后，应积极参加专业实践活动，如利用周末及寒暑假参加与学前教育专业相关的社会实践活动，去幼儿园实习、见习等。有了实际的体验和感受，师范生才能转变将教师职业道德规范视为外在的约束和限制的看法，而是把它当作一种自身完善、发展的主动追求。② 使幼儿师范生在专业实践活动中领悟知识的真谛，提升自身的专业能力，形成良好的职业道德，为以后走上幼儿教师岗位奠定坚实基础。

（二）学校层面：高校应加强幼儿师范生职业认同感教育

1. 加强高校课程改革，激发幼儿师范生的学习动力

学校对专业课程的重视程度对幼儿师范生的职业认同感有重要的影响。高校加强课程改革，有利于激发幼儿师范生的学习动力，培养其良好的知识、技能和专业修养。高校加强课程改革应坚持以幼儿师范生为根本，需要从以下几个方面进行改革：一是在学好专业课程的同时，应多开设一些人文类的课程，加强幼儿师范生专业理论知识和人文知识的学习，增强幼儿师范生的专业素养和人文素养，这对其未来发展有很大用处；二是加强实践课程的开设比例，重视幼儿师范生的技能培养，将理论与实践有机结合，在实践中学习能够让幼儿师范生提高学习的热情和兴趣，从而更加热爱自己的专业；三是将思想政治理论课与专业课教育有机结合，以实现德育和智育的内在统一；四是逐渐改革和完善专业课的评价和考核制度，坚持立足于专业实际的考核方式，为幼儿师范生指明学习的方向。

2. 提高教师队伍的整体素质，为幼儿师范生提供榜样示范

2018年1月20日中共中央国务院下发了《关于全面深化新时代教师队伍建设改革的意见》指出："全面提高高等学校教师质量，建设一支高素质创新型的教师队伍。着力提高教师专业能力，推进高等教育内涵式发展。"③ 教师的专业教学水平、师德师风以及教师的个人魅力直接影响幼儿师范生专业学习的兴趣和职业认同感。因此，高校要加强教师队伍建设，提高学校教师队伍的整体素质，鼓励教师加强对专业知识的掌握与理解，为幼儿师范生提供榜样示范作用。高校要给予教师相关的专业培训和学习的机会让教师对自己任教专业有较高的职业认同感，促进教师的职业发展，以及发挥教师的榜样作用。努力建设一支能适应以就业为导向、强化技能性和实践性教学要求的"双师型"教师队伍，注重对教师实践经验的培养，提升教师的综合素质，让教师更好地为幼儿师范生提供专业指导与就业指导。

---

① 韩冰. 高校幼师生教师职业认同与学习能力自我效能感关系的研究［D］. 石家庄：河北师范大学，2012（08）：29.

② 贺春湘. 当前师范生师德教育研究［D］. 重庆：西南大学，2010：38.

③ 中共中央 国务院. 关于全面深化新时代教师队伍建设改革的意见［EB/OL］. http://www.gov.cn/xinwen/2018-01/31/content_5262659.htm，2018-01-31/2018-06-11.

3. 加强专业教育，引导幼儿师范生正确定位幼儿教师角色

加强专业教育是让幼儿师范生正确认识专业，正确定位幼儿教师角色的有效途径。在幼儿师范生的入学教育阶段，就应对学生进行专业教育和专业意识的培养，并且要贯穿在校学习的始终，让学生明白自己即将要担负的角色的责任，激发其内在的学习动力。[①] 比如：开设专业引领讲座、介绍会、邀请校外专家进行专业讲座等，帮助幼儿师范生建立良好的专业认知，提高他们的专业认知水平，引导他们正确定位幼儿教师角色。

4. 强化见实习等实践工作，提高幼儿师范生的职业期望

幼儿师范生在校期间到幼儿园见习、实习等实践活动，是他们亲身体验，培养职业情感，提高职业期望的有效途径。因此，高校要高度重视幼儿师范生的见实习等实践活动。一是高校要结合幼儿师范生个人成长和专业发展的实际，制定方案，有组织、有计划的安排每个幼儿师范生的见实习工作，让幼儿师范生在实践活动中尽快熟悉自己的角色和定位；二是为每个见实习的幼儿师范生配备专业的指导老师，联系实习幼儿园为他们提供上课、交流、指导和总结的平台，及时指出幼儿师范生在实际工作中不足，让他们更好地适应幼儿教师职业；三是通过阶段性见习、实习工作，培养幼儿师范生积极的情感体验，增强他们的职业认同感。

（三）社会层面：政府应提升幼儿教师的社会地位

学前教育是国家师范教育的重要组成部分，目前已引起了国家和社会的高度重视。如《国家中长期教育改革和发展规划纲要（2010—2020年）》明确提出："到2020年基本普及学前教育。"《国务院关于当前发展学前教育的若干意见》强调："把发展学前教育摆在更加重要的位置"，并提出"多种形式扩大学前教育资源"。[②] 2017年10月党的十九大报告指出："办好学前教育、特殊教育和网络教育，普及高中阶段教育，努力让每个孩子都能享有公平而有质量的教育。"[③] 发展学前教育离不开广大幼儿教师，如何能使广大幼儿教师全心工作，这就需要政府努力提高幼儿教师的社会地位，在全社会范围内营造尊师重教的良好氛围和风气，使幼儿教师真正体会到自己是备受关注和尊重的，自己的劳动成果是有价值的。政府提高幼儿教师的职业声望，可以从以下几方面着手。

1. 提高幼儿教师的职业声望

职业声望是指社会以及社会中的人对某类职业的价值、意义的普遍评价。[④] 幼儿教师作为幼儿的启蒙者，担负着保育和教育的双重任务，越来越需要得到社会的尊重、理解和支持。然而，我国目前幼儿教师职业声望依然不高，这直接影响到幼儿师范生从事幼儿教师职业的积极性和热情。而要提高幼儿教师的职业声望，一是在全社会范围提倡尊师重教的优良传统，创设尊师重教的社会氛围，特别要对幼儿教师这一高尚的职业有正确的评价，加强宣

---

① 闫静. 基于职业认同的学前教育专业学生培养刍议 [J]. 内蒙古教育基教版, 2011 (06)：26.
② 国务院. 关于当前发展学前教育的若干意见 [EB/OL]. http://www.gov.cn/zwgk/2010-11/24/content_1752377.htm, 2010-11-24 /2018-06-11.
③ 习近平. 决胜全面建成小康社会 夺取新时代中国特色社会主义伟大胜利——在中国共产党第十九次全国代表大会上的报告 [R]. 人民出版社, 2017-10-18.
④ 韩冰. 高校幼师生教师职业认同与学习能力自我效能感关系的研究 [D]. 石家庄：河北师范大学, 2012 (08)：27.

传，提高公众的认可程度和评价；二是提升幼儿师范生的专业化水准和学历水平，提高幼儿教师职业门槛、职业要求，加强幼儿教师专业化程度，改变社会对幼教行业的固有看法，让人们知道不是任何人都可以胜任幼儿教师职业的；三是政府要加大对学前教育事业的经费投入。这样才能使更多更优的幼儿师范生毕业后选择幼儿教师职业，使幼师师资队伍得到建设。

2. 提高幼儿教师的地位待遇

幼儿教师地位待遇低下，严重影响幼儿教师的职业认同感，导致幼儿教师队伍的不稳定、工作热情投入不高，影响幼儿稚嫩的心灵，已是不争的事实。因此，要适当提高幼儿教师的地位待遇，提高幼儿教师的幸福感，增强幼儿教师职业的吸引力，保证幼儿教师队伍的稳定性。

2018年1月20日中共中央国务院下发了《关于全面深化新时代教师队伍建设改革的意见》指出："不断提高地位待遇，真正让教师成为令人羡慕的职业。"[1] 可见，国家已非常关注幼儿教师的地位待遇，为此，一是各级各地政府应努力贯彻落实国家相关文件精神，重视幼儿教师的待遇问题，适当增加相应的财政支出，真正提高幼儿教师的工资和福利；二是政府和教育部门也要加大力度管理和监督私立幼儿园教师的保险和福利问题。教师地位待遇的提高是吸引高素质幼儿师范生从事幼儿教师职业的直接动力，而真正让幼儿教师成为令人羡慕的职业更好地激发幼儿师范生投身幼教事业的激情和动力。

3. 营造良好的环境氛围

幼儿教师的成长离不开良好环境的熏陶。这里主要包括工作环境和社会环境两方面。一是政府或相关部门要为幼儿教师创造宽松的工作环境，尊重相信每一位幼儿教师，让其在工作中体验到职业的乐趣所在；二是政府及相关部门应营造积极的社会环境。社会环境是一个风向标，社会对事物的评价直接会影响事物的发展态势，所以社会对幼儿教师的评价直接影响幼儿师范生的发展及他们的学习态度。政府及相关部门应利用先进的媒介资源，通过媒体、微信公众号、微博等渠道加强对学前教育专业的宣传，树立幼儿教师的正面形象，让普通大众更加全面客观地了解学前教育专业和幼儿教师，积极营造全社会崇尚师德、尊师重教的良好风气。

第三节 加强幼儿师范生的德性养成

社会发展的过程中，一些社会人员的道德观念逐渐沦陷，在教育领域则表现为为人师表的真谛被忽视等现象，这要求我们不仅要重视在职幼儿教师的师德规范与提升，也要重视幼儿师范生的师德养成。《教师教育振兴行动计划（2018—2022年）》明确要求："加强师德养成教育，用'四有好老师'标准、'四个引路人'、'四个相统一'和'四个服务'等要求，统领教师成长发展，细化落实到教师教育课程，引导教师以德立身、以德立学、以德施教、以德育德。"那么什么是德性？什么又是教师德性呢？我国学者李清雁认为："德性是

---

[1] 中共中央 国务院.关于全面深化新时代教师队伍建设改革的意见［EB/OL］. http://www.gov.cn/xinwen/2018-01/31/content_5262659.htm, 2018-01-31/2018-06-11.

人根据过上美好生活的追求需要，运用心理机制与外界交互过程中逐渐养成的对人的活动起支配定向作用，并在实践中具有外显表现的获得性的道德状态下的品质。而教师的德性是教师根据教育教学活动要求所形成的获得性内在职业精神品质，是指向教师职业道德生活的能动性内在力量，并以职业品德状态表现出来的职业人格特质。"[1] 因此，幼儿教师德性是建立在个人德性之上的职业德性，与普通人德性相比具有职业特殊性，德性养成就意味着德性的形成、发展和变化，幼儿师范生德性养成是一个长期的过程，可从以下几个方面着手。

一、坚定师德信念

教师职业道德信念是教师对职业道德规范和要求的正当性、合理性等发自内心的坚定信心。信念具有稳定性、持久性和实践性等特点，幼儿师范生有了坚定的道德信念也就有了强大的精神动力，坚定不移地按照自己信仰的道德要求选择幼教职业，自觉履行师德义务，完成教书育人的使命。在幼儿教师这个职业上，信念的表现应该是为幼儿教育事业献身的精神。幼儿教师面对幼儿需要更多的爱心和耐心，培养他们良好的品质，需要日常的教育和指导，需要比其他教师付出更多的时间和精力。作为一名幼儿师范生，应充分发挥自身的主体性，将外化的师德规范真正内化为自身的信念，坚定师德信念，形成对幼儿教师职业的认识，意识到自己肩上担负的使命，树立献身幼教事业的坚定信念，才能为国家教育事业做出贡献。

二、锻炼师德意志

师德意志是在师德认识、师德情感的基础上产生并发展起来的，是师德信念的体现。[2] 幼儿教师的师德意志是幼儿教师在履行职业道德义务的过程中，自觉地克服困难并做出行为抉择的毅力和坚持的精神。幼儿师范生锻炼师德意志，首先要求幼儿师范生要热爱学前教育事业，树立崇高的职业理想，培养自己爱岗敬业、奉献社会的精神，认真履行幼儿教师师德规范，依法执教，这也是师德的核心内容。幼儿教师工作比较琐碎繁杂，教育对象比较特殊，需要幼儿教师具有良好的耐心和爱心，而幼儿教师的地位待遇并不高，幼儿教师要面对现实的各种困难、阻力和挑战，倘若幼儿教师没有顽强的师德意志，很难甚至不能胜任这个职业。因此，幼儿师范生应深刻认识到幼儿教师职业的特殊性和劳动性，努力锻炼自身的师德意志，为更好地适应未来幼儿教师职业奠定基础。

三、注重师德自我修养

习近平总书记曾指出："师德是深厚的知识修养和文化品位的体现。师德需要教育培养，更需要教师自我修养。"这句话既揭示了师德养成的知识文化土壤，也指明了师德养成需要进行自我修养。师德的自我修养是师德养成的内在根据。幼儿师范生可从以下几个方面注重师德的自我修养：一是要在日常生活中琢磨修为，日常生活中的修养是德性养成的重要

---

[1] 李清雁. 困惑与选择：基于身份认同的教师德性养成论 [M]. 北京：人民出版社，2016：20-26.
[2] 韦冬雪. 高校师德修养实用教程 [M]. 桂林：广西师范大学出版社，2011：166-167.

基础，教师德性主要体现在职业的特性上，而职业的特殊性又决定了幼儿教师一定要是道德高尚的人，这就要求在日常生活中，幼儿师范生要严格将社会公德、职业道德、家庭美德、个人的品德等方面高于常人的修养和境界，提升幼儿教师的整体涵养；二是要在实践中磨炼提升，道德的修养离不开实践，崇高的师德是在实践的过程中反复淬炼而成，幼儿师范生通过积极的实践，不断提升自身师德修养；三是幼儿师范生自觉学习相关知识，不断提高师德的认识水平，如自觉学习《教师法》《教育法》《教师职业道德规范》等法律法规，也可以虚心向具有优秀道德品质的老师或同学学习，明确教师的职责，树立良好的职业道德意识，加强自身的师德修养。

四、加强师德教育

师德教育是幼儿师范生师德养成的重要途径。《教师教育振兴行动计划（2018—2022年）》要求："将师德教育贯穿教师教育全过程，作为师范生培养和教师培训课程的必修模块。"因此，要多渠道、分层次地开展多种形式的师德教育。一是学校党政领导要高度重视师德教育，以师德建设为重点开展学校师德教育，建立规范化的规章制度，建设完善、高效的师德教育运作机制，并充分发挥领导干部的先锋模范作用，形成全员育人的良好格局；二是组织全国师德先进个人进校园讲座等，用典型事迹鼓舞和激发广大幼儿师范生向榜样学习，明确自身将要从事职业的历史使命和社会责任；三是保证幼儿师范生师德教育课程有效实施，加强和改进幼儿师范生的思想政治教育、职业理想教育、职业道德教育以及法制教育和心理健康教育；四是高度重视幼儿师范生的自我教育，幼儿师范生的自我教育能力主要包括提高幼儿师范生的自我认识能力，培养幼儿师范生的自我激励能力和加强幼儿师范生的自我控制能力等三个方面。高校也应整体部署，为幼儿师范生自我教育的实现创设有利条件，不断促进幼儿师范生的师德养成。

第四节　优化师德教育的课程与教学模式

在未来幼儿教师的培养中，师德教育是非常关键的组成部分。而幼儿师范生师德养成的前提是要具备一定的幼儿教师师德知识，其获取幼儿教师师德知识最重要的途径就是上课，那么可以基于课程设置对幼儿师范生的师德教育进行构建。首先师德要突出幼儿教师职业的特点，不是把一般的职业道德简单地运用到幼儿教师的职业中，应突出幼儿教师的育人功能，幼儿教师要有师德为先的理念。而师德教育课程模式是幼儿师范生师德教育的重要部分，直接影响着师德能够接受哪些方面的师德内容，以及怎样去接受师德内容。因此，如何优化师德教育的课程模式至关重要，将直接影响到幼儿师范生的师德水平。

一、优化师德教育的课程模式

（一）师德教育的课程内容

根据生源特点和专业培养目标的要求，幼儿师范生师德教育的课程模式概括起来基本上分为基础课程、专业课程、专门课程、教育实践课程四大类。

1. 基础课程

基础课程包括公共基础课程和文化素养课程,主要目的在于培养幼儿师范生具备大学生的一般素养,为其持续发展提供保证。如公共基础课中的思想政治理论课可以培养幼儿师范生树立正确的人生观、价值观、世界观,培养良好的道德品质;培养人文精神,塑造健全的人格;提高他们处理社会关系以及与人交流、协作的能力。在课程内容上,一般由人文类、自然类和工具类课程组成,因此,在这些课程内容中应渗透师德教育。

2. 专业课程

专业课程包括专业基础课和专业核心课程,主要目的在于帮助幼儿师范生树立正确的教育观念,掌握幼儿教育的基本理论,以理论指导实践。专业基础课的目的在于培养幼儿师范生的基本教育理论素养和为专业课程的学习打基础;专业核心课程的目的在于培养幼儿师范生树立现代学前教育思想观念,掌握开展学前儿童知识教学、组织学前儿童活动以及管理班级的科学方法,掌握学前教育教学的一般规律,形成教学与科研结合、理论与实践结合的能力。

3. 专门课程

专门课程就是指专门的师德课程。师德课程对于师德知识的传授和师德认知能力的培养是极为重要的。幼儿师范院校应该开设《幼儿教师职业道德》《师德修养》等专门的师德课程培养幼儿师范生的师德。美国、日本、英国、澳大利亚等一些发达国家,在对教师师德职前培养中就设置专门课程,如日本开设道德教育研究、道德的本质及其教育方法、法和道德、社会生活和道德、历史和道德、现代教育中的道德教育、道德心理学等课程来培养职前教师的师德。[1] 同时,任课教师还可以根据自己的兴趣开设一系列与师德培养相关的选修课,将幼儿教师师德教育贯穿整个师范教育过程中。如开设道德教育研究、幼儿教师礼仪、幼儿教师情绪管理、师德热点问题研讨、综合实践活动课程、幼儿教师心理等课程来培养幼儿师范生的师德。

4. 教育实践课程

教育实践课主要包括教育实践和社会实践两部分,主要目的是使幼儿师范生学会将理论联系实际,利用所学知识和技能,解决实际问题。教育实践包括幼儿园教育见习和教育实习,是幼儿师范生必修的一门综合性实践课程,使幼儿师范生受到深刻的专业思想教育,树立科学的教育观、教师观与儿童观,培养热爱幼教工作、热爱幼儿的思想感情,增强事业心和工作责任感,增强对幼儿园教育的了解;社会实践形式可以多样化,如社会调查、军训、勤工助学、毕业论文和毕业艺术汇报演出或艺术创作展等。[2]

(二) 师德教育课程模式的优化

师德的养成是渐变的长期过程,幼儿师范院校应综合开设多门课程,将师德教育贯穿整个师范教育过程中。师德课程的设置要体现阶段性与联系性,并综合必修与选修、大班与小

---

[1] 教育部师范司. 教师专业化的理论与实践 [M]. 北京:人民教育出版社,2003:281.
[2] 周京峰. 学前儿童科学教育新体系 [M]. 济南:山东人民出版社,2012:164-166.

班等多种形式,有计划、有组织,突出重点,有始有终。

1. 提高师德课程设置的合理性,开设专门的师德课程

师德课程对于师德知识的传授、师德认知能力和师德行为的培养非常重要。因此,培养幼儿师范生的高校应从两方面着手。

(1) 应以幼儿教师专业化为导向,提高师德课程设置的合理性。幼儿师范生的师德教育是职后自我教育的根基,因此应根据幼儿教师专业化发展的客观要求,设置合理的师德培养课程。理想的师德课程应围绕着培养未来专业化教师目标展开,将社会对幼儿教师的师德要求和学生全面的自我发展作为基点,使学生具有育己育人的意识与观念,培养对幼儿教师职业的社会责任感和使命感。因而,设置师德课程要贴近幼儿教师工作的实际要求,在提高幼儿师范生教育理论素养的同时,也应注重其教育实践能力的培养。因为缺乏专业伦理意识教育的幼儿教师会更多地关注教学的技能,而缺乏对自己具体的教育行为的伦理考量,以致于无法很好地履行幼儿教师角色的道德使命。所以,职前师德教育内容就应根据幼儿教师专业化趋势和实际需要,培养学生具有幼儿教师的专业伦理意识,为其在走向幼儿教师岗位后树立教育专业伦理精神和服务于教育事业奠定良好的基础,最终达到提高幼儿师范生整体素质的目的。同时,在课程设置上突出实践课程的比例,拓宽实践课程的范围,增强幼儿师范生的从业能力并逐步形成坚定的职业自信心。在教育实习的形式上广泛开展顶岗实习,让幼儿师范生真正地了解幼儿园及幼儿教师工作,并将自身理论知识与幼儿教育实践有机结合,不断地提高自身从业能力,从而更快地适应幼儿教师职业。

(2) 高校应开设专门的师德课程来培养幼儿师范生的师德。幼儿师范生的师德养成"是从对教师道德具有一定的认识,进而产生教师道德情感、形成教师道德信念、指导教师道德行为,在实践中反复锻炼,逐步成为个人行动中确定不移的倾向,即稳固品质的这样一个有机过程"。[1] 但是反观当前学前教育专业人才培养方案的课程设置,往往边缘化幼儿教师师德教育课程只是将师德教育零散分布在其他一些课程中或以其他一些方式来进行,没有单独开设课程作为支撑的平台。前面已论述师德类课程效果不佳,也正是因为大多数高校未开设专门的师德课程,无法为系统培养幼儿教师师德提供有效平台。因此,高校应开设专门的师德课程,并科学选编师德教育课程内容,采取合理的师德教学模式等。从师德教育课程内容的基础性来说,师德教育课程的内容应包括一般公民道德、师德规范、师德原则、师德培养方法、与教育有关的法律法规的知识等一系列内容;采取合理的师德教学模式就是根据不同的师德教育内容与目标而采取不同的教学方式。在幼儿师范生师德教育中可采取课堂教学中的渗透策略,渗透策略是指在师范教育的各门课程教学中,都应该对师范生师德的培养有所关注。因为师德很难仅靠某一门课程的教学来培养,而是需要借助各门课程教学的整体力量来培养。[2]

总而言之,作为未来的幼儿教师,教师师德修养等专业伦理课程是非常重要且必要的,在日益强调幼儿教师专业发展的今天,这类课程主要解决的是幼儿教师的专业伦理精神问题,是幼儿教师专业素养的核心。当然,仅靠专门的幼儿师范生师德课程并不能达到较好的

---

[1] 顾明远,梁忠义. 教师教育 [M]. 吉林:吉林教育出版社,2000:451.
[2] 贺春湘. 当前师范生师德教育研究 [D]. 重庆:西南大学,2010:32-37.

培养效果，还需要其他方面的配合，如设计开设一系列师德教育培养相关的选修课等，将幼儿教师师德教育贯穿整个教育教学过程。

2. 充分利用其他课程教学，贯穿进行师德教育

（1）重视思想政治理论课的育人功能。思想政治理论课是高校对大学生进行系统思想政治教育的主要阵地，旨在培养大学生的道德、思想和法律素质，引导大学生树立正确的世界观、人生观和价值观，坚定理想信念，使其成为新时代社会主义建设的接班人。幼儿教师师德是社会主义道德体系的重要组成部分，它所弘扬的社会价值的充分把握，要以正确的人生观、世界观为基础。幼儿师范生只有深化思想政治理论课的基本思想，才能把握社会主义道德的内涵，才能明晰师德的社会价值，以此为基础从而提高幼儿教师师德的认知水平，培养深厚的师德情感，为践行崇高师德打下坚实的理论基础。因此，高校应高度重视思想政治理论课的育人功能，充分利用理论课堂、实践课堂和网络课堂，在传授思想理论知识外，要结合学生专业整合讲授内容，注重对大学生进行道德教育、法律教育和理想信念教育等。如讲授《思想道德修养与法律基础》课程，这门课程对于幼儿师范生师德养成具有重要作用，思想政治理论课教师在讲授该门课程"职业道德"内容时，可以结合学前教育专业实际，重新整合教材内容，有针对性地设置"幼儿教师师德与法律法规"专题进行师德教育，在传授幼儿教师师德与法律知识的同时，帮助幼儿师范生树立社会主义法治观念，提高社会主义道德修养的基础上，主动提高师德修养，为成为新时代合格的幼儿教师做准备。

（2）发挥其他教师教育类课程的基础作用。教师教育类课程是高校为培养师范生掌握充分的教育知识并具备相当的教育教学能力的合格教师而开设的最基本、最核心的课程，是师范院校区别于其他类型高校的特色课程，是师范生在走上教师岗位之前必须修习的基础课程。① 然而，培养幼儿师范生的院校也不例外，也开设了教师教育类课程，但师德教育实效性并不明显，归结起来主要是忽视教师教育类课程在幼儿师范生师德培养中的作用。因此，高校应充分利用师范专业开设的教育学、心理学等教师教育类基础课程的基础作用，将师德教育渗透或贯穿在其中，使幼儿师范生能够了解教育规律和学生的心理规律，把握教育内涵，并形成相应的教育能力，从而为教育实践工作提供科学的理论指导，使幼儿师范生在未来的幼儿教师岗位能够科学、有效地进行教育教学，为幼儿的健康发展和教育事业的顺利发展打下扎实基础。

3. 抓好教育实践课程，强化幼儿师范生师德的知行统一

教学实践是师范生进行师德实践的重要机会，同时也是培养其师德能力非常重要的阶段。良好师德的养成既需要在一定的师德认识基础上，逐步培养师德情感，形成师德信念，从而指导教师道德行为的产生，又需要在教育实践中不断提高师德认识水平，体验师德积极情感，修正师德行为。因此，幼儿师范院校应该加强对师范生教学实践的指导，安排学生实习前应与实习幼儿园共同选拔教学经验丰富且师德高尚的教师承担师范生在见习或实习期间的技能实习和师德实践的指导工作。师范生在优秀教师的指导下亲身领悟教师师德的重要意义，提高对幼儿教师师德认知，使学生在教师角色事件中和教学实际工作中养成良好的师德行为，使学生实现师德的知、情、意、行相统一，在教学实践中增强道德责任感和义务感。

---

① 教育部人事司. 高等教育心理学［M］. 北京：高等教育出版社，1999：24.

只有学校和学生都注重在实习期间技能和师德相统一，使师范生在实践中不断确立信念、培养感情、锻炼意志、规范行为，才能确保真正提高师范生的从师素质和道德素质。另外，学校还可采取为学生建立"师德表现与成长记录册"等办法，加强对师范生师德养成与践行方面的管理与评估，使师范生在见习、实习过程中将师德要求转化为切实的行动，真正践行和养成稳定的幼儿教师师德。

同时，还应鼓励和支持幼儿师范生参加社会服务，并在活动中有意识地指导幼儿师范生全面理解师德规范的基本要求，深化师德情感、坚定师德意志、规范师德行为。如高校可利用业余时间组织幼儿师范生到农村贫困学校进行支教，感受孩子们求知的欲望，学校对教师的急切需求，从而产生教书育人的强烈责任感和使命感，养成坚韧、奉献的教师职业精神。还可以鼓励幼儿师范生参与献爱心或公益活动，培养幼儿师范生良好的个人品格，增强社会责任感，为践行幼儿教师师德规范、养成良好的师德品质奠定基础。

4. 开发隐性课程，营造良好的校园文化氛围

我们要清醒认识到，师德教育绝不是显性的师德课程独自承担得了的，隐性课程的德育影响也是师德教育不容忽视的部分，在校园中的隐性课程对幼儿师范生的师德教育也有很大的影响。隐性课程对师德教育的重大价值已为人们所共识。如日本的岩桥文吉所言："道德教育如不关心隐性课程，期望得到满意的效果是不可能的。"[1] 如何开发隐性课程，可从三个方面着手。

一是深化中华优秀传统文化教育。《教师教育振兴行动计划（2018—2022年）》明确要求："在师范生中广泛开展中华优秀传统文化教育，注重通过中华优秀传统文化涵养师德，经典诵读、开设专门课程、组织专题培训等形式，汲取文化精髓，传承中华师道。"

二是加强制度文化建设。学校、院系或班级中的规章制度，教师的工作方式和行为态度等都对幼儿师范生存在着潜移默化的影响，教师工作方式和行为态度是榜样，规章制度是约束，让幼儿师范生在榜样示范与行为矫正中逐渐养成自己的师德行为习惯。

三是营造良好的校园文化氛围。良好的校园文化是师范生师德教育的重要课堂。校园文化是每一所学校在各自的发展进程中逐步形成的特色文化，是反映师生在价值取向、思维方式和行为规范上有别于其他社会群体的一种团体意识、精神氛围，是维系学校团体的精神力量。[2] 校园文化渗透在校园生活的方方面面，以其强烈的感染性潜移默化地影响着学校每一个成员的思想精神、道德品质、行为习惯和生活方式。因此，为促进幼儿师范生的师德修养水平、提高其师德教育的实效性，在校园文化建设中必须突出师范性，着眼于师范生的专业发展，要注意以师德培养为校园文化建设的主线，加强院校物质文化环境的美化建设；开展丰富多彩的以师德为主题的校园文化活动，借助新闻媒体平台，组织开展幼儿师范生"师德第一课"系列活动和"师德活动周"活动；拓宽幼儿师范生的知识面，养成健全的人格，提升交流协作等各方面的综合能力，形成积极健康的"师范无小事，事事是教育"的师德教育氛围，使学生在良好的隐性环境中受到积极的影响，而发自内心地认可师德理论，树立正确的价值观、教育观、教师观。

---

[1] 鲁洁. 德育社会学 [M]. 福州：福建教育出版社，1998：314.
[2] 熊刚，彭智平. 师范生基本素养与师德养成 [M]. 成都：四川大学出版社，2013：244.

二、优化师德教育教学模式和教学方法

（一）优化教学模式

师德教学模式就是坚持"因材施教，因人而宜"的教学思想原则，根据不同的师德内容与师德目标而采取不同的教学方式。笔者认为，在幼儿师范生师德教育中，依据师德内容可分为四种教学模式：一是讲授性教学模式，主要是针对师德知识的教学；二是讨论性的教学模式，运用于培养学生对师德知识的运用能力，采用"问题—分析"模式进行教学；三是体验性的教学模式，主要是运用于培养学生的师德情感，采用"情感—体验"模式进行教学；四是情景性的教学模式，主要是针对学生良好师德行为的养成，采用"案例—分享"模式进行教学。需要强调的是，无论采用何种教学模式，在师德教育的具体过程中，要避免单纯大班授课形式，避免一味地灌输传授，要以沟通为主要方式，贯彻疏导和开放创新精神，强调尊重幼儿师范生的个性特点和内心情感世界，从情感及其发生情境入手，让幼儿师范生切身理解并认同师道规范，自觉地完成由他律师道向自律师德的转化，确保师德教育质量，提高幼儿师范生的师德修养水平。

（二）优化师德教育教学方法

采用有效的教学方法是完成师德教育任务、实现教育目标的必要条件，是提高师德教育实效性的关键所在。师德教育内容只有通过有效的教学方法才能被幼儿师范生所接受，进而将师德要求真正内化到学生个体的品德架构中去。教师要以幼儿师范生已有的道德经验为基础，不断引导学生在已有师德认知水平上对新的师德知识进行消化，从而获得对当前所学内容较为深刻的理解。因此，教师应积极实施创新式教育、疏导式教育、综合式教育、自治式教育和开放式教育，积极探索新的教育方法，以不同形式进行教育，不失时机适时教育，不同阶段反复教育，使师德教育有更突出的实效性。教师可以通过开展各种校园文化活动渗透相关师德教育内容，使幼儿师范生在多渠道的学习过程中掌握师德内容、深化师德情感；通过师德宣誓活动、师德研讨会等途径激发幼儿师范生学习师德的积极性和自觉性，加深幼儿师范生对师德内容的了解，从教师与职业、教师与教师、教师与学生、教育自我等多角度领会师德教育的深刻内涵；还可以通过组织学生讨论两难案例等途径创设情景，创设条件组织幼儿师范生进行协作学习和民主讨论，以促进学生与教师之间、学生与学生之间的交流与讨论，并对协作过程进行适当引导，使幼儿师范生在情境之中感受、讨论、学习，逐步把问题深入并启发诱导学生纠正错误的思想、补充片面的认识、加深对所学内容的理解，从而帮助幼儿师范生完成对师德知识意义的建构，使学习者群体均获得对当前所学师德知识更为全面、深刻的理解；还可以让教师倾听幼儿师范生当前的看法，了解他们的师德认知现状，并以此为依据及时、有针对性地调整教学策略，更好地促进幼儿师范生师德水平的提高。

三、科学选编师德教育内容

师德教育课程内容是实现课程目标的重要载体，内容的选择是否合理、内容的编排是否科学直接影响着课程目标的实现，影响着幼儿师范生师德水平的发展。因此，幼儿师范院校

应该注重师德教育课程内容的选编。

（一）以师德规范及相关的教育法律法规等内容为基础进行师德知识的传授

尽管当前幼儿师范院校对于幼儿师范生的师德教育仍注重理论灌输，且内容大都较空泛抽象，但这并不意味着就应取消师德知识的讲授与渗透。毕竟幼儿师范生师德情感的培养、师德行为的养成都基于师德知识的掌握基础之上，而且师德认知是幼儿师范生师德养成的起点，只有清楚了解师德内容，才有可能养成崇高的师德。所以，对于师德知识的教学是必不可少的。

（二）强化幼儿教师职业价值意义的教育，深刻把握幼儿教师师德的价值精神

经济全球化背景下，幼儿师范生形成多元化的价值取向，无私奉献、敬业公平等幼儿教师师德价值取向正面临着严峻的考验。因此，着重进行幼儿教师职业理想、职业态度、职业责任、职业纪律、职业良心、职业荣誉、职业作风等价值意义方面的教育，使幼儿师范生体会幼儿教师职业的崇高与伟大，明晰国家与社会对幼儿教师赋予的期望，并使其在这种价值意义的引导下，深化幼儿教师的职业情感，坚定幼儿教师的职业信念，自觉迈入幼儿教师职业生涯并不断追随幼儿教师职业理想，形成符合国家和社会期望的教育观、教师观、人才观、儿童观。

（三）提供具有工具意义的师德知识，以培养幼儿教师师德的思想力和行动力

幼儿师范院校在进行师德教育时，既向幼儿师范生进行师德规范、师德价值等层面的知识传授，又合理选择师德内容以培养幼儿师范生的理论思辨能力，使幼儿师范生更深刻理解并自如运用师德理论指导自己的教育教学实践活动。通过这类师德内容的讲授，培养幼儿师范生正确地分析现实幼儿教育生活中的师德现象并合理实施的师德行为的能力，使幼儿师范生在走上幼儿教师工作岗位后，面对纷繁复杂的幼儿教育矛盾和冲突，能够通过独立思考，做出符合幼儿教师师德价值取向的理性选择并采取符合幼儿教师师德要求的行为。

除了以上几点要求外，幼儿师范生师德教育课程的内容要凸显《幼儿教师专业标准》的新诉求，内容选编还应符合时代性原则和生活化原则。时代性原则指的是在不同的时代，幼儿教师师德的具体要求有所不同，师德教育的内容也要随之不断发展和完善。失去了时代性内涵的师德内容，会直接影响幼儿教师师德教育的实效性，使师德发展落后于时代的脚步。生活化原则指的是幼儿教师师德教育内容要与幼儿师范生的学校生活及教师的教育生活中的现实师德问题相联系，改变当前师德教育内容重形式欠实际、重教条的弱点，将幼儿师范生受教育过程中所遇见或可能面对的道德情境融入师德教育课程之中，力求师德教育内容的生活化与实际化。从而让幼儿师范生在具体的教育情境中感受师德价值并逐步养成师德行为习惯。这既有利于幼儿师范生对抽象的师德知识的理解与掌握，激发幼儿师范生的学习积极性，又有助于幼儿师范生在尝试进行分辨现实情况的过程中获得师德经验的积累和师德认知的提升，学会运用所学到的理论知识进行价值澄清、道德判断，并有效解决幼儿教师教育生活中的现实师德问题。

四、更新师德教育课程的教学理念

幼儿师范生的师德教育本质上不是自上而下的灌输或者生硬行政条令的遵守，而是其自身在职业生涯过程中的自我修养和提升。学校开设师德教育课程不是空洞地宣讲幼儿教师师德规范内容，而是要培养幼儿师范生在专业成长中对幼儿教师的职业认同，对"幼儿为本、保教并重、为人师表"的反思和领悟。所以，培养幼儿教师的教育者首先就要明确师德教育课程开设的目的，即培养幼儿教师师德情感，及提高其师德修养，才能够在具体课程教学时避免知性德育。否则，仍然会导致种种师德教育的落空，使得师德教育缺乏实效性。因而，必须要更新师德教育课程的理念，确保取得较好的教学效果。

一是让师德教育课程教学具有较强的理论思辨性。师德课不仅能对现实生活中的师德现象等作出合理性的阐释，也能对一系列复杂的师德范畴等进行综合分析，使课程具有逻辑说服力。二是师德教育课程要具有较强的现实针对性和鲜明的时代性。师德课应该与幼儿教师师德中存在的典型的、敏感的、棘手的问题紧密联系在一起，对于这些问题不能避而不谈，而要进行深入实际的细致分析，使课程具有生命力。三是在师德教育课程中强化师生双向良性互动，师生在通过大量现实案例的使用与讨论、反省与分享等过程中有所体会与获得，使课程具有一定的实效性。还要设置大量情境教学和采用实例教学，模拟师德两难情境或引入现实师德案例，让幼儿师范生在具体可感的情境中进行师德判断，选择师德行为，在一种真切的情感体验中去深思幼儿教师师德规范，以培养幼儿师范生良好的师德行为。

第五节　加强师德教育师资队伍建设，促进幼儿师范生师德自律

一、加强师德教育师资队伍建设

著名教育家第斯多惠认为："教师希望引导别人走正确的道路，激发别人对真和善的渴求，使别人的素质和能力得到最高的发展，他应当首先发展他本身的这些优秀品质。"[①] 捷克教育家夸美纽斯说："教师应当使自己成为学生的榜样[②]。"英国著名哲学家、教育家洛克认为："做导师的人自己便应当具有良好的教养，随人、随时、随地都有适当的举止与礼貌。"[③] 既然教师是学生的楷模，那么要培养幼儿师范生高尚的幼儿教师师德，作为学生师德发展之路的引领者，教师就必须在教学过程中以身作则，在日常生活中为人师表，在细微之处展现师德风范，一言一行都要为学生做好表率。为此，有必要加强师德教育师资队伍建设，提高师资队伍素质，为幼儿师范生提供良好的师德示范。

---

① 傅维利. 教师职业道德教育指南 [M]. 北京：高等教育出版社，2002. 61.
② 夸美纽斯著，傅任敢译. 大教学论 [M]. 北京：教育科学出版社，1999：212.
③ 约翰·洛克，教育漫话 [M]. 傅任敢，译. 北京：教育科学出版社，1999. 67.

（一）提升师德教育课程教师的师德修养

其道德信息总会蕴藏在教学或其他日常互动中，无法人为控制，也无法掩藏[①]。正如彼得斯所言："不管你愿不愿意，每位教师都是德育教师。"[②] 同样，科尔伯格也指出类似的观点："教师有时并没有意识到他们所从事的这些日常工作就是教育活动。"[③] 因此，必须不断提升师德教育课程教师的师德修养，只有内心真正认同并确实具有良好师德，才可能在日常工作中持续而稳定地展现出值得幼儿师范生学习的师德品质。[④]

（二）加强师德教育师资队伍的师德师风建设

师德教育师资队伍师德师风建设是提高幼儿师范生师德教育效果的重要条件。幼儿师范院校是培养未来幼儿教师的摇篮，学校教师们扮演着"教师的教师"这样一个特殊的角色，教师是幼儿师范生的教育者、导师和引路人，教师的师德境界直接影响到幼儿师范生的师德境界，对幼儿师范生具有示范的作用。同时，幼儿师范生是未来的幼儿教师，在校园学习生活会受到教师师德的熏陶。因而，幼儿师范院校必须加强教师的师德培养，加强教师师德师风建设。要营造良好的师德师风建设环境，大力倡导"尊师重教""以德治教""为人师表"的氛围和良好风尚，通过"我最喜爱的老师""师德标兵"等评选活动，选树一些学识渊博、品德高尚的优秀教师，加以宣传和表彰，形成正确的导向，为教师师德师风建设创造必要的外部"驱动力"。同时，还要坚持推进教育创新，促进师德建设的深化和发展，促使教师自觉树立高度的立德树人责任感，陶冶师德情操，坚定师德信念，不断提高个人师德修养，用高尚的师德来教育和影响学生，用崇高的德行和人格魅力感染学生，培养出具有优秀师德品质的学生。

（三）建立健全有利于教师成长的体制与平台

一是要成立并发挥教师教育发展中心作用，宣传落实先进的教育理念，弘扬优秀的教学文化，探寻科学的教育教学方法；积极组织访学研修等活动，促使教师更新教育理念、增强教学能力；要安排教师参加学术研讨会议，开阔他们的视野。二是学校坚持教育与管理相结合，建立一套规范化的师德建设规章制度，建设完善高效的师德建设运作机制，制定科学的师德建设评估制度，建立完善的师德评价考核机制和表彰奖惩制度，将师德师风建设落到实处。三是要注意发挥榜样的示范引领作用。学校要持续开展教学名师和师德标兵评选活动，要大力表彰长期坚守在幼儿师范生师德教育一线、成就突出的优秀教师，宣传学习他们的成功事迹，教育引导其他教师转变教学观念、改革教学方法、提升师德素养。四是可以从幼儿园选聘一批师德高尚、专业能力强、研究基础好的幼儿教师担任校外指导教师，让他们参与人才培养方案制定、教学改革、学生管理、教育教学研究等工作。与此同时，安排学校的优

[①] Jackson, W., Boostrom, R. E. &Hansen, D. T.. The moral life of schools [M]. San Francisco: Jossey-Bass, 1993. 77.
[②] 彼得斯. 道德发展与道德教育 [M]. 杭州：浙江教育出版社，2000.
[③] 柯尔伯格. 道德发展与道德教育 [A]. 瞿葆奎. 教育学文集·德育 [C]. 北京：人民教育出版社，1989.
[④] 王晓莉，卢乃桂. 当代师德研究的省思：与国外教学道德维度研究的比较 [J]. 外国教育研究，2011. 38（6）：81.

秀教师到幼儿园挂职锻炼，以增强他们的实践能力。

（四）切实加强"两代师表"建设

"两代"：一代是幼儿师范院校教师，一代是幼儿师范生。"两代师表一起抓"就是说，一方面要抓教师的师德教育，要求教师时刻履行师德行为准则，处处为学生做出表率，为人师表，严于律己；另一方面要抓幼儿师范生的师德教育，要求学生勤奋学习，踏实做人，时时牢记"明日教师，今日做起"，严格按照师德规范要求自己。

高师德水平的教师会对幼儿师范生产生积极的影响，教师以身作则不仅能实现自身的教育价值，而且使幼儿师范生的职业理想有了现实的模范，从而激励学生为实现自己的理想不断努力。因此，学校要加大对教师师德教育的宣传力度，发掘师德先进典型，弘扬当代教师风采，大力宣传阳光美丽、爱岗敬业、默默奉献的新时代优秀教师形象；注重树立宣传师德标兵，并在评定职称、评优评先等方面以优先考虑；多开展师德专家讲座、组织教师观看师德录像等。同时，有意识地引导学生向教师师德标兵学习，毕竟真实、可感的师德形象更具有说服力。这样，幼儿师范院校通过"两代师表一起抓"，既提高了教师的师德水平，也可以使幼儿师范生的师德教育起到事半功倍的作用。还有很重要的方面，就是让教师和幼儿师范生处以平等的身份，进行平等的沟通、探讨，相互学习提高，共同在师德教育活动中培养自己的师德素质。

二、促进幼儿师范生师德自律

（一）深化幼儿师范生职业情感

幼儿师范生职业情感的养成是一个长期的渐进的过程，又是一个深入渗透的过程。这一过程可分为四个阶段：职业定向阶段、角色假想阶段、角色观摩阶段、角色转换阶段。[①] 这四个阶段中培养幼儿师范生的幼儿教师职业理想、情感等品质能为其专业发展指引方向，提供动力。在此过程中，教育者要引导幼儿师范生构建系统的幼儿教师专业素养结构，从多角度深化观摩幼儿师范生的职业情感。

1. 提高幼儿师范生的师德认识

成德的基础是明德，要培养幼儿师范生的高尚师德，首先就要让学生清楚、明白师德的内容。而传统的师德教育方式主要是"说教式的灌输"，重在师德规范、原则及相关法律法规的记忆与灌输，始终使师德知识"外在于学生主体"，导致学生难以理解师德教育。所以，需要教师采用有效的教学方法，将师德教学内容的说教过程变成是激励、引发学生内在的向善性的过程，使学生在师德知识获得过程中知其然并知其所以然，从而最大限度地调动学生师德学习的积极性与主动性。

2. 深化幼儿师范生师德情感

深厚的幼儿教师师德情感是促进幼儿师范生献身幼儿教育事业的强大动力。传统的师德教育强调从师德认知角度把握师德原则和规范，忽视幼儿师范生师德情感的体验与养成，导

---

① 王洪钟．师范生职业情感养成初探［J］．青海师专学报（教育科学），2003：4．

致大部分幼儿师范生师德观念容易停留在较肤浅和易动摇的状态。因此，培养高尚的师德情感是幼儿师范生师德教育不可或缺的重要内容和必要环节，在提高其师德认知的基础上，要帮助他们完成师德情感的建立与深化。教师可以运用情感陶冶等方法，通过教师人格感化、艺术感染等方式创设一定的教育情景，寓教育于情境之中，对幼儿师范生进行积极地熏陶与感化，使幼儿师范生触"景"生"情"，从而培养幼儿师范生的师德情感。

3. 增强幼儿师范生师德意志

师德意志是幼儿教师坚守幼教事业的可贵品质。师德意志能促使幼儿师范生在实现幼儿教育理想的道路上顺利克服各种干扰和障碍。因而，在师德教育过程中，要注意培养、锻炼幼儿师范生的坚强师德意志，帮助他们坚持师德认识，深化师德情感，逐步形成良好师德行为。教师可以通过开展师德冲突方面的专题教育活动，如将角色体验过程中遇到的困惑问题作为讨论议题，以"假如我是乡村幼儿教师"、"我如何公平对待孩子们"等为话题，在幼儿师范生之间开展有关幼儿教师师德问题的讨论、反思、争论与再研讨，使其学会坚持正确的师德价值导向和师德原则，实现其师德意志的形成。

4. 培养幼儿师范生师德行为习惯

理想的师德是知行合一的。我们如果仅强调"知"而忽视"行"，师德认知就会失去其价值意义，师德养成也就无从谈起。为此，教师应该努力促使幼儿师范生不断增长其师德智慧，引导学生积极面对种种良莠不齐的社会现象，发挥学生的主体性，通过自己的思辨走出道德冲突，以确定如何行动是合乎师德要求的，学会运用师德规范解决实际教育生活中的现实矛盾或冲突问题，即是学会"如何决定去做什么"而非直接获得正确答案或知道去做什么。更为重要的一点，就是要创设师德践行平台，引导幼儿师范生养成师德行为习惯。教师可以通过角色扮演法来实现师德教育的良好效果。采用角色扮演法进行师德教育，就是让学生通过角色扮演，了解社会对幼儿教师的师德期望和师德要求，并形成与此期望相一致的师德行为模式。教师通过采用科尔伯格提出的公正团体法，把大到整个学校、小到每个班级以至各个学习小组建成公正的学习生活共同体，所有成员都有机会参与决策与管理，全体成员共同制定、共同执行和共同遵守各种师德行为规范，促进学生在平等民主气氛和共同活动中体验到师德的价值与力量，养成良好的师德行为习惯。

（二）引导幼儿师范生自我教育

著名教育家苏霍姆林斯基曾说："真正的教育是自我教育。"要提高幼儿师范生师德教育的实效性，切实提升学生的师德水平，除了要保证幼儿师范生师德教育课程的有效实施，保障幼儿师范生师德培养相关的实践环节的顺利开展，完善幼儿师范院校的校园文化建设，还要高度重视幼儿师范生的自我教育，注重幼儿师范生师德的自我提升，这样才能帮助幼儿师范生将外化的师德规范真正转化为内在的道德信念，不断激励自己并提高对幼儿教师职业的认同，不断在师德践行过程中加强自我修养，从而达到高尚师德的目标。

1. 激发幼儿师范生自我教育的主体性

良好师德品质的养成，究其本质是幼儿师范生个体在教育者的引导下自觉自愿地进行内部思想矛盾斗争的自我优化的过程。若忽略幼儿师范生主体性的发挥，单凭教育者的满腔热情，即使向受教育者灌输再多的师德内容，幼儿师范生也不会对师德有深刻的理解，更不可能形成深厚的师德情感，师德意志的磨砺以及师德行为习惯的养成也就更无从谈起。从这个意义上说，幼儿师范生有无主体性及主体性体现出来的程度，是影响其师德修养、师德情操和师德行为水平的先决因素，是决定师德教育成效好坏的关键因素。因此，幼儿师范院校应注重对幼儿师范生进行幼儿教师职业劳动特殊性及社会价值的教育，通过课堂教育或社会实践等各种形式培养幼儿师范生的幼儿教师职业认同感，引导幼儿师范生体验师德解决保教活动中遇到的困难，使幼儿师范生感受到师德的力量与价值，从而在师德教育过程中积极学习幼儿教师师德规范与要求，自觉形成提升自身师德水平的强烈愿望，欣然接受师德内容传授，主动参与师德情感体验，不断提高师德实践能力，主动以师德要求规范自己的行为，变被动接受师德教育为主动自我教育、自我完善。

2. 培养幼儿师范生的自我教育能力

一是提高幼儿师范生的自我认识能力。教育者要引导幼儿师范生关注自己，将自己与他人、教育、社会联系起来，用发展、联系、全面的视角审视自己，了解自身师德现有水平，认清自身的优点及缺点不断进行深刻自我反省，做到学有所思、思有所省、省有所悟、悟有所行。二是培养幼儿师范生的自我激励能力，激励幼儿师范生不断向前、向上，在有所行之后有所获。指导幼儿师范生为自己制定师德发展规划，将崇高的师德理想分解为一步步的短期目标，引导幼儿师范生产生积极向上的力量，自我鞭策，成就师德理想。三是加强幼儿师范生的自我控制能力。在价值多元的现代社会背景下，幼儿师范生不可避免会受到社会不良风气的影响，这就要求幼儿师范院校不能仅仅单纯采取过滤信息的方式将幼儿师范生保护在"思想无菌室"中，而要引导幼儿师范生正视现实，通过强化自我的控制能力，自觉抵制社会不良倾向的影响，加强自身师德修养，在利益诱惑面前不为所动，在幼教之旅中把握方向。

3. 引导幼儿师范生在学习实践中加强自我教育

幼儿师范生师德修养的提高，主要有赖于学习前人所积累的师德知识和师德经验。学习和掌握幼儿教师的师德规范及《教师法》《教育法》《教师职业道德规范》等法律法规，明确教师的职责，强化教师职业道德意识，树立坚定的师德信念，是幼儿师范生进行自我教育所必经的阶段和必须完成的任务。同时，幼儿师范生还应积极投入到见实习等教育教学实践中。俗话说，"纸上得来终觉浅"，我们通过幼儿师范生的教育教学实践，激发幼儿师范生能够更深刻地认识到进行师德修养的必要性。在见实习活动，进行情景体验、情感体验，完成师德认知、师德情感、师德理想的形成和确立，促进其师德认识向师德行为的转化，切实体验作为幼儿教师所面临的角色冲突和现实矛盾，在理性辨别、深度审视和有效解决这些冲突和矛盾中，不断进行自我教育，感悟师德的力量和价值，提高其处理师德问题的能力，磨炼其师德意志，培养良好的师德品质，实现自身的完善和发展。

（三）指导幼儿师范生"师德自证"

师德教育的最终目标在于将师德规范内化为自身的师德意识和自觉行为。因此，在平时的学习和生活中学生要使自律与他律相结合，使他律转化为自律。而幼儿师范生在完成由师德他律转化为师德自律的过程中，通常要经历一个"师德自证"的过程。这是幼儿师范生证明和检验自身所认同的师德规范的过程，是幼儿师范生将社会对师德的规定和期望，由外在的异己力量转化为内在的获得性师德品质的过程。幼儿师范生只有在践行师德中印证了师德规范的价值和意义，获得了内心愉悦的情感体验，经受住了师德意志的考验，才能最终完成从他律转化为自律的过程。

在"师德自证"的过程中，学校应积极向幼儿师范生提供接触幼儿园保教工作的机会，开展教育见实习活动，创建课程实践场所。同时，在此过程中教师要对幼儿师范生的师德行为加以指导，采取一定的激励机制发扬幼儿师范生正确的师德行为，对师德缺失之处及时给予纠正。此外，师德教育人员要通过语言传授师德知识提高幼儿师范生的师德认知，还要用自己的"灵魂"示范师德品质，通过言传身教的榜样示范的作用，使幼儿师范生对师德有更深的感悟，自觉养成良好师德行为，不断提高师德水平。

幼儿师范生坚持内省和慎独是"师德自证"的关键因素。首先，幼儿师范生应坚持内省。孔子的学生曾参说："吾日三省吾身，为人谋而不忠乎？与朋友交而不信乎？传不习乎？"强调的是我们每个人每天都应对自己的言行进行深刻反省检查，力求不断取得进步。幼儿师范生坚持内省，就要按照师德要求对自己的教育理念和保教行为进行自查，坚持对的，及时改正错的，使自己的思想和行为符合师德的原则、规范和要求。其次，幼儿师范生还应坚持慎独。孔子云："君子戒慎乎其所不睹，恐惧乎其所不闻。莫见乎隐，莫显乎微，故君子慎其独也。"即是幼儿师范生在没有人看见、没有人听到、一个人独处的情况下，更要小心警惕，使自己的行为符合师德规范要求。因而，幼儿师范生应坚持慎独的恒心，时时处处都言行一致、表里如一，始终保持良好的操守；坚持从细微处着手，防微杜渐，做到"勿以善小而不为，勿以恶小而为之"。

第六节 健全幼儿教师职前师德教育的考核标准

2018年1月20日中共中央国务院下发的《关于全面深化新时代教师队伍建设改革的意见》指出："弘扬高尚师德。强化师德考评，体现奖优罚劣，推行师德考核负面清单制度，建立教师个人信用记录，完善诚信承诺和失信惩戒机制，着力解决师德失范、学术不端等问题。"[1] 可见，国家非常重视师德考评，而师德考评是师德教育考核的重要组成部分，因而，师德教育的评价考核标准尤为重要，为幼儿师范生师德养成和师德考评提供了实践指南。

一、师德教育的考核标准内涵

评价是道德他律机制的核心。人们总是借助评价干预个人行为和社会现象，从而调节人际间的利益关系，实现社会价值导向。道德评价是人们依照一定的标准、根据和方法，对社会道德现象、道德行为和道德品质的价值和性质进行判断，来达到扬善抑恶目的的一种特殊评价活动。教师师德评价实质是教师在职业领域的道德判断活动。[2]

---

[1] 中共中央 国务院. 关于全面深化新时代教师队伍建设改革的意见[EB/OL]. http://www.gov.cn/xinwen/2018-01/31/content_5262659.htm, 2018-01-31/2018-06-11.
[2] 韦冬雪. 高校师德修养实用教程[M]. 桂林：广西师范大学出版社，2011：158.

在现实幼儿教师职前教育阶段，幼儿师范院校普遍地把幼儿师范生与其他专业的学生同等看待，很少关注未来幼儿教师在伦理道德方面不同于其他专业学生的特点；在职后教育阶段，大多数幼儿园更多的只是关注教师专业知识与教学技能的培训，很少关心教师师德方面的教育问题。因此，积极运用评价考核手段促进幼儿教师职前与职后的师德教育就有着特殊的重要性。

什么是师德教育评价考核标准？师德教育评价考核标准是指根据一定的评价指标，在系统收集资料和信息的基础上，对学校师德教育工作者的教学方法、教学效果与水平、幼儿师范生师德行为与基本情况进行评定的一种标准。通过考核标准能够较全面、整体地了解学校乃至幼儿师范生师德发展水平，对于学校师德教育目标的调整、教学方式的改进等都具有重要的意义，从而更好地培养出师德高尚的幼儿教师。师德教育考核标准作为整个师德教育活动的一个关键环节，对教与学均具有导向作用。

师德教育考核标准主要包括哪些内容，笔者比较赞同学者田爱丽的观点。田爱丽认为，师德教育评价考核标准包括以下四方面内容：教师师德教育目标的评价、道德教育课程落实度与创新性的评价、教育过程德育因素的评价及教师道德教育效果的评价。[①] 这四个方面是紧密相连的，它们对保证师德教育质量有着重要作用。

二、师德教育考核标准的功能、原则和要求

（一）师德教育考核标准的功能

师德教育考核标准具有引导决策功能，通过教育效果的评价找到教育工作中存在的不足与问题，指明今后教育工作应改进的方向，从而为教育决策提供科学合理的依据。因此，师德教育考核标准有以下两种功能：一是具有对幼儿师范生职业道德行为进行鉴定的功能，通过教育评价考核，可以让教育者更好地了解幼儿师范生的师德意识水平、师德行为倾向等表现等，从而引领幼儿师范生师德教育朝着正确的方向发展。二是具有教学改革的指导功能，可以通过教育考核指标与结果的分析对改革教育进行指导。

（二）师德教育考核标准的原则

师德教育考核标准应坚持以下四个基本原则。[②]

一是坚持公平、公正、公开的原则。公平是客观地评价，不掺杂个人情感；公正是以事实、数据说话，做到公正对待；公开是考核内容、考核数据、考核成绩的公开和公布。

二是坚持激励性原则。保持幼儿师范生对未来工作的激情、热情，保持她们对孩子和幼儿教育事业持续的爱和职业认同感，因此，激励性原则对于幼儿师范生体验职业成就感与幸福感非常重要。

三是坚持可持续发展原则。考核标准的确定应充分考虑幼儿师范生职业发展和学校人才培养目标的实现，确保所培养的学生能够适应社会对幼儿教师的基本要求。

[①] 田爱丽.论教师道德教育的评价［J］.华东师范大学学报（教育科学版），2008（04）：31.
[②] 赵春梅，焦敏.地道：中国幼教厚德载物［M］.福州：福建教育出版社，2014：280.

(三) 师德教育考核标准的要求

当前社会已迈入大数据时代，这就对师德教育考核标准提出新要求，要与时俱进，适应时代发展变化。由于幼儿师范生师德教育评价需要运用多种评价指标，使多个评价主体对师德教育的全过程进行全方位和整体性的评价，在进行评价时涉及的内容包括幼儿师范生学习师德情况、教师教育情况、研究情况等方面，利用大数据数据处理和分析技术，对这些方面的数据进行积累和挖掘，从中提炼出有用的信息，从而对影响幼儿师范生和教师正常发展的因素进行分析，提出优化师德教育效果的对策办法。因此，新时代师德教育考核标准的新要求是要学会利用新技术分析解决问题。

三、优化师德教育评价考核标准

当前，师德教育评价考核标准存在着师德教育评价形式化、师德教育考核标准不具体、评价不科学等问题。因此，优化师德教育评价考核标准显得尤为重要。优化教师教育评价考核标准，对于消除师德失范，促进幼儿师范生良好师德的形成、巩固和发展有着极为重要的作用，其中最关键的是要明确树立教师师德评价，这是教育教学评价的重要内容。评价一个教师不能只看其静态的工作实绩，更重要的是要看其动态的工作过程以及长远的工作效果，看其在教育教学的过程中是表现自己的高尚品德熏陶和感染学生，只有这样，才能强化和巩固教师的修养，规范教师的行为。

在教育不断深化改革的今天，师德教育评价考核标准不仅要评价教师的教，还要评价学生的学；不仅评价师德教育活动的结果，还要评价教育活动的过程；不仅评价幼儿师范生在知识、技能、智力和能力等认知方面的发展，还要评价幼儿师范生情感、意志、个性、人格等非认知因素的发展。[①] 而对幼儿师范生的师德教育情况进行评价，不能仅限于对师德知识的理解和掌握上，应注重过程评价，可以把学生对师德教育课程的态度、学习主动性等纳入评价体系中，注重考察学生的师德行为，主要包括诚实守信、遵纪守法、勤奋学习、责任担当等方面，是否在这些方面达到了一个合格幼儿教师的标准。在评价过程中坚持学生定期自查自评的方式，让学生逐步养成自我主动监控师德行为的习惯。

笔者认为，要坚持客观性与主观性的统一、绝对性与相对性的统一，严格参照相关教育法律法规及有关规定和条例，遵循幼儿师范生的身心发展特点和符合院校实际情况，从建设高素质教师队伍为着眼点，从师德教育课程目标实现的评价、师德教育效果的评价两方面入手，制定符合院校现实情况的科学、合理、有效的师德教育评价标准，实施师德教育评价考核。

(一) 师德教育课程目标实现的评价考核

课程是实现教育目标的基本途径，师德教育目标的实现也需要有一定课程体系加以落实。实践表明，教师和师范生了解教师职业道德知识，对于启迪个人的社会主义师德觉悟，合理地解决教育职业活动中的矛盾冲突，提高教育和教学工作效益，锻炼人民教师的优秀职

---

① 倪培珍.师德建设途径探析[J].江苏广播电视大学学报，2005（01）：35.

业品质,有着不可取代的重要作用①。为此,我们有必要对师德教育课程目标实现予以评价考核。

1. "幼儿为本"价值追求的实现

主要就是通过师德教育,让幼儿师范生充分认识儿童生命的意义以及幼儿教育在提升儿童生命价值中的作用,以及幼儿教育在建设人力资源强国的地位。幼儿师范生是否具有这样的认识是判断幼儿师范生是否具有这种价值追求的最基本的指标。因而,师德课程要通过调研访谈、个案分析与统计分析,使幼儿师范生能从事实中真正感受到幼儿教育在人的发展与社会发展中的价值,树立幼儿教师强烈的光荣感、历史感与使命感。从而让幼儿师范生在从教后能够尊重幼儿权益,以幼儿为主体,遵循幼儿身心发展特点和保教活动规律,重视幼儿身心健康,将保护幼儿生命安全,提供适合的教育,保障幼儿快乐健康成长。

2. "关爱幼儿、敬业公平"职业精神的培养

师德教育课程教学可以通过对教育发展史上教育家以及优秀教师的认识与了解,使幼儿师范生意识到关爱幼儿、敬业公正是当一名优秀幼儿教师必不可少的品质和重要条件。让幼儿师范生深刻理解,幼儿教育是一个灵魂影响另一个灵魂、一个心灵感染另一个心灵的活动,关爱幼儿是教育幼儿的前提,让幼儿师范生明确教育是爱的教育。也可通过"角色体验"的方式,让幼儿师范生参与幼儿园各项的活动,接触幼儿园老师,亲身体悟幼儿对幼儿园生活的感受、对教师的要求,以及所期望得到的来自教师的关爱等。让这些未来教师以"移情"和"换位"的方式,感受到教师的关爱对幼儿心灵影响的重要性,感受到工作中"爱"与"被爱"的积极情感,并充分认识幼儿教师要平等对待每个幼儿,尤其要关心处在弱势地位的幼儿。

3. "诚实正直、客观公正"高尚人格的塑造

通过师德教育课程教学,让幼儿师范生认识到幼儿教师在"诚实正直、客观公正"的人格方面应有更高的修养和更好的表现,这样才能使教育更有成效。为此,教学中可通过对正反面教育案例的对比和评析,或让幼儿师范生通过回忆和再现自己在学习经历中所经受的公正与不公正待遇,或通过阅读经典的优秀教育作品,体验和感悟"诚实正直、客观公正"的人格对于幼儿教师职业的重要性,并自觉陶冶和升华人格。

4. "诲人不倦、终身学习"专业态度的培育

师德教育课程教学可通过深入分析和说理,让幼儿师范生认识到,幼儿教师的天职是"传道、授业、解惑",尤其是对一些"难教"的幼儿,更是要充满耐心,有所坚持。幼儿教师工作的价值就在那些别人看起来比较烦倦和琐碎的工作中得以体现,幼儿教师人生的欢快和价值就是在此过程中得以体验和认可。更要让幼儿师范生意识到教育教学是一个需要无止境探索的专业,需要在保教工作中不断总结、反思和提升,感受到终身学习对于幼儿教师胜任工作和促进专业发展成长的重要性。从而自觉培育"诲人不倦、终身学习"的专业工作态度,并将此作为自己终生的职业追求。

5. "以身作则、言传身教"行为操守的养成

通过师德教育课程教学,让幼儿师范生明确与幼儿的关系,不仅仅是服务与被服务、施

---

① 王正平,郑百伟. 教育伦理学——理论与实践[M]. 上海:上海教育出版社,1998:2.

教与受教的关系，同时还有模仿与被模仿的关系，幼儿教师的言行对幼儿具有示范和引导作用。幼儿具有很强的"向师性"，对幼儿教师也高度信赖和服从，对其行为、态度、乃至表情也都有很强的模仿性。进行师德教育时，可让幼儿师范生充分体验到身为教师，自己"以身作则、言传身教"操守的重要性，在学校养成以身作则的必要性，并在此过程中体验幼儿教师职业生涯的意义和价值。

6. "严谨治学、甚微而著"工作情怀的锤炼

通过师德教育课程教学，让幼儿师范生明确幼儿教育伟大而又重要，但这种重要的工作是体现在具体的细节中的，是体现在严谨的工作作风与工作情怀上的。充分认识到保教工作中做到"知之为知之，不知为不知""慎微者著"，做好具体的每一件事，成长为优秀幼儿教师的重要性。为此，教学中可选取一些"严谨治学、甚微而著"的优秀幼儿教师、长于"精细化"管理和善于抓住"教育的美丽细节"的教育和管理案例，以及与此特点相反的案例，比较它们对幼儿成长与发展的不同影响，让接受教育的幼儿师范生通过研讨和交流，并从中感受和树立"天下大事，必作于细；天下难事，必作于易"的保教工作情怀。

7. "宽以待人、善于合作"的团队意识的树立

师德教育课程教学可通过讲解或案例分析，让幼儿师范生认识到"善于合作"的团队精神是现代幼儿教育实践所固有的专业特性。教育幼儿是幼儿教师共同努力、集体协作的结果。幼儿教师个人很难对幼儿进行全面的指导和帮助，幼儿教育的成功离不开幼儿教师集体的相互配合与支持。也可通过让幼儿师范生参与到一些需要相互配合与协作的教学环节中，让其感悟到"宽以待人、善于合作"的意识和素质对成功完成教学任务的价值。

上述七项目标是幼儿师范院校在师德教育课程实施过程中必须考虑的要素和纬度。对幼儿师范院校在上述七个方面师德教育课程目标实现的评价，是保障师德教育达成目标的重要手段和必要条件。

（二）师德教育效果的评价

我们以往对幼儿师范生的师德教育效果的评价，主要是以幼儿师范生的对师德的感性认识进行评价，体现为辅导员或班主任的评语，或者以思想政治理论课或其他相关课程给一个并不能说明师德状况的分数进行评价，或者依据每个学期的综合素质排名来评价，甚至根据有没有受过处分来评判。要改变这种对幼儿师范生的师德教育效果的评价不合理的状况，学校就要坚持发展的眼光多次进行，不能用一次性的评价结果来否定幼儿师范生之前做出的所有努力。坚持定性评价和定量评价相结合的评价方法，通过幼儿师范生自评和教师评价相结合的方式，每学期对幼儿师范生的师德教育效果进行一次综合测评。

要实现师德教育效果的合理评价，需通过其师德认知的获取、师德情感的体验、师德意志的锤炼和师德行为的养成等几个纬度来表现。对学生师德教育效果的评价，离不开对其师德认知、师德情感、师德行为和师德意志的评价。然而，师德认知、师德情感以及师德意志属于师德素质的内隐范畴，需要通过教师外显的师德行为体现出来。因而，教师的师德行为，是反映教师师德认知、师德情感和师德意志发展水平的重要的可观测指标，下面予以详述。

1. 师德认知的评价方法

幼儿师范生师德认知的评价可以从书面测验、问卷调查、个人访谈、专题报告与主题讲

演等途径中收集信息并做出判断。

在书面测验与问卷调查中,可设计一些是非判断题以了解幼儿师范生师德认知。当然,在书面测验与问卷调查中,也可以设计一些师德情景与案例,让幼儿师范生就情景与案例发表看法,从幼儿师范生对问题的看法中了解幼儿师范生的师德认知。专题报告与主题演讲也是了解幼儿师范生师德认知的重要信息来源,通过专题报告与主题讲演可以了解幼儿师范生对一些问题是怎样认识的,认识达到了什么程度,也通过这些途径来对幼儿师范生师德认知做出评价。

2. 师德情感的评价方法

师德情感的评价相比师德认知的评价要复杂和困难。但是,心理学揭示人的言行是由特定的环境和人的思想素质所决定的,并通过外显的行为得到表现,因而,可以通过观察他的言行来了解他的思想素质和师德情感。一是日常行为的评价。幼儿师范生思想品德素质往往通过活动与交往表现出来,可以通过考察和评价幼儿师范生的日常行为表现来进行幼儿师范生的师德情感评价。二是集体活动中表现的评价。幼儿师范生的师德品质在一定程度上体现在各种活动之中,开展各种活动既是对幼儿师范生进行师德教育的重要途径,也是评价幼儿师范生的师德品质的方法。三是教学与社会实践表现的评价。幼儿师范生在教学和社会实践中的表现是其师德素质的自然表现,可以通过聆听其语言,观察其行为,比较准确地把握幼儿师范生的师德情感的发展水平。

3. 师德意志的评价方法

师德意志是指一个人自觉地克服困难,按照师德的要求和规范,去完成预定任务的内部动力,它是人的意志过程或主观能动性在品德方面的表现。对师德意志的评价,需要在师德困境中通过观察幼儿师范生表现出来的行为和语言来进行,主要就是处在讲真话对自己不利的情况下,甚至在家长不理解、教师不认可时,幼儿师范生是否能够坚持真理和正义,实事求是地说出实情,这是对幼儿师范生师德意志最重要的考验与评价。

4. 师德行为的评价方法

教师的师德行为,是教师基于一定的师德认识和师德情感的体悟,经过师德意志的调节,所表现出来的符合师德要求的行为举止。评价幼儿师范生的师德行为,主要是通过观察来进行。评价时需注意区分禁止性师德行为、师德底线行为和师德高标行为等三个方面的要求。一是教育幼儿师范生在未来的教育教学过程中不得表现出的行为,如歧视、讽刺、辱骂幼儿,向幼儿家长暗示、索取财物等禁止性师德行为。二是培养幼儿师范生的言谈举止合理合法,符合基本的师德规范要求,如自觉遵守学校各项规章制度,服从安排,团结合作,公平竞争,品行端正等师德底线行为。三是教育幼儿师范生能够为幼教事业发展奉献自己,爱园如家,以园为家,为幼儿的利益不惜牺牲自己的个人时间等高尚的行为。

此外,师德教育评价考核标准应注意以下四个问题[①]:一是注重将工作现状与原有水平作对比,评价主观努力程度及其所产生的效益;二是定性与定量结合,综合运用多种方法手段,如进行日常学习现状观察考核评价和根据标准考核评价全面客观地掌握情况;三是将评价与指导结合,注重评价主客体的协调统一,有评价就有指导、反馈,并后续追踪结果的落

---

① 赵春梅,焦敏. 地道:中国幼教厚德载物[M]. 福州:福建教育出版社,2014:282.

实；四是将评价工作经常化、制度化、科学和规范化。采取组织、同行、自我、学生、家庭共同参与的多维互动评价方式，实行观察行为评价法、教师座谈评价法、学生座谈法、个别谈话法、教师自陈法，具体采用什么样的评价方法，学校视自己的实际情况而定。总之，要从教师的需要出发，以最大限度地调动教师的积极性为尺码。①

四、确定师德教育为幼儿教师资格的评价考核标准

（一）幼儿师范生的师德课程成绩

幼儿师范院校开设相关的师德教育课程，帮助幼儿师范生学习师德知识，增强师德认知，规范师德行为，提升师德情感。这些课程的考试的成绩作为幼儿师范生的师德成绩，应该成为评定幼儿师范生教师资格的一部分。

在幼儿师范生的教育培养中，把师德标准作为衡量其是否合格的一个标准，是幼儿师范院校重视幼儿师范生师德的一种重要措施，也是幼儿师范院校向社会输送合格幼儿教师的一个保障。把师德作为评定幼儿教师资格的一个标准，使其走上工作岗位后尽快展现优良的幼儿教师师德品质。

（二）幼儿师范生的师德实践

师德不仅是师德规范和有关师德知识，还应包括师德行为。幼儿师范生的师德教育包括其教育实习、社团活动、社会实践、志愿服务等在学校内外的实践内容。评定幼儿师范生不能仅是学业成绩，还应包括平时的实践活动表现。要把幼儿师范生平时的实践活动以及师德的践行等都作为考核其是否是合格毕业生的一部分。②

幼儿师范生的师德实践主要是在见习和实习的过程中，由于对见习和实习的重视程度不够，且时间较短，他们的见习和实习工作只是听课和配合幼儿园教师做一些力所能及的事情，即使是有几次讲课的机会，也往往注重知识的教授，未能注重的师德的培养，使得师德目标在实践中大打折扣。因此，在幼儿师范生教育见习和实习期间，应安排有师德实践的内容环节，如开展以师德教育为内容的主题班会等，在教学的过程中注重"教师情感价值观"目标的实现。这些的师德实践都应该作为幼儿师范生师德的考核内容。

结论

教师素质中师德最重要。随着我国学前教育事业日益受到社会和人们的关注和重视，该行业急需大批素质优良、身心健康、人格健全、个性成熟的年轻幼教师资，这对于我国幼儿师范院校和广大幼儿师范生来说，既是机遇又是挑战。幼儿师范生的师德教育是幼儿师范院校的一项重要而艰巨的工作，各类幼儿师范院校要加强对幼儿师范生师德教育的研究，特别是加强对幼儿师范生师德教育的路径问题的研究，要对幼儿师范生师德教育的理念、内容进

---

① 苗成彦. 新时期师德教育：理念、定位及体系构建 [J]. 中小学教师培训，2015（03）：70-71.
② 柴跃晶. 课程设置视角下我国师范生的师德教育问题研究——以沈阳师范大学为例 [D]. 沈阳：沈阳师范大学，2014（06）：28.

行重新审视，紧扣幼儿师范生的思想脉搏，总结经验，探索规律，不断提高师德教育的成效。充分发挥思想政治教育课的主导作用，为幼儿师范生建立良好的师德教育通道，以及师德的良性发展奠定基础。学校要整合校内外各种教育资源，发挥它们在对幼儿师范生师德教育过程中的积极作用，使校内外各种因素形成一个有机的统一体，共同为幼儿师范生的师德养成提供良好的环境和氛围，为提升幼儿师范生师德教育科学化水平做出应有的贡献。

附 录

附录一 教育部关于进一步加强和改进师德建设的意见

教师〔2005〕1号

各省、自治区、直辖市教育厅（教委），新疆生产建设兵团教育局，部属高等学校：

为全面贯彻落实《中共中央国务院关于进一步加强和改进未成年人思想道德建设的若干意见》和《中共中央国务院关于进一步加强和改进大学生思想政治教育的意见》精神，现就加强和改进师德建设工作提出如下意见。

一、充分认识新时期加强和改进师德建设的重要性和紧迫性

1. 加强和改进师德建设是全面贯彻党的教育方针的根本保证，是进一步加强和改进青少年学生思想道德建设和思想政治教育的迫切要求。教师是人类灵魂的工程师，是青少年学生成长的引路人。教师的思想政治素质和职业道德水平直接关系到大中小学德育工作状况和亿万青少年的健康成长，关系到国家的前途命运和民族的未来。我们要从确保党的事业后继有人和社会主义事业兴旺发达的高度，从全面建设小康社会和实现中华民族伟大复兴的高度，从落实科学发展观，落实科教兴国、人才强国战略的高度，充分认识新时期加强和改进师德建设的重要意义。

2. 党和政府高度重视教师队伍建设。长期以来，广大教师教书育人、敬业奉献，赢得了全社会的尊重。同时也必须看到，在市场经济条件和开放环境下，学校教育和师德建设工作面临许多新情况新问题和新的挑战；人民大众对于优质教育日益增长的需求，对教师素质提出了新的更高的要求。师德建设工作还存在许多不适应的方面和薄弱环节。教师队伍的师德水平和全面素质亟待进一步提高，师德建设工作亟待进一步加强和改进，师德建设的制度环境亟待进一步改善。在新的历史时期，加强和改进师德建设是一项刻不容缓的紧迫任务。

二、加强和改进师德建设的总体要求和主要任务

3. 加强和改进师德建设的总体要求是：以马克思列宁主义、毛泽东思想、邓小平理论和"三个代表"重要思想为指导，紧紧围绕全面实施素质教育、全面加强青少年思想道德建设和思想政治教育的目标要求，以热爱学生、教书育人为核心，以"学为人师、行为世范"为准则，以提高教师思想政治素质、职业理想和职业道德水平为重点，弘扬高尚师德，

力行师德规范，强化师德教育，优化制度环境，不断提高师德水平，造就忠诚于人民教育事业、为人民服务、让人民满意的教师队伍，为培养德智体美全面发展的社会主义建设者和接班人做出新贡献。

4. 提高教师的思想政治素质。广大教师要认真学习马克思列宁主义、毛泽东思想、邓小平理论和"三个代表"重要思想，牢固树立正确的世界观、人生观和价值观，自觉抵制各种错误思潮和腐朽思想文化的影响；牢固确立在中国共产党领导下走中国特色社会主义道路、实现中华民族伟大复兴的共同理想和坚定信念；拥护中国共产党领导，拥护社会主义，热爱祖国，热爱人民；坚持正确的政治方向，拥护党和国家的路线、方针、政策，在大是大非问题上，立场坚定，旗帜鲜明。要积极参加社会实践，接触实际，了解国情。要认真学习宪法和有关法律法规，坚持学术研究无禁区、课堂讲授有纪律，严格教育教学纪律。要高度重视学生的思想道德建设和思想政治教育，以良好的思想政治素质影响和引领学生。

5. 树立正确的教师职业理想。广大教师要有强烈的职业光荣感、历史使命感和社会责任感，以培育优秀人才、发展先进文化和推进社会进步为己任，站在时代的前列，努力成为为人民服务的践履笃行的典范。要志存高远，爱岗敬业，忠于职守，乐于奉献，自觉地履行教书育人的神圣职责，以高尚的情操引导学生全面发展。要正确处理个人与社会的关系，反对拜金主义、享乐主义和极端个人主义，把本职工作、个人理想与祖国的繁荣富强紧密联系在一起。

6. 提高教师的职业道德水平。广大教师要坚持社会主义教育方向，全面贯彻党的教育方针，遵守法律法规；树立先进教育理念，自觉遵循教育规律，积极推进教育创新，全面实施素质教育，不断提高教育质量；牢固树立育人为本、德育为先的思想，全面关心学生成长，热爱学生，尊重学生，公平公正对待学生，严格要求学生，因材施教，循循善诱，形成相互激励、教学相长的师生关系，促进学生全面发展；自觉加强师德修养，模范遵守职业道德规范，以身作则，言传身教，为人师表，以自己良好的思想和道德风范去影响和培养学生；大力提倡求真务实、勇于创新、严谨自律的治学态度和学术精神，团结合作、协力攻关、共同进步的团队精神，努力发扬优良的学术风气。坚持科学精神，模范遵守学术道德规范，潜心钻研，实事求是，严谨笃学，成为热爱学习、终身学习和锐意创新的楷模。

7. 着力解决师德建设中的突出问题。要坚决反对教师讥讽、歧视、侮辱学生，体罚和变相体罚学生的行为；坚决反对向学生推销教辅资料及其他商品，索要或接受学生、家长财物等以教谋私的行为；坚决反对在科研工作中弄虚作假、抄袭剽窃等违背学术规范，侵占他人劳动成果的不端行为；坚决反对在招生、考试等工作中的不正之风和违纪违法行为；严厉惩处败坏教师声誉的失德行为。

8. 积极推进师德建设工作改进创新。适应新形势新任务的要求，师德建设工作必须积极推进观念创新、制度创新。要努力探索新形势下师德建设的特点和规律，在内容、形式、方法、手段、机制等方面不断改进和创新，特别要在增强时代感，加强针对性、实效性上下功夫，讲究实际效果，克服形式主义，使师德建设更加贴近实际、贴近教师，把师德规范的主要内容具体化、规范化，使之成为全体教师普遍认同的行为准则，并自觉按照师德规范要求履行教师职责。

三、加强和改进师德建设的主要措施

9. 强化师德教育。多渠道、分层次地开展各种形式的师德教育。在加强和改进教师思想政治教育、职业理想教育、职业道德教育的同时，重视法制教育和心理健康教育。加强学风和学术规范教育。建立和完善各级各类学校德育工作者培训制度。对学校班主任、辅导员等德育工作者进行师德教育专题培训。建立和完善新教师岗前师德教育制度。各级各类师范院校和举办教师教育的综合大学，都要适应新的要求，将教师职业道德教育列为教师培养和职后培训的重要环节。要把师德教育作为新一轮中小学教师全员培训的首要任务和重点内容。

10. 加强师德宣传。每年教师节组织师德主题教育活动，以庆祝教师节和表彰优秀教师为契机，集中开展师德宣传教育活动；在三年一次全国性的教师和教育工作者表彰奖励中，表彰师德标兵、优秀班主任、辅导员、德育工作者和德育工作先进集体；组织师德典型重点宣传和优秀教师报告团活动，大力褒奖人民教师的高尚师德，广泛宣传模范教师先进事迹，展现当代教师的精神风貌，进一步倡导尊师重教的良好社会风尚；举办师德论坛，促进师德建设的理论创新、制度创新和管理创新，推动师德建设工作实现科学化、制度化。

11. 严格考核管理。进一步完善教师资格认定和新教师聘用制度，把思想政治素质、思想道德品质作为必备条件和重要考察内容；建立师德考评制度，将师德表现作为教师年度考核、职务聘任、派出进修和评优奖励等的重要依据。对师德表现不佳的教师要及时劝诫，经劝诫仍不改正的，要进行严肃处理。对有严重失德行为、影响恶劣者一律撤销教师资格并予以解聘。建立师德问题报告制度和舆论监督的有效机制。将师德建设作为学校办学质量和水平评估的重要指标。

12. 加强制度建设。修订《中小学教师职业道德规范》，制定《高等学校教师职业道德规范》。建立师德建设工作评估制度，构建科学有效的师德建设工作监督评估体系。抓紧研究制定科学合理的教师评价方法和指标体系，完善相关政策，体现正确导向，为师德建设提供制度保障。各级教育行政部门和学校要因地因校制宜，制定可操作的实施办法，完善师德建设规章制度，建立师德建设长效机制。

四、切实加强对师德建设的领导

13. 要将教师工作摆在更加重要的位置，加强教师队伍建设特别是教师职业道德建设。要大力弘扬尊师重教的优良传统，千方百计地为广大教师办实事、办好事，不断改善教师的工作、学习和生活条件，为教师教书育人创造更为良好的社会环境。全社会都要关心和支持师德工作。要坚持团结鼓劲、正面宣传为主的方针，大力宣传人民教师的先进典型和模范事迹，为师德建设营造良好的舆论氛围。

14. 各级教育行政部门要把师德建设作为一项事关教育工作全局的大事，纳入教育事业总体规划，加强领导，统筹部署，切实做到制度落实、组织落实、任务落实。要将师德建设作为考核教育行政部门和学校工作的一项重要内容。形成主要领导亲自抓、相关部门各负其责、有关方面大力支持的领导体制和统一领导、分工负责、协调一致的工作格局。教育部建立师德建设工作领导小组,协调全国师德建设工作。各地教育行政部门也要建立相应的工作机制,保证师德建设工作落到实处。要充分发挥教育工会等教师行业组织在教师职业道德建设中的积极作用。

15. 各级各类学校要把师德建设摆在教师工作的首位,贯穿于管理工作的全过程。学校主要领导要亲自抓师德建设。高校要切实把师德建设工作摆上重要议事日程,加强领导,统一规划,开展一次以师德建设为主要内容的教师轮训,在此基础上,做到经常化、制度化。学校基层党组织、广大党员教师要充分发挥政治核心和先锋模范作用。学校教代会和群团组织紧密配合,学生、家长和社会积极参与,形成加强和推进师德建设的合力。

附录二 《幼儿园教师专业标准（试行）》

为促进幼儿园教师专业发展，建设高素质幼儿园教师队伍，根据《中华人民共和国教师法》，特制定《幼儿园教师专业标准（试行）》（以下简称《专业标准》）。

幼儿园教师是履行幼儿园教育工作职责的专业人员，需要经过严格的培养与培训，具有良好的职业道德，掌握系统的专业知识和专业技能。《专业标准》是国家对合格幼儿园教师专业素质的基本要求，是幼儿园教师开展保教活动的基本规范，是引领幼儿园教师专业发展的基本准则，是幼儿园教师培养、准入、培训、考核等工作的重要依据。

一、基本理念

（一）幼儿为本

尊重幼儿权益，以幼儿为主体，充分调动和发挥幼儿的主动性；遵循幼儿身心发展特点和保教活动规律，提供适合的教育，保障幼儿快乐健康成长。

（二）师德为先

热爱学前教育事业，具有职业理想，践行社会主义核心价值体系，履行教师职业道德规范。关爱幼儿，尊重幼儿人格，富有爱心、责任心、耐心和细心；为人师表，教书育人，自尊自律，做幼儿健康成长的启蒙者和引路人。

（三）能力为重

把学前教育理论与保教实践相结合，突出保教实践能力；研究幼儿，遵循幼儿成长规律，提升保教工作专业化水平；坚持实践、反思、再实践、再反思，不断提高专业能力。

（四）终身学习

学习先进学前教育理论，了解国内外学前教育改革与发展的经验和做法；优化知识结构，提高文化素养；具有终身学习与持续发展的意识和能力，做终身学习的典范。

二、基本内容

维度	领域	基本要求
专业理念与师德	（一）职业理解与认识	1. 贯彻党和国家教育方针政策，遵守教育法律法规。 2. 理解幼儿保教工作的意义，热爱学前教育事业，具有职业理想和敬业精神。 3. 认同幼儿园教师的专业性和独特性，注重自身专业发展。 4. 具有良好职业道德修养，为人师表。 5. 具有团队合作精神，积极开展协作与交流。
	（二）对幼儿的态度与行为	6. 关爱幼儿，重视幼儿身心健康，将保护幼儿生命安全放在首位。 7. 尊重幼儿人格，维护幼儿合法权益，平等对待每一个幼儿。不讽刺、挖苦、歧视幼儿，不体罚或变相体罚幼儿。 8. 信任幼儿，尊重个体差异，主动了解和满足有益于幼儿身心发展的不同需求。 9. 重视生活对幼儿健康成长的重要价值，积极创造条件，让幼儿拥有快乐的幼儿园生活。
	（三）幼儿保育和教育的态度与行为	10. 注重保教结合，培育幼儿良好的意志品质，帮助幼儿形成良好的行为习惯。 11. 注重保护幼儿的好奇心，培养幼儿的想象力，发掘幼儿的兴趣爱好。 12. 重视环境和游戏对幼儿发展的独特作用，创设富有教育意义的环境氛围，将游戏作为幼儿的主要活动。 13. 重视丰富幼儿多方面的直接经验，将探索、交往等实践活动作为幼儿最重要的学习方式。 14. 重视自身日常态度言行对幼儿发展的重要影响与作用。 15. 重视幼儿园、家庭和社区的合作，综合利用各种资源。
	（四）个人修养与行为	16. 富有爱心、责任心、耐心和细心。 17. 乐观向上、热情开朗，有亲和力。 18. 善于自我调节情绪，保持平和心态。 19. 勤于学习，不断进取。 20. 衣着整洁得体，语言规范健康，举止文明礼貌。
专业知识	（五）幼儿发展知识	21. 了解关于幼儿生存、发展和保护的有关法律法规及政策规定。 22. 掌握不同年龄幼儿身心发展特点、规律和促进幼儿全面发展的策略与方法。 23. 了解幼儿在发展水平、速度与优势领域等方面的个体差异，掌握对应的策略与方法。 24. 了解幼儿发展中容易出现的问题与适宜的对策。 25. 了解有特殊需要幼儿的身心发展特点及教育策略与方法。
	（六）幼儿保育和教育知识	26. 熟悉幼儿园教育的目标、任务、内容、要求和基本原则。 27. 掌握幼儿园环境创设、一日生活安排、游戏与教育活动、保育和班级管理的知识与方法。 28. 熟知幼儿园的安全应急预案，掌握意外事故和危险情况下幼儿安全防护与救助的基本方法。 29. 掌握观察、谈话、记录等了解幼儿的基本方法。 30. 了解0~3岁婴幼儿保教和幼小衔接的有关知识与基本方法。
	（七）通识性知识	31. 具有一定的自然科学和人文社会科学知识。 32. 了解中国教育基本情况。 33. 掌握幼儿园各领域教育的特点与基本知识。 34. 具有相应的艺术欣赏与表现知识。 35. 具有一定的现代信息技术知识。

续表

维度	领域	基本要求
专业能力	（八）环境的创设与利用	36. 建立良好的师幼关系，帮助幼儿建立良好的同伴关系，让幼儿感到温暖和愉悦。 37. 建立班级秩序与规则，营造良好的班级氛围，让幼儿感受到安全、舒适。 38. 创设有助于促进幼儿成长、学习、游戏的教育环境。 39. 合理利用资源，为幼儿提供和制作适合的玩教具和学习材料，引发和支持幼儿的主动活动。
	（九）一日生活的组织与保育	40. 合理安排和组织一日生活的各个环节，将教育灵活地渗透到一日生活中。 41. 科学照料幼儿日常生活，指导和协助保育员做好班级常规保育和卫生工作。 42. 充分利用各种教育契机，对幼儿进行随机教育。 43. 有效保护幼儿，及时处理幼儿的常见事故，危险情况优先救护幼儿。
	（十）游戏活动的支持与引导	44. 提供符合幼儿兴趣需要、年龄特点和发展目标的游戏条件。 45. 充分利用与合理设计游戏活动空间，提供丰富、适宜的游戏材料，支持、引发和促进幼儿的游戏。 46. 鼓励幼儿自主选择游戏内容、伙伴和材料，支持幼儿主动地、创造性地开展游戏，充分体验游戏的快乐和满足。 47. 引导幼儿在游戏活动中获得身体、认知、语言和社会性等多方面的发展。
	（十一）教育活动的计划与实施	48. 制定阶段性的教育活动计划和具体活动方案。 49. 在教育活动中观察幼儿，根据幼儿的表现和需要，调整活动，给予适宜的指导。 50. 在教育活动的设计和实施中体现趣味性、综合性和生活化，灵活运用各种组织形式和适宜的教育方式。 51. 提供更多的操作探索、交流合作、表达表现的机会，支持和促进幼儿主动学习。
	（十二）激励与评价	52. 关注幼儿日常表现，及时发现和赏识每个幼儿的点滴进步，注重激发和保护幼儿的积极性、自信心。 53. 有效运用观察、谈话、家园联系、作品分析等多种方法，客观地、全面地了解和评价幼儿。 54. 有效运用评价结果，指导下一步教育活动的开展。
	（十三）沟通与合作	55. 使用符合幼儿年龄特点的语言进行保教工作。 56. 善于倾听，和蔼可亲，与幼儿进行有效沟通。 57. 与同事合作交流，分享经验和资源，共同发展。 58. 与家长进行有效沟通合作，共同促进幼儿发展。 59. 协助幼儿园与社区建立合作互助的良好关系。
	（十四）反思与发展	60. 主动收集分析相关信息，不断进行反思，改进保教工作。 61. 针对保教工作中的现实需要与问题，进行探索和研究。 62. 制定专业发展规划，不断提高自身专业素质。

三、实施建议

（一）各级教育行政部门要将《专业标准》作为幼儿园教师队伍建设的基本依据。根据学前教育改革发展的需要，充分发挥《专业标准》引领和导向作用，深化教师教育改革，建立教师教育质量保障体系，不断提高幼儿园教师培养培训质量。制定幼儿园教师准入标准,严把幼儿园教师入口关;制定幼儿园教师聘任(聘用)、考核、退出等管理制度,保障教师合法权益,形成科学有效的幼儿园教师队伍管理和督导机制。

(二)开展幼儿园教师教育的院校要将《专业标准》作为幼儿园教师培养培训的主要依据。重视幼儿园教师职业特点,加强学前教育学科和专业建设。完善幼儿园教师培养培训方案,科学设置教师教育课程,改革教育教学方式;重视幼儿园教师职业道德教育,重视社会实践和教育实习;加强从事幼儿园教师教育的师资队伍建设,建立科学的质量评价制度。

(三)幼儿园要将《专业标准》作为教师管理的重要依据。制定幼儿园教师专业发展规划,注重教师职业理想与职业道德教育,增强教师育人的责任感与使命感;开展园本研修,促进教师专业发展;完善教师岗位职责和考核评价制度,健全幼儿园绩效管理机制。

(四)幼儿园教师要将《专业标准》作为自身专业发展的基本依据。制定自我专业发展规划,爱岗敬业,增强专业发展自觉性;大胆开展保教实践,不断创新;积极进行自我评价,主动参加教师培训和自主研修,逐步提升专业发展水平。

附录三 《幼儿园教育指导纲要（试行）》

第一部分 总则

一、为贯彻《中华人民共和国教育法》《幼儿园管理条例》和《幼儿园工作规程》，指导幼儿园深入实施素质教育，特制定本纲要。

二、幼儿园教育是基础教育的重要组成部分，是我国学校教育和终身教育的奠基阶段。城乡各类幼儿园都应从实际出发，因地制宜地实施素质教育，为幼儿一生的发展打好基础。

三、幼儿园应与家庭、社区密切合作，与小学相互衔接，综合利用各种教育资源，共同为幼儿的发展创造良好的条件。

四、幼儿园应为幼儿提供健康、丰富的生活和活动环境，满足他们多方面发展的需要，使他们在快乐的童年生活中获得有益于身心发展的经验。

五、幼儿园教育应尊重幼儿的人格和权利，尊重幼儿身心发展的规律和学习特点，以游戏为基本活动，保教并重，关注个别差异，促进每个幼儿富有个性的发展。

第二部分 教育内容与要求

幼儿园的教育内容是全面的、启蒙性的，可以相对划分为健康、语言、社会、科学、艺术等五个领域，也可作其他不同的划分。各领域的内容相互渗透，从不同的角度促进幼儿情感、态度、能力、知识、技能等方面的发展。

一、健康

（一）目标

1. 身体健康，在集体生活中情绪安定、愉快；
2. 生活、卫生习惯良好，有基本的生活自理能力；
3. 知道必要的安全保健常识，学习保护自己；
4. 喜欢参加体育活动，动作协调、灵活。

（二）内容与要求

1. 建立良好的师生、同伴关系，让幼儿在集体生活中感到温暖，心情愉快，形成安全感、信赖感。
2. 与家长配合，根据幼儿的需要建立科学的生活常规。培养幼儿良好的饮食、睡眠、盥洗、排泄等生活习惯和生活自理能力。
3. 教育幼儿爱清洁、讲卫生，注意保持个人和生活场所的整洁和卫生。
4. 密切结合幼儿的生活进行安全、营养和保健教育，提高幼儿的自我保护意识和能力。
5. 开展丰富多彩的户外游戏和体育活动，培养幼儿参加体育活动的兴趣和习惯，增强体质，提高对环境的适应能力。
6. 用幼儿感兴趣的方式发展基本动作，提高动作的协调性、灵活性。
7. 在体育活动中，培养幼儿坚强、勇敢、不怕困难的意志品质和主动、乐观、合作的态度。

（三）指导要点

1. 幼儿园必须把保护幼儿的生命和促进幼儿的健康放在工作的首位。树立正确的健康观念，在重视幼儿身体健康的同时，要高度重视幼儿的心理健康。
2. 既要高度重视和满足幼儿受保护、受照顾的需要，又要尊重和满足他们不断增长的独立要求，避免过度保护和包办代替，鼓励并指导幼儿自理、自立的尝试。
3. 健康领域的活动要充分尊重幼儿生长发育的规律，严禁以任何名义进行有损幼儿健康的比赛、表演或训练等。
4. 培养幼儿对体育活动的兴趣是幼儿园体育的重要目标，要根据幼儿的特点组织生动有趣、形式多样的体育活动，吸引幼儿主动参与。

二、语言

（一）目标

1. 乐意与人交谈，讲话礼貌；
2. 注意倾听对方讲话，能理解日常用语；
3. 能清楚地说出自己想说的事；
4. 喜欢听故事、看图书；
5. 能听懂和会说普通话。

（二）内容与要求

1. 创造一个自由、宽松的语言交往环境，支持、鼓励、吸引幼儿与教师、同伴或其他人交谈，体验语言交流的乐趣，学习使用适当的、礼貌的语言交往。
2. 养成幼儿注意倾听的习惯，发展语言理解能力。
3. 鼓励幼儿大胆、清楚地表达自己的想法和感受，尝试说明、描述简单的事物或过程，发展语言表达能力和思维能力。

4. 引导幼儿接触优秀的儿童文学作品，使之感受语言的丰富和优美，并通过多种活动帮助幼儿加深对作品的体验和理解。

5. 培养幼儿对生活中常见的简单标记和文字符号的兴趣。

6. 利用图书、绘画和其他多种方式，引发幼儿对书籍、阅读和书写的兴趣，培养前阅读和前书写技能。

7. 提供普通话的语言环境，帮助幼儿熟悉、听懂并学说普通话。少数民族地区还应帮助幼儿学习本民族语言。

（三）指导要点

1. 语言能力是在运用的过程中发展起来的，发展幼儿语言的关键是创设一个能使他们想说、敢说、喜欢说、有机会说并能得到积极应答的环境。

2. 幼儿语言的发展与其情感、经验、思维、社会交往能力等其他方面的发展密切相关，因此，发展幼儿语言的重要途径是通过互相渗透的各领域的教育，在丰富多彩的活动中去扩展幼儿的经验，提供促进语言发展的条件。

3. 幼儿的语言学习具有个别化的特点，教师与幼儿的个别交流、幼儿之间的自由交谈等，对幼儿语言发展具有特殊意义。

4. 对有语言障碍的儿童要给予特别关注，要与家长和有关方面密切配合，积极地帮助他们提高语言能力。

三、社会

（一）目标

1. 能主动地参与各项活动，有自信心；
2. 乐意与人交往，学习互助、合作和分享，有同情心；
3. 理解并遵守日常生活中基本的社会行为规则；
4. 能努力做好力所能及的事，不怕困难，有初步的责任感；
5. 爱父母长辈、老师和同伴，爱集体、爱家乡、爱祖国。

（二）内容与要求

1. 引导幼儿参加各种集体活动，体验与教师、同伴等共同生活的乐趣，帮助他们正确认识自己和他人，养成对他人、社会亲近、合作的态度，学习初步的人际交往技能。

2. 为每个幼儿提供表现自己长处和获得成功的机会，增强其自尊心和自信心。

3. 提供自由活动的机会，支持幼儿自主地选择、计划活动，鼓励他们通过多方面的努力解决问题，不轻易放弃克服困难的尝试。

4. 在共同的生活和活动中，以多种方式引导幼儿认识、体验并理解基本的社会行为规则，学习自律和尊重他人。

5. 教育幼儿爱护玩具和其他物品，爱护公物和公共环境。

6. 与家庭、社区合作，引导幼儿了解自己的亲人以及与自己生活有关的各行各业人们的劳动，培养其对劳动者的热爱和对劳动成果的尊重。

7. 充分利用社会资源，引导幼儿实际感受祖国文化的丰富与优秀，感受家乡的变化和发展，激发幼儿爱家乡、爱祖国的情感。

8. 适当向幼儿介绍我国各民族和世界其他国家、民族的文化，使其感知人类文化的多样性和差异性，培养理解、尊重、平等的态度。

（三）指导要点

1. 社会领域的教育具有潜移默化的特点。幼儿社会态度和社会情感的培养尤应渗透在多种活动和一日生活的各个环节之中，要创设一个能使幼儿感受到接纳、关爱和支持的良好环境，避免单一呆板的言语说教。

2. 幼儿与成人、同伴之间的共同生活、交往、探索、游戏等，是其社会学习的重要途径。应为幼儿提供人际间相互交往和共同活动的机会和条件，并加以指导。

3. 社会学习是一个漫长的积累过程，需要幼儿园、家庭和社会密切合作，协调一致，共同促进幼儿良好社会性品质的形成。

四、科学

（一）目标

1. 对周围的事物、现象感兴趣，有好奇心和求知欲；
2. 能运用各种感官，动手动脑，探究问题；
3. 能用适当的方式表达、交流探索的过程和结果；
4. 能从生活和游戏中感受事物的数量关系并体验到数学的重要和有趣；
5. 爱护动植物，关心周围环境，亲近大自然，珍惜自然资源，有初步的环保意识。

（二）内容与要求

1. 引导幼儿对身边常见事物和现象的特点、变化规律产生兴趣和探究的欲望。

2. 为幼儿的探究活动创造宽松的环境，让每个幼儿都有机会参与尝试，支持、鼓励他们大胆提出问题，发表不同意见，学会尊重别人的观点和经验。

3. 提供丰富的可操作的材料，为每个幼儿都能运用多种感官、多种方式进行探索提供活动的条件。

4. 通过引导幼儿积极参加小组讨论、探索等方式，培养幼儿合作学习的意识和能力，学习用多种方式表现、交流、分享探索的过程和结果。

5. 引导幼儿对周围环境中的数、量、形、时间和空间等现象产生兴趣，建构初步的数概念，并学习用简单的数学方法解决生活和游戏中某些简单的问题。

6. 从生活或媒体中幼儿熟悉的科技成果入手，引导幼儿感受科学技术对生活的影响，培养他们对科学的兴趣和对科学家的崇敬。

7. 在幼儿生活经验的基础上，帮助幼儿了解自然、环境与人类生活的关系。从身边的小事入手，培养初步的环保意识和行为。

（三）指导要点

1. 幼儿的科学教育是科学启蒙教育，重在激发幼儿的认识兴趣和探究欲望。
2. 要尽量创造条件让幼儿实际参加探究活动，使他们感受科学探究的过程和方法，体验发现的乐趣。
3. 科学教育应密切联系幼儿的实际生活进行，利用身边的事物与现象作为科学探索的对象。

五、艺术

（一）目标

1. 能初步感受并喜爱环境、生活和艺术中的美；
2. 喜欢参加艺术活动，并能大胆地表现自己的情感和体验；
3. 能用自己喜欢的方式进行艺术表现活动。

（二）内容与要求

1. 引导幼儿接触周围环境和生活中美好的人、事、物，丰富他们的感性经验和审美情趣，激发他们表现美、创造美的情趣。
2. 在艺术活动中面向全体幼儿，要针对他们的不同特点和需要，让每个幼儿都得到美的熏陶和培养。对有艺术天赋的幼儿要注意发展他们的艺术潜能。
3. 提供自由表现的机会，鼓励幼儿用不同艺术形式大胆地表达自己的情感、理解和想象，尊重每个幼儿的想法和创造，肯定和接纳他们独特的审美感受和表现方式，分享他们创造的快乐。
4. 在支持、鼓励幼儿积极参加各种艺术活动并大胆表现的同时，帮助他们提高表现的技能和能力。
5. 指导幼儿利用身边的物品或废旧材料制作玩具、手工艺品等来美化自己的生活或开展其他活动。
6. 为幼儿创设展示自己作品的条件，引导幼儿相互交流、相互欣赏、共同提高。

（三）指导要点

1. 艺术是实施美育的主要途径，应充分发挥艺术的情感教育功能，促进幼儿健全人格的形成。要避免仅仅重视表现技能或艺术活动的结果，而忽视幼儿在活动过程中的情感体验和态度的倾向。
2. 幼儿的创作过程和作品是他们表达自己的认识和情感的重要方式，应支持幼儿富有个性和创造性的表达，克服过分强调技能技巧和标准化要求的偏向。
3. 幼儿艺术活动的能力是在大胆表现的过程中逐渐发展起来的，教师的作用应主要在于激发幼儿感受美、表现美的情趣，丰富他们的审美经验，使之体验自由表达和创造的快乐。在此基础上，根据幼儿的发展状况和需要，对表现方式和技能技巧给予适时、适当的指导。

第三部分　组织与实施

一、幼儿园的教育是为所有在园幼儿的健康成长服务的，要为每一个儿童，包括有特殊需要的儿童提供积极的支持和帮助。

二、幼儿园的教育活动，是教师以多种形式有目的、有计划地引导幼儿生动、活泼、主动活动的教育过程。

三、教育活动的组织与实施过程是教师创造性地开展工作的过程。教师要根据本《纲要》，从本地、本园的条件出发，结合本班幼儿的实际情况，制定切实可行的工作计划并灵活地执行。

四、教育活动目标要以《幼儿园工作规程》和本《纲要》所提出的各领域目标为指导，结合本班幼儿的发展水平、经验和需要来确定。

五、教育活动内容的选择应遵照本《纲要》第二部分的有关条款进行，同时体现以下原则：

（一）既适合幼儿的现有水平，又有一定的挑战性。

（二）既符合幼儿的现实需要，又有利于其长远发展。

（三）既贴近幼儿的生活来选择幼儿感兴趣的事物和问题，又有助于拓展幼儿的经验和视野。

六、教育活动内容的组织应充分考虑幼儿的学习特点和认识规律，各领域的内容要有机联系，相互渗透，注重综合性、趣味性、活动性，寓教育于生活、游戏之中。

七、教育活动的组织形式应根据需要合理安排，因时、因地、因内容、因材料灵活地运用。

八、环境是重要的教育资源，应通过环境的创设和利用，有效地促进幼儿的发展。

（一）幼儿园的空间、设施、活动材料和常规要求等应有利于引发、支持幼儿的游戏和各种探索活动，有利于引发、支持幼儿与周围环境之间积极的相互作用。

（二）幼儿同伴群体及幼儿园教师集体是宝贵的教育资源，应充分发挥这一资源的作用。

（三）教师的态度和管理方式应有助于形成安全、温馨的心理环境；言行举止应成为幼儿学习的良好榜样。

（四）家庭是幼儿园重要的合作伙伴。应本着尊重、平等、合作的原则，争取家长的理解、支持和主动参与，并积极支持、帮助家长提高教育能力。

（五）充分利用自然环境和社区的教育资源，扩展幼儿生活和学习的空间。幼儿园同时应为社区的早期教育提供服务。

九、科学、合理地安排和组织一日生活。

（一）时间安排应有相对的稳定性与灵活性，既有利于形成秩序，又能满足幼儿的合理需要，照顾到个体差异。

（二）教师直接指导的活动和间接指导的活动相结合，保证幼儿每天有适当的自主选择和自由活动时间。教师直接指导的集体活动要能保证幼儿的积极参与，避免时间的隐性浪费。

（三）尽量减少不必要的集体行动和过渡环节，减少和消除消极等待现象。

（四）建立良好的常规，避免不必要的管理行为，逐步引导幼儿学习自我管理。

十、教师应成为幼儿学习活动的支持者、合作者、引导者。

（一）以关怀、接纳、尊重的态度与幼儿交往。耐心倾听，努力理解幼儿的想法与感受，支持、鼓励他们大胆探索与表达。

（二）善于发现幼儿感兴趣的事物、游戏和偶发事件中所隐含的教育价值，把握时机，积极引导。

（三）关注幼儿在活动中的表现和反应，敏感地察觉他们的需要，及时以适当的方式应答，形成合作探究式的师生互动。

（四）尊重幼儿在发展水平、能力、经验、学习方式等方面的个体差异，因人施教，努力使每一个幼儿都能获得满足和成功。

（五）关注幼儿的特殊需要，包括各种发展潜能和不同发展障碍，与家庭密切配合，共同促进幼儿健康成长。

十一、幼儿园教育要与0~3岁儿童的保育教育以及小学教育相互衔接。

第四部分　教育评价

一、教育评价是幼儿园教育工作的重要组成部分，是了解教育的适宜性、有效性，调整和改进工作，促进每一个幼儿发展，提高教育质量的必要手段。

二、管理人员、教师、幼儿及其家长均是幼儿园教育评价工作的参与者。评价过程是各方共同参与、相互支持与合作的过程。

三、评价的过程，是教师运用专业知识审视教育实践，发现、分析、研究、解决问题的过程，也是其自我成长的重要途径。

四、幼儿园教育工作评价实行以教师自评为主，园长以及有关管理人员、其他教师和家长等参与评价的制度。

五、评价应自然地伴随着整个教育过程进行。综合采用观察、谈话、作品分析等多种方法。

六、幼儿的行为表现和发展变化具有重要的评价意义，教师应视之为重要的评价信息和改进工作的依据。

七、教育工作评价宜重点考察以下方面：

（一）教育计划和教育活动的目标是否建立在了解本班幼儿现状的基础上。

（二）教育的内容、方式、策略、环境条件是否能调动幼儿学习的积极性。

（三）教育过程是否能为幼儿提供有益的学习经验，并符合其发展需要。

（四）教育内容、要求能否兼顾群体需要和个体差异，使每个幼儿都能得到发展，都有成功感。

（五）教师的指导是否有利于幼儿主动、有效地学习。

八、对幼儿发展状况的评估，要注意：

（一）明确评价的目的是了解幼儿的发展需要，以便提供更加适宜的帮助和指导。

（二）全面了解幼儿的发展状况，防止片面性，尤其要避免只重知识和技能，忽略情感、社会性和实际能力的倾向。

（三）在日常活动与教育教学过程中采用自然的方法进行。平时观察所获的具有典型意义的幼儿行为表现和所积累的各种作品等，是评价的重要依据。

（四）承认和关注幼儿的个体差异，避免用划一的标准评价不同的幼儿，在幼儿面前慎用横向的比较。

（五）以发展的眼光看待幼儿，既要了解现有水平，更要关注其发展的速度、特点和倾向等。

附录四 《3~6岁儿童学习与发展指南》

目 录

说 明 205
一、健康 206
    （一）身心状况 207
    （二）动作发展 209
    （三）生活习惯与生活能力 210
二、语言 212
    （一）倾听与表达 213
    （二）阅读与书写准备 214
三、社会 216
    （一）人际交往 217
    （二）社会适应 219
四、科学 221
    （一）科学探究 221
    （二）数学认知 224
五、艺术 226
    （一）感受与欣赏 227
    （二）表现与创造 228

说 明

一、为深入贯彻《国家中长期教育改革和发展规划纲要（2010—2020年）》和《国务院关于当前发展学前教育的若干意见》（国发〔2010〕41号），指导幼儿园和家庭实施科学的保育和教育，促进幼儿身心全面和谐发展，制定《3~6岁儿童学习与发展指南》（以下简称《指南》）。

二、《指南》以为幼儿后继学习和终身发展奠定良好素质基础为目标，以促进幼儿体、智、德、美各方面的协调发展为核心，通过提出3~6岁各年龄段儿童学习与发展目标和相应的教育建议，帮助幼儿园教师和家长了解3~6岁幼儿学习与发展的基本规律和特点，建立对幼儿发展的合理期望，实施科学的保育和教育，让幼儿度过快乐而有意义的童年。

三、《指南》从健康、语言、社会、科学、艺术五个领域描述幼儿的学习与发展。每个领域按照幼儿学习与发展最基本、最重要的内容划分为若干方面。每个方面由学习与发展目标和教育建议两部分组成。

目标部分分别对3~4岁、4~5岁、5~6岁三个年龄段末期幼儿应该知道什么、能做什么，大致可以达到什么发展水平提出了合理期望，指明了幼儿学习与发展的具体方向；教育建议部分列举了一些能够有效帮助和促进幼儿学习与发展的教育途径与方法。

四、实施《指南》应把握以下几个方面：

1. 关注幼儿学习与发展的整体性。儿童的发展是一个整体，要注重领域之间、目标之间的相互渗透和整合，促进幼儿身心全面协调发展，而不应片面追求某一方面或几方面的发展。

2. 尊重幼儿发展的个体差异。幼儿的发展是一个持续、渐进的过程，同时也表现出一定的阶段性特征。每个幼儿在沿着相似进程发展的过程中，各自的发展速度和到达某一水平的时间不完全相同。要充分理解和尊重幼儿发展进程中的个别差异，支持和引导他们从原有水平向更高水平发展，按照自身的速度和方式到达《指南》所呈现的发展"阶梯"，切忌用一把"尺子"衡量所有幼儿。

3. 理解幼儿的学习方式和特点。幼儿的学习是以直接经验为基础，在游戏和日常生活中进行的。要珍视游戏和生活的独特价值，创设丰富的教育环境，合理安排一日生活，最大限度地支持和满足幼儿通过直接感知、实际操作和亲身体验获取经验的需要，严禁"拔苗助长"式的超前教育和强化训练。

4. 重视幼儿的学习品质。幼儿在活动过程中表现出的积极态度和良好行为倾向是终身学习与发展所必需的宝贵品质。要充分尊重和保护幼儿的好奇心和学习兴趣，帮助幼儿逐步养成积极主动、认真专注、不怕困难、敢于探究和尝试、乐于想象和创造等良好学习品质。忽视幼儿学习品质培养，单纯追求知识技能学习的做法是短视而有害的。

一、健康

健康是指人在身体、心理和社会适应方面的良好状态。幼儿阶段是儿童身体发育和机能发展极为迅速的时期，也是形成安全感和乐观态度的重要阶段。发育良好的身体、愉快的情绪、强健的体质、协调的动作、良好的生活习惯和基本生活能力是幼儿身心健康的重要标志，也是其他领域学习与发展的基础。

为有效促进幼儿身心健康发展，成人应为幼儿提供合理均衡的营养，保证充足的睡眠和适宜的锻炼，满足幼儿生长发育的需要；创设温馨的人际环境，让幼儿充分感受到亲情和关爱，形成积极稳定的情绪情感；帮助幼儿养成良好的生活与卫生习惯，提高自我保护能力，形成使其终身受益的生活能力和文明生活方式。

幼儿身心发育尚未成熟，需要成人的精心呵护和照顾，但不宜过度保护和包办代替，以免剥夺幼儿自主学习的机会,养成过于依赖的不良习惯,影响其主动性、独立性的发展。

(一) 身心状况

目标1　具有健康的体态

3~4岁	4~5岁	5~6岁
1. 身高和体重适宜。参考标准:男孩:身高:94.9~111.7厘米 体重:12.7~21.2公斤女孩:身高:94.1~111.3厘米 体重:12.3~21.5公斤 2. 在提醒下能自然坐直、站直。	1. 身高和体重适宜。参考标准:男孩:身高:100.7~119.2厘米 体重:14.1~24.2公斤女孩:身高:99.9~118.9厘米 体重:13.7~24.9公斤 2. 在提醒下能保持正确的站、坐和行走姿势。	1. 身高和体重适宜。参考标准:男孩:身高:106.1~125.8厘米体重:15.9~27.1公斤女孩:身高:104.9~125.4厘米体重:15.3~27.8公斤 2. 经常保持正确的站、坐和行走姿势。

注:身高和体重数据来源:《2006年世界卫生组织儿童生长标准》4、5、6周岁儿童身高和体重的参考数据。

教育建议:

1. 为幼儿提供营养丰富、健康的饮食。如:

参照《中国孕期、哺乳期妇女和0~6岁儿童膳食指南》,为幼儿提供谷物、蔬菜、水果、肉、奶、蛋、豆制品等多样化的食物,均衡搭配。

烹调方式要科学,尽量少煎炸、烧烤、腌制。

2. 保证幼儿每天睡11~12小时,其中午睡一般应达到2小时左右。午睡时间可根据幼儿的年龄、季节的变化和个体差异适当减少。

3. 注意幼儿的体态,帮助他们形成正确的姿势。如:

提醒幼儿要保持正确的站、坐、走姿势;发现有八字脚、罗圈腿、驼背等骨骼发育异常的情况,应及时就医矫治。

桌、椅和床要合适。椅子的高度以幼儿写画时双脚能自然着地、大腿基本保持水平状为宜;桌子的高度以写画时身体能坐直,不驼背、不耸肩为宜;床不宜过软。

4. 每年为幼儿进行健康检查。

目标2　情绪安定愉快

3~4岁	4~5岁	5~6岁
1. 情绪比较稳定,很少因一点小事哭闹不止。 2. 有比较强烈的情绪反应时,能在成人的安抚下逐渐平静下来。	1. 经常保持愉快的情绪,不高兴时能较快缓解。 2. 有比较强烈情绪反应时,能在成人提醒下逐渐平静下来。 3. 愿意把自己的情绪告诉亲近的人,一起分享快乐或求得安慰。	1. 经常保持愉快的情绪。知道引起自己某种情绪的原因,并努力缓解。 2. 表达情绪的方式比较适度,不乱发脾气。 3. 能随着活动的需要转换情绪和注意。

教育建议:

1. 营造温暖、轻松的心理环境,让幼儿形成安全感和信赖感。如:

保持良好的情绪状态,以积极、愉快的情绪影响幼儿。

以欣赏的态度对待幼儿。注意发现幼儿的优点,接纳他们的个体差异,不简单与同伴做横向比较。

幼儿做错事时要冷静处理,不厉声斥责,更不能打骂。

2. 帮助幼儿学会恰当表达和调控情绪。如:

成人用恰当的方式表达情绪,为幼儿做出榜样。如生气时不乱发脾气,不迁怒于人。

成人和幼儿一起谈论自己高兴或生气的事,鼓励幼儿与人分享自己的情绪。

允许幼儿表达自己的情绪,并给予适当的引导。如幼儿发脾气时不硬性压制,等其平静后告诉他什么行为是可以接受的。

发现幼儿不高兴时,主动询问情况,帮助他们化解消极情绪。

目标3　具有一定的适应能力

3~4岁	4~5岁	5~6岁
1. 能在较热或较冷的户外环境中活动。 2. 换新环境时情绪能较快稳定,睡眠、饮食基本正常。 3. 在帮助下能较快适应集体生活。	1. 能在较热或较冷的户外环境中连续活动半小时左右。 2. 换新环境时较少出现身体不适。 3. 能较快适应人际环境中发生的变化。如换了新老师能较快适应。	1. 能在较热或较冷的户外环境中连续活动半小时以上。 2. 天气变化时较少感冒,能适应车、船等交通工具造成的轻微颠簸。 3. 能较快融入新的人际关系环境。如换了新的幼儿园或班级能较快适应。

教育建议:

1. 保证幼儿的户外活动时间,提高幼儿适应季节变化的能力。

幼儿每天的户外活动时间一般不少于两小时,其中体育活动时间不少于1小时,季节交替时要坚持。

气温过热或过冷的季节或地区应因地制宜,选择温度适当的时间段开展户外活动,也可根据气温的变化和幼儿的个体差异,适当减少活动的时间。

2. 经常与幼儿玩拉手转圈、秋千、转椅等游戏活动,让幼儿适应轻微的摆动、颠簸、旋转,促进其平衡机能的发展。

3. 锻炼幼儿适应生活环境变化的能力。如:

注意观察幼儿在新环境中的饮食、睡眠、游戏等方面的情况,采取相应的措施帮助他们尽快适应新环境。

经常带幼儿接触不同的人际环境,如参加亲戚朋友聚会,多和不熟悉的小朋友玩,使幼儿较快适应新的人际关系。

（二）动作发展

目标 1　具有一定的平衡能力，动作协调、灵敏

3～4 岁	4～5 岁	5～6 岁
1. 能沿地面直线或在较窄的低矮物体上走一段距离。 2. 能双脚灵活交替上下楼梯。 3. 能身体平稳地双脚连续向前跳。 4. 分散跑时能躲避他人的碰撞。 5. 能双手向上抛球。	1. 能在较窄的低矮物体上平稳地走一段距离。 2. 能以匍匐、膝盖悬空等多种方式钻爬。 3. 能助跑跨跳过一定距离，或助跑跨跳过一定高度的物体。 4. 能与他人玩追逐、躲闪跑的游戏。 5. 能连续自抛自接球。	1. 能在斜坡、荡桥和有一定间隔的物体上较平稳地行走。 2. 能以手脚并用的方式安全地爬攀登架、网等。 3. 能连续跳绳。 4. 能躲避他人滚过来的球或扔过来的沙包。 5. 能连续拍球。

教育建议：

1. 利用多种活动发展身体平衡和协调能力。如：

走平衡木，或沿着地面直线、田埂行走。

玩跳房子、踢毽子、蒙眼走路、踩小高跷等游戏活动。

2. 发展幼儿动作的协调性和灵活性。如：

鼓励幼儿进行跑跳、钻爬、攀登、投掷、拍球等活动。

玩跳竹竿、滚铁环等传统体育游戏。

3. 对于拍球、跳绳等技能性活动，不要过于要求数量，更不能机械训练。

4. 结合活动内容对幼儿进行安全教育，注重在活动中培养幼儿的自我保护能力。

目标 2　具有一定的力量和耐力

3～4 岁	4～5 岁	5～6 岁
1. 能双手抓杠悬空吊起 10 秒左右。 2. 能单手将沙包向前投掷 2 米左右。 3. 能单脚连续向前跳 2 米左右。 4. 能快跑 15 米左右。 5. 能行走 1 公里左右（途中可适当停歇）。	1. 能双手抓杠悬空吊起 15 秒左右。 2. 能单手将沙包向前投掷 4 米左右。 3. 能单脚连续向前跳 5 米左右。 4. 能快跑 20 米左右。 5. 能连续行走 1.5 公里左右（途中可适当停歇）。	1. 能双手抓杠悬空吊起 20 秒左右。 2. 能单手将沙包向前投掷 5 米左右。 3. 能单脚连续向前跳 8 米左右。 4. 能快跑 25 米左右。 5. 能连续行走 1.5 公里以上（途中可适当停歇）。

教育建议：

1. 开展丰富多样、适合幼儿年龄特点的各种身体活动，如走、跑、跳、攀、爬等，鼓励幼儿坚持下来，不怕累。

2. 日常生活中鼓励幼儿多走路、少坐车；自己上下楼梯、自己背包。

目标3 手的动作灵活协调

3~4岁	4~5岁	5~6岁
1. 能用笔涂涂画画。 2. 能熟练地用勺子吃饭。 3. 能用剪刀沿直线剪，边线基本吻合。	1. 能沿边线较直地画出简单图形，或能边线基本对齐地折纸。 2. 会用筷子吃饭。 3. 能沿轮廓线剪出由直线构成的简单图形，边线吻合。	1. 能根据需要画出图形，线条基本平滑。 2. 能熟练使用筷子。 3. 能沿轮廓线剪出由曲线构成的简单图形，边线吻合且平滑。 4. 能使用简单的劳动工具或用具。

教育建议：

1. 创造条件和机会，促进幼儿手的动作灵活协调。如：

提供画笔、剪刀、纸张、泥团等工具和材料，或充分利用各种自然、废旧材料和常见物品，让幼儿进行画、剪、折、粘等美工活动。

引导幼儿生活自理或参与家务劳动，发展其手的动作。如练习自己用筷子吃饭、扣扣子，帮助家人择菜叶、做面食等。

幼儿园在布置娃娃家、商店等活动区时，多提供原材料和半成品，让幼儿有更多机会参与制作活动。

2. 引导幼儿注意活动安全。如：

为幼儿提供的塑料粒、珠子等活动材料要足够大，材质要安全，以免造成异物进入气管、铅中毒等伤害。提供幼儿用安全剪刀。

为幼儿示范拿筷子、握笔的正确姿势以及使用剪刀、锤子等工具的方法。

提醒幼儿不要拿剪刀等锋利工具玩耍，用完后要放回原处。

（三）生活习惯与生活能力

目标1 具有良好的生活与卫生习惯

3~4岁	4~5岁	5~6岁
1. 在提醒下，按时睡觉和起床，并能坚持午睡。 2. 喜欢参加体育活动。 3. 在引导下，不偏食、挑食。喜欢吃瓜果、蔬菜等新鲜食品。 4. 愿意饮用白开水，不贪喝饮料。 5. 不用脏手揉眼睛，连续看电视等不超过15分钟。 6. 在提醒下，每天早晚刷牙、饭前便后洗手。	1. 每天按时睡觉和起床，并能坚持午睡。 2. 喜欢参加体育活动。 3. 不偏食、挑食，不暴饮暴食。喜欢吃瓜果、蔬菜等新鲜食品。 4. 常喝白开水，不贪喝饮料。 5. 知道保护眼睛，不在光线过强或过暗的地方看书，连续看电视等不超过20分钟。 6. 每天早晚刷牙、饭前便后洗手，方法基本正确。	1. 养成每天按时睡觉和起床的习惯。 2. 能主动参加体育活动。 3. 吃东西时细嚼慢咽。 4. 主动饮用白开水，不贪喝饮料。 5. 主动保护眼睛。不在光线过强或过暗的地方看书，连续看电视等不超过30分钟。 6. 每天早晚主动刷牙，饭前便后主动洗手，方法正确。

教育建议：

1. 让幼儿保持有规律的生活，养成良好的作息习惯。如：早睡早起、每天午睡、按时进餐、吃好早餐等。
　　2. 帮助幼儿养成良好的饮食习惯。如：
　　合理安排餐点，帮助幼儿养成定点、定时、定量进餐的习惯。
　　帮助幼儿了解食物的营养价值，引导他们不偏食不挑食、少吃或不吃不利于健康的食品；多喝白开水，少喝饮料。
　　吃饭时不过分催促，提醒幼儿细嚼慢咽，不要边吃边玩。
　　3. 帮助幼儿养成良好的个人卫生习惯。如：
　　早晚刷牙、饭后漱口。
　　勤为幼儿洗澡、换衣服、剪指甲。
　　提醒幼儿保护五官，如不乱挖耳朵、鼻孔，看电视时保持3米左右的距离等。
　　4. 激发幼儿参加体育活动的兴趣，养成锻炼的习惯。如：
　　为幼儿准备多种体育活动材料，鼓励他选择自己喜欢的材料开展活动。
　　经常和幼儿一起在户外运动和游戏，鼓励幼儿和同伴一起开展体育活动。
　　和幼儿一起观看体育比赛或有关体育赛事的电视节目，培养他对体育活动的兴趣。

目标2　具有基本的生活自理能力

3~4岁	4~5岁	5~6岁
1. 在帮助下能穿脱衣服或鞋袜。 2. 能将玩具和图书放回原处。	1. 能自己穿脱衣服、鞋袜、扣纽扣。 2. 能整理自己的物品。	1. 能知道根据冷热增减衣服。 2. 会自己系鞋带。 3. 能按类别整理好自己的物品。

　　教育建议：
　　1. 鼓励幼儿做力所能及的事情，对幼儿的尝试与努力给予肯定，不因做不好或做得慢而包办代替。
　　2. 指导幼儿学习和掌握生活自理的基本方法，如穿脱衣服和鞋袜、洗手洗脸、擦鼻涕、擦屁股的正确方法。
　　3. 提供有利于幼儿生活自理的条件。如：
　　提供一些纸箱、盒子，供幼儿收拾和存放自己的玩具、图书或生活用品等。
　　幼儿的衣服、鞋子等要简单实用，便于自己穿脱。

目标3　具备基本的安全知识和自我保护能力

3~4岁	4~5岁	5~6岁
1. 不吃陌生人给的东西，不跟陌生人走。 2. 在提醒下能注意安全，不做危险的事。 3. 在公共场所走失时，能向警察或有关人员说出自己和家长的名字、电话号码等简单信息。	1. 知道在公共场合不远离成人的视线单独活动。 2. 认识常见的安全标志，能遵守安全规则。 3. 运动时能主动躲避危险。 4. 知道简单的求助方式。	1. 未经大人允许不给陌生人开门。 2. 能自觉遵守基本的安全规则和交通规则。 3. 运动时能注意安全，不给他人造成危险。 4. 知道一些基本的防灾知识。

教育建议：

1. 创设安全的生活环境，提供必要的保护措施。如：

要把热水瓶、药品、火柴、刀具等物品放到幼儿够不到的地方；阳台或窗台要有安全保护措施；要使用安全的电源插座等。

在公共场所要注意照看好幼儿；幼儿乘车、乘电梯时要有成人陪伴；不把幼儿单独留在家里或汽车里等。

2. 结合生活实际对幼儿进行安全教育。如：

外出时，提醒幼儿要紧跟成人，不远离成人的视线，不跟陌生人走，不吃陌生人给的东西；不在河边和马路边玩耍；要遵守交通规则等。

帮助幼儿了解周围环境中不安全的事物，不做危险的事。如不动热水壶，不玩火柴或打火机，不摸电源插座，不攀爬窗户或阳台等。

帮助幼儿认识常见的安全标识，如：小心触电、小心有毒、禁止下河游泳、紧急出口等。

告诉幼儿不允许别人触摸自己的隐私部位。

3. 教给幼儿简单的自救和求救的方法。如：

记住自己家庭的住址、电话号码、父母的姓名和单位，一旦走失时知道向成人求助，并能提供必要信息。

遇到火灾或其他紧急情况时，知道要拨打110、120、119等求救电话。

可利用图书、音像等材料对幼儿进行逃生和求救方面的教育，并运用游戏方式模拟练习。

幼儿园应定期进行火灾、地震等自然灾害的逃生演习。

二、语言

语言是交流和思维的工具。幼儿期是语言发展，特别是口语发展的重要时期。幼儿语言的发展贯穿于各个领域，也对其他领域的学习与发展有着重要的影响：幼儿在运用语言进行交流的同时，也在发展着人际交往能力、理解他人和判断交往情境的能力、组织自己思想的能力。通过语言获取信息，幼儿的学习逐步超越个体的直接感知。

幼儿的语言能力是在交流和运用的过程中发展起来的。应为幼儿创设自由、宽松的语言交往环境，鼓励和支持幼儿与成人、同伴交流，让幼儿想说、敢说、喜欢说并能得到积极回应。为幼儿提供丰富、适宜的低幼读物，经常和幼儿一起看图书、讲故事，丰富其语言表达能力，培养阅读兴趣和良好的阅读习惯，进一步拓展学习经验。

幼儿的语言学习需要相应的社会经验支持，应通过多种活动扩展幼儿的生活经验，丰富语言的内容，增强理解和表达能力。应在生活情境和阅读活动中引导幼儿自然而然地产生对文字的兴趣，用机械记忆和强化训练的方式让幼儿过早识字不符合其学习特点和接受能力。

（一）倾听与表达

目标1　认真听并能听懂常用语言

3～4岁	4～5岁	5～6岁
1. 别人对自己说话时能注意听并做出回应。 2. 能听懂日常会话。	1. 在群体中能有意识地听与自己有关的信息。 2. 能结合情境感受到不同语气、语调所表达的不同意思。 3. 方言地区和少数民族幼儿能基本听懂普通话。	1. 在集体中能注意听老师或其他人讲话。 2. 听不懂或有疑问时能主动提问。 3. 能结合情境理解一些表示因果、假设等相对复杂的句子。

教育建议：

1. 多给幼儿提供倾听和交谈的机会。如：经常和幼儿一起谈论他感兴趣的话题，或一起看图书、讲故事。

2. 引导幼儿学会认真倾听。如：

成人要耐心倾听别人（包括幼儿）的讲话，等别人讲完再表达自己的观点。

与幼儿交谈时，要用幼儿能听得懂的语言。

对幼儿提要求和布置任务时要求他注意听，鼓励他主动提问。

3. 对幼儿讲话时，注意结合情境使用丰富的语言，以便于幼儿理解。如：

说话时注意语气、语调，让幼儿感受语气、语调的作用。如对幼儿的不合理要求以比较坚定的语气表示不同意；讲故事时，尽量把故事人物高兴、悲伤的心情用不同的语气、语调表现出来。

根据幼儿的理解水平有意识地使用一些反映因果、假设、条件等关系的句子。

目标2　愿意讲话并能清楚地表达

3～4岁	4～5岁	5～6岁
1. 愿意在熟悉的人面前说话，能大方地与人打招呼。 2. 基本会说本民族或本地区的语言。 3. 愿意表达自己的需要和想法，必要时能配以手势动作。 4. 能口齿清楚地说儿歌、童谣或复述简短的故事。	1. 愿意与他人交谈，喜欢谈论自己感兴趣的话题。 2. 会说本民族或本地区的语言，基本会说普通话。少数民族聚居地区幼儿会用普通话进行日常会话。 3. 能基本完整地讲述自己的所见所闻和经历的事情。 4. 讲述比较连贯。	1. 愿意与他人讨论问题，敢在众人面前说话。 2. 会说本民族或本地区的语言和普通话，发音正确清晰。少数民族聚居地区幼儿基本会说普通话。 3. 能有序、连贯、清楚地讲述一件事情。 4. 讲述时能使用常见的形容词、同义词等，语言比较生动。

教育建议：

1. 为幼儿创造说话的机会并体验语言交往的乐趣。

每天有足够的时间与幼儿交谈。如谈论他感兴趣的话题，询问和听取他对自己事情的意见等。

尊重和接纳幼儿的说话方式,无论幼儿的表达水平如何,都应认真地倾听并给予积极的回应。

鼓励和支持幼儿与同伴一起玩耍、交谈,相互讲述见闻、趣事或看过的图书、动画片等。

方言和少数民族地区应积极为幼儿创设用普通话交流的语言环境。

2. 引导幼儿清楚地表达。如:

和幼儿讲话时,成人自身的语言要清楚、简洁。

当幼儿因为急于表达而说不清楚的时候,提醒他不要着急,慢慢说;同时要耐心倾听,给予必要的补充,帮助他理清思路并清晰地说出来。

目标3　具有文明的语言习惯

3~4岁	4~5岁	5~6岁
1. 与别人讲话时知道眼睛要看着对方。 2. 说话自然,声音大小适中。 3. 能在成人的提醒下使用恰当的礼貌用语。	1. 别人对自己讲话时能回应。 2. 能根据场合调节自己说话声音的大小。 3. 能主动使用礼貌用语,不说脏话、粗话。	1. 别人讲话时能积极主动地回应。 2. 能根据谈话对象和需要,调整说话的语气。 3. 懂得按次序轮流讲话,不随意打断别人。 4. 能依据所处情境使用恰当的语言。如在别人难过时会用恰当的语言表示安慰。

教育建议:

1. 成人注意语言文明,为幼儿做出表率。如:

与他人交谈时,认真倾听,使用礼貌用语。

在公共场合不大声说话,不说脏话、粗话。

幼儿表达意见时,成人可蹲下来,眼睛平视幼儿,耐心听他把话说完。

2. 帮助幼儿养成良好的语言行为习惯。如:

结合情境提醒幼儿一些必要的交流礼节。如对长辈说话要有礼貌,客人来访时要打招呼,得到帮助时要说谢谢等。

提醒幼儿遵守集体生活的语言规则,如轮流发言,不随意打断别人讲话等。

提醒幼儿注意公共场所的语言文明,如不大声喧哗。

(二) 阅读与书写准备

目标1　喜欢听故事,看图书

3~4岁	4~5岁	5~6岁
1. 主动要求成人讲故事、读图书。 2. 喜欢跟读韵律感强的儿歌、童谣。 3. 爱护图书,不乱撕、乱扔。	1. 反复看自己喜欢的图书。 2. 喜欢把听过的故事或看过的图书讲给别人听。 3. 对生活中常见的标识、符号感兴趣,知道它们表示一定的意义。	1. 专注地阅读图书。 2. 喜欢与他人一起谈论图书和故事的有关内容。 3. 对图书和生活情境中的文字符号感兴趣,知道文字表示一定的意义。

教育建议：

1. 为幼儿提供良好的阅读环境和条件。如：

提供一定数量、符合幼儿年龄特点、富有童趣的图画书。

提供相对安静的地方，尽量减少干扰，保证幼儿自主阅读。

2. 激发幼儿的阅读兴趣，培养阅读习惯。如：

经常抽时间与幼儿一起看图书、讲故事。

提供童谣、故事和诗歌等不同体裁的儿童文学作品，让幼儿自主选择和阅读。

当幼儿遇到感兴趣的事物或问题时，和他一起查阅图书资料，让他感受图书的作用，体会通过阅读获取信息的乐趣。

3. 引导幼儿体会标识、文字符号的用途。如：

向幼儿介绍医院、公用电话等生活中的常见标识，让他知道标识可以代表具体事物。

结合生活实际，帮助幼儿体会文字的用途。如买来新玩具时，把说明书上的文字念给幼儿听，了解玩具的玩法。

目标 2　具有初步的阅读理解能力

3~4岁	4~5岁	5~6岁
1. 能听懂短小的儿歌或故事。 2. 会看画面，能根据画面说出图中有什么，发生了什么事等。 3. 能理解图书上的文字是和画面对应的，是用来表达画面意义的。	1. 能大体讲出所听故事的主要内容。 2. 能根据连续画面提供的信息，大致说出故事的情节。 3. 能随着作品的展开产生喜悦、担忧等相应的情绪反应，体会作品所表达的情绪情感。	1. 能说出所阅读的幼儿文学作品的主要内容。 2. 能根据故事的部分情节或图书画面的线索猜想故事情节的发展，或续编、创编故事。 3. 对看过的图书、听过的故事能说出自己的看法。 4. 能初步感受文学语言的美。

教育建议：

1. 经常和幼儿一起阅读，引导他以自己的经验为基础理解图书的内容。如：

引导幼儿仔细观察画面，结合画面讨论故事内容，学习建立画面与故事内容的联系。

和幼儿一起讨论或回忆书中的故事情节，引导他有条理地说出故事的大致内容。

在给幼儿读书或讲故事时，可先不告诉名字，让幼儿听完后自己命名，并说出这样命名的理由。

鼓励幼儿自主阅读，并与他人讨论自己在阅读中的发现、体会和想法。

2. 在阅读中发展幼儿的想象和创造能力。如：

鼓励幼儿依据画面线索讲述故事，大胆推测、想象故事情节的发展，改编故事部分情节或续编故事结尾。

鼓励幼儿用故事表演、绘画等不同的方式表达自己对图书和故事的理解。

鼓励和支持幼儿自编故事，并为自编的故事配上图画，制成图画书。

3. 引导幼儿感受文学作品的美。如：

有意识地引导幼儿欣赏或模仿文学作品的语言节奏和韵律。

给幼儿读书时，通过表情、动作和抑扬顿挫的声音传达书中的情绪情感，让幼儿体会作品的感染力和表现力。

目标3　具有书面表达的愿望和初步技能

3～4岁	4～5岁	5～6岁
1. 喜欢用涂涂画画表达一定的意思。	1. 愿意用图画和符号表达自己的愿望和想法。 2. 在成人提醒下，写写画画时姿势正确。	1. 愿意用图画和符号表现事物或故事。 2. 会正确书写自己的名字。 3. 写画时姿势正确。

教育建议：

1. 让幼儿在写写画画的过程中体验文字符号的功能，培养书写兴趣。如：

准备供幼儿随时取放的纸、笔等材料，也可利用沙地、树枝等自然材料，满足幼儿自由涂画的需要。

鼓励幼儿将自己感兴趣的事情或故事画下来并讲给别人听，让幼儿体会写写画画的方式可以表达自己的想法和情感。

把幼儿讲过的事情用文字记录下来，并念给他听，使幼儿知道说的话可以用文字记录下来，从中体会文字的用途。

2. 在绘画和游戏中做必要的书写准备，如：

通过把虚线画出的图形轮廓连成实线等游戏，促进手眼协调，同时帮助幼儿学习由上至下、由左至右的运笔技能。

鼓励幼儿学习书写自己的名字。

提醒幼儿写画时保持正确姿势。

三、社会

幼儿社会领域的学习与发展过程是其社会性不断完善并奠定健全人格基础的过程。人际交往和社会适应是幼儿社会学习的主要内容，也是其社会性发展的基本途径。幼儿在与成人和同伴交往的过程中，不仅学习如何与人友好相处，也在学习如何看待自己、对待他人，不断发展适应社会生活的能力。良好的社会性发展对幼儿身心健康和其他各方面的发展都具有重要影响。

家庭、幼儿园和社会应共同努力，为幼儿创设温暖、关爱、平等的家庭和集体生活氛围，建立良好的亲子关系、师生关系和同伴关系，让幼儿在积极健康的人际关系中获得安全感和信任感，发展自信和自尊，在良好的社会环境及文化的熏陶中学会遵守规则，形成基本的认同感和归属感。

幼儿的社会性主要是在日常生活和游戏中通过观察和模仿潜移默化地发展起来的。成人应注重自己言行的榜样作用，避免简单生硬的说教。

（一）人际交往

目标1　愿意与人交往

3~4岁	4~5岁	5~6岁
1. 愿意和小朋友一起游戏。 2. 愿意与熟悉的长辈一起活动。	1. 喜欢和小朋友一起游戏，有经常一起玩的小伙伴。 2. 喜欢和长辈交谈，有事愿意告诉长辈。	1. 有自己的好朋友，也喜欢结交新朋友。 2. 有问题愿意向别人请教。 3. 有高兴的或有趣的事愿意与大家分享。

教育建议：

1. 主动亲近和关心幼儿，经常和他一起游戏或活动，让幼儿感受到与成人交往的快乐，建立亲密的亲子关系和师生关系。

2. 创造交往的机会，让幼儿体会交往的乐趣。如：

利用走亲戚、到朋友家做客或有客人来访的时机，鼓励幼儿与他人接触和交谈。

鼓励幼儿参加小朋友的游戏，邀请小朋友到家里玩，感受有朋友一起玩的快乐。

幼儿园应多为幼儿提供自由交往和游戏的机会，鼓励他们自主选择、自由结伴开展活动。

目标2　能与同伴友好相处

3~4岁	4~5岁	5~6岁
1. 想加入同伴的游戏时，能友好地提出请求。 2. 在成人指导下，不争抢、不独霸玩具。 3. 与同伴发生冲突时，能听从成人的劝解。	1. 会运用介绍自己、交换玩具等简单技巧加入同伴游戏。 2. 对大家都喜欢的东西能轮流、分享。 3. 与同伴发生冲突时，能在他人帮助下和平解决。 4. 活动时愿意接受同伴的意见和建议。 5. 不欺负弱小。	1. 能想办法吸引同伴和自己一起游戏。 2. 活动时能与同伴分工合作，遇到困难能一起克服。 3. 与同伴发生冲突时能自己协商解决。 4. 知道别人的想法有时和自己不一样，能倾听和接受别人的意见，不能接受时会说明理由。 5. 不欺负别人，也不允许别人欺负自己。

教育建议：

1. 结合具体情境，指导幼儿学习交往的基本规则和技能。如：

当幼儿不知怎样加入同伴游戏，或提出请求不被接受时，建议他拿出玩具邀请大家一起玩；或者扮成某个角色加入同伴的游戏。

对幼儿与别人分享玩具、图书等行为给予肯定，让他对自己的表现感到高兴和满足。

当幼儿与同伴发生矛盾或冲突时，指导他尝试用协商、交换、轮流玩、合作等方式解决冲突。

利用相关的图书、故事，结合幼儿的交往经验，和他讨论什么样的行为受大家欢迎，想要得到别人的接纳应该怎样做。

幼儿园应多为幼儿提供需要大家齐心协力才能完成的活动，让幼儿在具体活动中体会合作的重要性，学习分工合作。

2. 结合具体情境，引导幼儿换位思考，学习理解别人。如：

幼儿有争抢玩具等不友好行为时，引导他们想想"假如你是那个小朋友，你有什么感受？"让幼儿学习理解别人的想法和感受。

3. 和幼儿一起谈谈他的好朋友，说说喜欢这个朋友的原因，引导他多发现同伴的优点、长处。

目标 3　具有自尊、自信、自主的表现

3～4 岁	4～5 岁	5～6 岁
1. 能根据自己的兴趣选择游戏或其他活动。 2. 为自己的好行为或活动成果感到高兴。 3. 自己能做的事情愿意自己做。 4. 喜欢承担一些小任务。	1. 能按自己的想法进行游戏或其他活动。 2. 知道自己的一些优点和长处，并对此感到满意。 3. 自己的事情尽量自己做，不愿意依赖别人。 4. 敢于尝试有一定难度的活动和任务。	1. 能主动发起活动或在活动中出主意、想办法。 2. 做了好事或取得了成功后还想做得更好。 3. 自己的事情自己做，不会的愿意学。 4. 主动承担任务，遇到困难能够坚持而不轻易求助。 5. 与别人的看法不同时，敢于坚持自己的意见并说出理由。

教育建议：

1. 关注幼儿的感受，保护其自尊心和自信心。如：

能以平等的态度对待幼儿，使幼儿切实感受到自己被尊重。

对幼儿好的行为表现多给予具体、有针对性的肯定和表扬，让他对自己优点和长处有所认识并感到满足和自豪。

不要拿幼儿的不足与其他幼儿的优点作比较。

2. 鼓励幼儿自主决定，独立做事，增强其自尊心和自信心。如：

与幼儿有关的事情要征求他的意见，即使他的意见与成人不同，也要认真倾听，接受他的合理要求。

在保证安全的情况下，支持幼儿按自己的想法做事；或提供必要的条件，帮助他实现自己的想法。

幼儿自己的事情尽量放手让他自己做，即使做得不够好，也应鼓励并给予一定的指导，让他在做事中树立自尊和自信。

鼓励幼儿尝试有一定难度的任务，并注意调整难度，让他感受经过努力获得的成就感。

目标 4　关心尊重他人

3～4 岁	4～5 岁	5～6 岁
1. 长辈讲话时能认真听，并能听从长辈的要求。 2. 身边的人生病或不开心时表示同情。 3. 在提醒下能做到不打扰别人。	1. 会用礼貌的方式向长辈表达自己的要求和想法。 2. 能注意到别人的情绪，并有关心、体贴的表现。 3. 知道父母的职业，能体会到父母为养育自己所付出的辛劳。	1. 能有礼貌地与人交往。 2. 能关注别人的情绪和需要，并能给予力所能及的帮助。 3. 尊重为大家提供服务的人，珍惜他们的劳动成果。 4. 接纳、尊重与自己的生活方式或习惯不同的人。

教育建议：
1. 成人以身作则，以尊重、关心的态度对待自己的父母、长辈和其他人。如：

经常问候父母，主动做家务。

礼貌地对待老年人，如坐车时主动为老人让座。

看到别人有困难能主动关心并给予一定的帮助。

2. 引导幼儿尊重、关心长辈和身边的人，尊重他人劳动及成果。如：

提醒幼儿关心身边的人，如妈妈累了，知道让她安静休息一会儿。

借助故事、图书等给幼儿讲讲父母抚育孩子成长的经历，让幼儿理解和体会父爱与母爱。

结合实际情境，提醒幼儿注意别人的情绪，了解他们的需要，给予适当的关心和帮助。

利用生活机会和角色游戏，帮助幼儿了解与自己关系密切的社会服务机构及其工作，如商场、邮局、医院等，体会这些机构给大家提供的便利和服务，懂得尊重工作人员的劳动，珍惜劳动成果。

3. 引导幼儿学习用平等、接纳和尊重的态度对待差异。如：

了解每个人都有自己的兴趣、爱好和特长，可以相互学习。

利用民间游戏、传统节日等，适当向幼儿介绍我国主要民族和世界其他国家和民族的文化，帮助幼儿感知文化的多样性和差异性，理解人们之间是平等的，应该互相尊重，友好相处。

（二）社会适应

目标1 喜欢并适应群体生活

3~4岁	4~5岁	5~6岁
1. 对群体活动有兴趣。 2. 对幼儿园的生活好奇，喜欢上幼儿园。	1. 愿意并主动参加群体活动。 2. 愿意与家长一起参加社区的一些群体活动。	1. 在群体活动中积极、快乐。 2. 对小学生活有好奇与向往。

教育建议：
1. 经常和幼儿一起参加一些群体性的活动，让幼儿体会群体活动的乐趣。如：参加亲戚、朋友和同事间的聚会以及适合幼儿参加的社区活动等，支持幼儿和不同群体的同伴一起游戏，丰富其群体活动的经验。

2. 幼儿园组织活动时，可以经常打破班级的界限，让幼儿有更多机会参加不同群体的活动。

3. 带领大班幼儿参观小学，讲讲小学有趣的活动，唤起他们对小学生活的好奇和向往，为入学做好心理准备。

目标2　遵守基本的行为规范

3～4岁	4～5岁	5～6岁
1. 在提醒下，能遵守游戏和公共场所的规则。 2. 知道不经允许不能拿别人的东西，借别人的东西要归还。 3. 在成人提醒下，爱护玩具和其他物品。	1. 感受规则的意义，并能基本遵守规则。 2. 不私自拿不属于自己的东西。 3. 知道说谎是不对的。 4. 知道接受了的任务要努力完成。 5. 在提醒下，能节约粮食、水电等。	1. 理解规则的意义，能与同伴协商制定游戏和活动规则。 2. 爱惜物品，用别人的东西时也知道爱护。 3. 做了错事敢于承认，不说谎。 4. 能认真负责地完成自己所接受的任务。 5. 爱护身边的环境，注意节约资源。

教育建议：

1. 成人要遵守社会行为规则，为幼儿树立良好的榜样。如：答应幼儿的事一定要做到、尊老爱幼、爱护公共环境，节约水电等。

2. 结合社会生活实际，帮助幼儿了解基本行为规则或其他游戏规则，体会规则的重要性，学习自觉遵守规则。如：

经常和幼儿玩带有规则的游戏，遵守共同约定的游戏规则。

利用实际生活情境和图书故事，向幼儿介绍一些必要的社会行为规则，以及为什么要遵守这些规则。

在幼儿园的区域活动中，创设情境，让幼儿体会没有规则的不方便，鼓励他们讨论制定规则并自觉遵守。

对幼儿表现出的遵守规则的行为要及时肯定，对违规行为给予纠正。如：幼儿主动为老人让座时要表扬；幼儿损害别人的物品或公共物品时要及时制止并主动赔偿。

3. 教育幼儿要诚实守信。如：

对幼儿诚实守信的行为要及时肯定。

允许幼儿犯错误，告诉他改了就好。不要打骂幼儿，以免他因害怕惩罚而说谎。

小年龄幼儿经常分不清想象和现实，成人不要误认为他是在说谎。

发现幼儿说谎时，要反思是否是因自己对幼儿的要求过高过严造成的。如果是，要及时调整自己的行为，同时要严肃地告诉幼儿说谎是不对的。

经常给幼儿分配一些力所能及的任务，要求他完成并及时给予表扬，培养他的责任感和认真负责的态度。

目标3　具有初步的归属感

3～4岁	4～5岁	5～6岁
1. 知道和自己一起生活的家庭成员及与自己的关系，体会到自己是家庭的一员。 2. 能感受到家庭生活的温暖，爱父母，亲近与信赖长辈。 3. 能说出自己家所在街道、小区（乡镇、村）的名称。 4. 认识国旗，知道国歌。	1. 喜欢自己所在的幼儿园和班级，积极参加集体活动。 2. 能说出自己家所在地的省、市、县（区）名称，知道当地有代表性的物产或景观。 3. 知道自己是中国人。 4. 奏国歌、升国旗时能自动站好。	1. 愿意为集体做事，为集体的成绩感到高兴。 2. 能感受到家乡的发展变化并为此感到高兴。 3. 知道自己的民族，知道中国是一个多民族的大家庭，各民族之间要互相尊重，团结友爱。 4. 知道国家一些重大成就，爱祖国，为自己是中国人感到自豪。

教育建议：

1. 亲切地对待幼儿，关心幼儿，让他感到长辈是可亲、可近、可信赖的，家庭和幼儿园是温暖的。如：

多和孩子一起游戏、谈笑，尽量在家庭和班级中营造温馨的氛围。

通过和幼儿一起翻阅照片、讲幼儿成长的故事等，让幼儿感受到家庭和幼儿园的温暖，老师的和蔼可亲，对养育自己的人产生感激之情。

2. 吸引和鼓励幼儿参加集体活动，萌发集体意识。如：

幼儿园和班级里的重大事情和计划，请幼儿集体讨论决定。

幼儿园应经常组织多种形式的集体活动，萌发幼儿的集体荣誉感。

3. 运用幼儿喜闻乐见和能够理解的方式激发幼儿爱家乡、爱祖国的情感。如：

和幼儿说一说或在地图上找一找自己家所在的省、市、县（区）名称。

和幼儿一起外出游玩，一起看有关的电视节目或画报等；和他们一起收集有关家乡、祖国各地的风景名胜、著名的建筑、独特物产的图片等，在观看和欣赏的过程中激发幼儿的自豪感和热爱之情。

利用电视节目或参加升旗等活动，向幼儿介绍国旗、国歌以及观看升旗、奏国歌的礼仪。

向幼儿介绍反映中国人聪明才智的发明和创造，激发幼儿的民族自豪感。

四、科学

幼儿的科学学习是在探究具体事物和解决实际问题中，尝试发现事物间的异同和联系的过程。幼儿在对自然事物的探究和运用数学解决实际生活问题的过程中，不仅获得丰富的感性经验，充分发展形象思维，而且初步尝试归类、排序、判断、推理，逐步发展逻辑思维能力，为其它领域的深入学习奠定基础。

幼儿科学学习的核心是激发探究兴趣，体验探究过程，发展初步的探究能力。成人要善于发现和保护幼儿的好奇心，充分利用自然和实际生活机会，引导幼儿通过观察、比较、操作、实验等方法，学习发现问题、分析问题和解决问题；帮助幼儿不断积累经验，并运用于新的学习活动，形成受益终身的学习态度和能力。

幼儿的思维特点是以具体形象思维为主，应注重引导幼儿通过直接感知、亲身体验和实际操作进行科学学习，不应为追求知识和技能的掌握，对幼儿进行灌输和强化训练。

（一）科学探究

目标1　亲近自然，喜欢探究

3～4岁	4～5岁	5～6岁
1. 喜欢接触大自然，对周围的很多事物和现象感兴趣。 2. 经常问各种问题，或好奇地摆弄物品。	1. 喜欢接触新事物，经常问一些与新事物有关的问题。 2. 常常动手动脑探索物体和材料，并乐在其中。	1. 对自己感兴趣的问题总是刨根问底。 2. 能经常动手动脑寻找问题的答案。 3. 探索中有所发现时感到兴奋和满足。

教育建议：

1. 经常带幼儿接触大自然，激发其好奇心与探究欲望。如：

为幼儿提供一些有趣的探究工具，用自己的好奇心和探究积极性感染和带动幼儿。

和幼儿一起发现并分享周围新奇、有趣的事物或现象，一起寻找问题的答案。

通过拍照和画图等方式保留和积累有趣的探索与发现。

2. 真诚地接纳、多方面支持和鼓励幼儿的探索行为。如：

认真对待幼儿的问题，引导他们猜一猜、想一想，有条件时和幼儿一起做一些简易的调查或有趣的小实验。

容忍幼儿因探究而弄脏、弄乱、甚至破坏物品的行为，引导他们活动后做好收拾整理。

多为幼儿选择一些能操作、多变化、多功能的玩具材料或废旧材料，在保证安全的前提下，鼓励幼儿拆装或动手自制玩具。

目标2　具有初步的探究能力

3～4岁	4～5岁	5～6岁
1. 对感兴趣的事物能仔细观察，发现其明显特征。 2. 能用多种感官或动作去探索物体，关注动作所产生的结果。	1. 能对事物或现象进行观察比较，发现其相同与不同。 2. 能根据观察结果提出问题，并大胆猜测答案。 3. 能通过简单的调查收集信息。 4. 能用图画或其他符号进行记录。	1. 能通过观察、比较与分析，发现并描述不同种类物体的特征或某个事物前后的变化。 2. 能用一定的方法验证自己的猜测。 3. 在成人的帮助下能制定简单的调查计划并执行。 4. 能用数字、图画、图表或其他符号记录。 5. 探究中能与他人合作与交流。

教育建议：

1. 有意识地引导幼儿观察周围事物，学习观察的基本方法，培养观察与分类能力。如：

支持幼儿自发的观察活动，对其发现表示赞赏。

通过提问等方式引导幼儿思考并对事物进行比较观察和连续观察。

引导幼儿在观察和探索的基础上，尝试进行简单的分类、概括。如：根据运动方式给动物分类，根据生长环境给植物分类，根据外部特征给物体分类等等。

2. 支持和鼓励幼儿在探究的过程中积极动手动脑寻找答案或解决问题。如：

鼓励幼儿根据观察或发现提出值得继续探究的问题，或成人提出有探究意义且能激发幼儿兴趣的问题。如：皮球、轮胎、竹筒等物体滚动时都走直线吗？怎样让橡皮泥球浮在水面上？

支持和鼓励幼儿大胆联想、猜测问题的答案，并设法验证。如：玩风车时，鼓励幼儿猜测风车转动方向及速度快慢的原因和条件，并实际去验证。

支持、引导幼儿学习用适宜的方法探究和解决问题，或为自己的想法收集证据。如：想知道院子里有多少种植物，可以进行实地调查；想知道球在平地上还是在斜坡上滚得快，可以动手试一试；想证明影子的方向与太阳的位置有关，可以做个小实验进行验证等。

3. 鼓励和引导幼儿学习做简单的计划和记录，并与他人交流分享。如：

和幼儿共同制定调查计划,讨论调查对象、步骤和方法等,也可以和幼儿一起设法用图画、箭头等标识呈现计划。

鼓励幼儿用绘画、照相、做标本等办法记录观察和探究的过程与结果,注意要让记录有意义,通过记录帮助幼儿丰富观察经验、建立事物之间的联系和分享发现。

支持幼儿与同伴合作探究与分享交流,引导他们在交流中尝试整理、概括自己探究的成果,体验合作探究和发现的乐趣。如一起讨论和分享自己的问题与发现,一起想办法收集资料和验证猜测。

4. 帮助幼儿回顾自己探究过程,讨论自己做了什么,怎么做的,结果与计划目标是否一致,分析一下原因以及下一步要怎样做等。

目标3　在探究中认识周围事物和现象

3~4岁	4~5岁	5~6岁
1. 认识常见的动植物,能注意并发现周围的动植物是多种多样的。 2. 能感知和发现物体和材料的软硬、光滑和粗糙等特性。 3. 能感知和体验天气对自己生活和活动的影响。 4. 初步了解和体会动植物和人们生活的关系。	1. 能感知和发现动植物的生长变化及其基本条件。 2. 能感知和发现常见材料的溶解、传热等性质或用途。 3. 能感知和发现简单物理现象,如物体形态或位置变化等。 4. 能感知和发现不同季节的特点,体验季节对动植物和人的影响。 5. 初步感知常用科技产品与自己生活的关系,知道科技产品有利也有弊。	1. 能察觉到动植物的外形特征、习性与生存环境的适应关系。 2. 能发现常见物体的结构与功能之间的关系。 3. 能探索并发现常见的物理现象产生的条件或影响因素,如影子、沉浮等。 4. 感知并了解季节变化的周期性,知道变化的顺序。 5. 初步了解人们的生活与自然环境的密切关系,知道尊重和珍惜生命,保护环境。

教育建议:

1. 支持幼儿在接触自然、生活事物和现象中积累有益的直接经验和感性认识。如:

和幼儿一起通过户外活动、参观考察、种植和饲养活动,感知生物的多样性和独特性,以及生长发育、繁殖和死亡的过程。

给幼儿提供丰富的材料和适宜的工具,支持幼儿在游戏过程中探索并感知常见物质、材料的特性和物体的结构特点。

2. 引导幼儿在探究中思考,尝试进行简单的推理和分析,发现事物之间明显的关联。如:

引导5岁以上幼儿关注和思考动植物的外部特征、习性与生活环境对动植物生存的意义。如兔子的长耳朵具有自我保护的作用;植物种子的形状有助于其传播等。

引导幼儿根据常见物质、材料的特性和物体的结构特点,推测和证实它们的用途。如:带轮子的物体方便移动;不同用途的车辆有不同的结构等等。

3. 引导幼儿关注和了解自然、科技产品与人们生活的密切关系,逐渐懂得热爱、尊重、保护自然。如:

结合幼儿的生活需要,引导他们体会人与自然、动植物的依赖关系。如:动植物、季节变化与人们生活的关系、常见灾害性天气给人们生产和生活带来的影响等。

和幼儿一起讨论常见科技产品的用途和弊端，如：汽车等交通工具给生活带来的方便和对环境的污染等。

（二）数学认知

目标1　初步感知生活中数学的有用和有趣

3~4岁	4~5岁	5~6岁
1. 感知和发现周围物体的形状是多种多样的，对不同的形状感兴趣。 2. 体验和发现生活中很多地方都用到数。	1. 在指导下，感知和体会有些事物可以用形状来描述。 2. 在指导下，感知和体会有些事物可以用数来描述，对环境中各种数字的含义有进一步探究的兴趣。	1. 能发现事物简单的排列规律，并尝试创造新的排列规律。 2. 能发现生活中许多问题都可以用数学的方法来解决，体验解决问题的乐趣。

教育建议：

1. 引导幼儿注意事物的形状特征，尝试用表示形状的词来描述事物，体会描述的生动形象性和趣味性。如：

参观游览后，和幼儿一起谈论所看到的事物的形状，鼓励幼儿产生联想，并用自己的语言进行描述。如：熊猫的身体圆圆的，全身好像是一个个的圆形组成的。

和幼儿交谈或读书讲故事时，适当地运用一些有关形状的词汇来描述事物，如看图片时，和幼儿讨论奥运会场馆的形状，体会为什么有的场馆叫"水立方"，有的叫"鸟巢"。

2. 引导幼儿感知和体会生活中很多地方都用到数，关注周围与自己生活密切相关的数的信息，体会数可以代表不同的意义。如：

和幼儿一起寻找发现生活中用数字作标识的事物，如电话号码、时钟、日历和商品的价签等。

引导幼儿了解和感受数用在不同的地方，表示的意义是不一样的。如天气预报中表示气温的数代表冷热状况；钟表上的数表明时间的早晚等。

鼓励幼儿尝试使用数的信息进行一些简单的推理。如知道今天是星期五，能推断明天是星期六，爸爸妈妈休息。

3. 引导幼儿观察发现按照一定规律排列的事物，体会其中的排列特点与规律，并尝试自己创造出新的排列规律。如：

和幼儿一起发现和体会按一定顺序排列的队形整齐有序。

提供具有重复性旋律和词语的音乐、儿歌和故事，或利用环境中有序排列的图案（如按颜色间隔排列的瓷砖、按形状间隔排列的珠帘等），鼓励幼儿发现和感受其中的规律。

鼓励幼儿尝试自己设计有规律的花边图案、创编有一定规律的动作，或者按某种规律进行搭建活动。

引导幼儿体会生活中很多事情都是有一定顺序和规律的，如一周七天的顺序是从周一到周日，一年四季按照春夏秋冬轮回等。

4. 鼓励和支持幼儿发现、尝试解决日常生活中需要用到数学的问题，体会数学的用处。如：

拍球、跳绳、跳远或投沙包时，可通过数数、测量的方法确定名次。

讨论春游去哪里玩时，让幼儿商量想去哪里玩？每个想去的地方有多少人？根据统计结果做出决定。

滑滑梯时，按照"先来先玩"的规则有序地排队玩。

目标2　感知和理解数、量及数量关系

3~4岁	4~5岁	5~6岁
1. 能感知和区分物体的大小、多少、高矮长短等量方面的特点，并能用相应的词表示。 2. 能通过一一对应的方法比较两组物体的多少。 3. 能手口一致地点数5个以内的物体，并能说出总数。能按数取物。 4. 能用数词描述事物或动作。如我有4本图书。	1. 能感知和区分物体的粗细、厚薄、轻重等量方面的特点，并能用相应的词语描述。 2. 能通过数数比较两组物体的多少。 3. 能通过实际操作理解数与数之间的关系，如5比4多1；2和3合在一起是5。 4. 会用数词描述事物的排列顺序和位置。	1. 初步理解量的相对性。 2. 借助实际情境和操作（如合并或拿取）理解"加"和"减"的实际意义。 3. 能通过实物操作或其他方法进行10以内的加减运算。 4. 能用简单的记录表、统计图等表示简单的数量关系。

教育建议：

1. 引导幼儿感知和理解事物"量"的特征。如：

感知常见事物的大小、多少、高矮、粗细等量的特征，学习使用相应的词汇描述这些特征。

结合具体事物让幼儿通过多次比较逐渐理解"量"是相对的。如小亮比小明高，但比小强矮。

收拾物品时，根据情况，鼓励幼儿按照物体量的特征分类整理。如整理图书时按照大小摆放。

2. 结合日常生活，指导幼儿学习通过对应或数数的方式比较物体的多少。如：

鼓励幼儿在一对一配对的过程中发现两组物体的多少。如在给桌子上的每个碗配上勺子时，发现碗和勺多少的不同。

鼓励幼儿通过数数比较两样东西的多少。如数一数有多少个苹果，多少个梨，判断苹果和梨哪个多，哪个少。

3. 利用生活和游戏中的实际情境，引导幼儿理解数概念。如：

结合生活需要，和幼儿一起手口一致点数物体，得出物体的总数。

通过点数的方式让幼儿体会物体的数量不会因排列形式、空间位置的不同而发生变化。如鼓励幼儿将一定数量的扣子以不同的形式摆放，体会扣子的数量是不变的。

结合日常生活，为幼儿提供"按数取物"的机会，如游戏时，请幼儿按要求拿出几个球。

4. 通过实物操作引导幼儿理解数与数之间的关系，并用"加"或"减"的办法来解决问题。如：

游戏中遇到让4个小动物住进两间房子的问题，或生活中遇到将5块饼干分给两个小朋友问题时，让幼儿尝试不同的分法。

鼓励幼儿尝试自己解决生活中的数学问题。如家里来了 5 位客人，桌子上只有 3 个杯子，还需要几个杯子等。

购少量物品时，有意识地鼓励幼儿参与计算和付款的过程等。

目标 3　感知形状与空间关系

3~4 岁	4~5 岁	5~6 岁
1. 能注意物体较明显的形状特征，并能用自己的语言描述。 2. 能感知物体基本的空间位置与方位，理解上下、前后、里外等方位词。	1. 能感知物体的形体结构特征，画出或拼搭出该物体的造型。 2. 能感知和发现常见几何图形的基本特征，并能进行分类。 3. 能使用上下、前后、里外、中间、旁边等方位词描述物体的位置和运动方向。	1. 能用常见的几何形体有创意地拼搭和画出物体的造型。 2. 能按语言指示或根据简单示意图正确取放物品。 3. 能辨别自己的左右。

教育建议：

1. 用多种方法帮助幼儿在物体与几何形体之间建立联系。如：

引导幼儿感受生活中各种物品的形状特征，并尝试识别和描述。如感受和识别盘子、桌子、车轮、地砖等物品的形状特征。

鼓励和支持幼儿用积木、纸盒、拼板等各种形状材料进行建构游戏或制作活动。如用长方形的纸盒加两个圆形瓶盖制作"汽车"。

收拾整理积木时，引导幼儿体验图形之间的转换。如两个三角形可组合成一个正方形，两个正方形可组合成一个长方形。

引导幼儿注意观察生活物品的图形特征，鼓励他们按形状分类整理物品。

2. 丰富幼儿空间方位识别的经验，引导幼儿运用空间方位经验解决问题。如：

请幼儿取放物体时，使用他们能够理解的方位词，如把桌子下面的东西放到窗台上，把花盆放在大树旁边等。

和幼儿一起识别熟悉场所的位置。如超市在家的旁边，邮局在幼儿园的前面。

在体育、音乐和舞蹈活动中，引导幼儿感受空间方位和运动方向。

和幼儿玩按指令找宝的游戏。对年龄小的幼儿要求他们按语言指令寻找，对年龄大些的幼儿可要求按照简单的示意图寻找。

五、艺术

艺术是人类感受美、表现美和创造美的重要形式，也是表达自己对周围世界的认识和情绪态度的独特方式。

每个幼儿心里都有一颗美的种子。幼儿艺术领域学习的关键在于充分创造条件和机会，在大自然和社会文化生活中萌发幼儿对美的感受和体验，丰富其想象力和创造力，引导幼儿学会用心灵去感受和发现美，用自己的方式去表现和创造美。

幼儿对事物的感受和理解不同于成人，他们表达自己认识和情感的方式也有别于成人。

幼儿独特的笔触、动作和语言往往蕴含着丰富的想象和情感,成人应对幼儿的艺术表现给予充分的理解和尊重,不能用自己的审美标准去评判幼儿,更不能为追求结果的"完美"而对幼儿进行千篇一律的训练,以免扼杀其想象与创造的萌芽。

(一) 感受与欣赏

目标1 喜欢自然界与生活中美的事物

3~4岁	4~5岁	5~6岁
1. 喜欢观看花草树木、日月星空等大自然中美的事物。 2. 容易被自然界中的鸟鸣、风声、雨声等好听的声音所吸引。	1. 在欣赏自然界和生活环境中美的事物时,关注其色彩、形态等特征。 2. 喜欢倾听各种好听的声音,感知声音的高低、长短、强弱等变化。	1. 乐于收集美的物品或向别人介绍所发现的美的事物。 2. 乐于模仿自然界和生活环境中有特点的声音,并产生相应的联想。

教育建议:

1. 和幼儿一起感受、发现和欣赏自然环境和人文景观中美的事物。如:

让幼儿多接触大自然,感受和欣赏美丽的景色和好听的声音。

经常带幼儿参观园林、名胜古迹等人文景观,讲讲有关的历史故事、传说,与幼儿一起讨论和交流对美的感受。

2. 和幼儿一起发现美的事物的特征,感受和欣赏美。如:

让幼儿观察常见动植物以及其他物体,引导幼儿用自己的语言、动作等描述它们美的方面,如颜色、形状、形态等。

让幼儿倾听和分辨各种声响,引导幼儿用自己的方式来表达他对音色、强弱、快慢的感受。

支持幼儿收集喜欢的物品并和他一起欣赏。

目标2 喜欢欣赏多种多样的艺术形式和作品

3~4岁	4~5岁	5~6岁
1. 喜欢听音乐或观看舞蹈、戏剧等表演。 2. 乐于观看绘画、泥塑或其他艺术形式的作品。	1. 能够专心地观看自己喜欢的文艺演出或艺术品,有模仿和参与的愿望。 2. 欣赏艺术作品时会产生相应的联想和情绪反应。	1. 艺术欣赏时常常用表情、动作、语言等方式表达自己的理解。 2. 愿意和别人分享、交流自己喜爱的艺术作品和美感体验。

教育建议:

1. 创造条件让幼儿接触多种艺术形式和作品。如:

经常让幼儿接触适宜的、各种形式的音乐作品,丰富幼儿对音乐的感受和体验。

和幼儿一起用图画、手工制品等装饰和美化环境。

带幼儿观看或共同参与传统民间艺术和地方民俗文化活动,如皮影戏、剪纸和捏面人等。

有条件的情况下,带幼儿去剧院、美术馆、博物馆等欣赏文艺表演和艺术作品。

2. 尊重幼儿的兴趣和独特感受，理解他们欣赏时的行为。如：

理解和尊重幼儿在欣赏艺术作品时的手舞足蹈、即兴模仿等行为。

当幼儿主动介绍自己喜爱的舞蹈、戏曲、绘画或工艺品时，要耐心倾听并给予积极回应和鼓励。

（二）表现与创造

目标1　喜欢进行艺术活动并大胆表现

3～4岁	4～5岁	5～6岁
1. 经常自哼自唱或模仿有趣的动作、表情和声调。 2. 经常涂涂画画、粘粘贴贴并乐在其中。	1. 经常唱唱跳跳，愿意参加歌唱、律动、舞蹈、表演等活动。 2. 经常用绘画、捏泥、手工制作等多种方式表现自己的所见所想。	1. 积极参与艺术活动，有自己比较喜欢的活动形式。 2. 能用多种工具、材料或不同的表现手法表达自己的感受和想象。 3. 艺术活动中能与他人相互配合，也能独立表现。

教育建议：

1. 创造机会和条件，支持幼儿自发的艺术表现和创造。

提供丰富的便于幼儿取放的材料、工具或物品，支持幼儿进行自主绘画、手工、歌唱、表演等艺术活动。

经常和幼儿一起唱歌、表演、绘画、制作，共同分享艺术活动的乐趣。

2. 营造安全的心理氛围，让幼儿敢于并乐于表达表现。如：

欣赏和回应幼儿的哼哼唱唱、模仿表演等自发的艺术活动，赞赏他独特的表现方式。

在幼儿自主表达创作过程中，不做过多干预或把自己的意愿强加给幼儿，在幼儿需要时再给予具体的帮助。

了解并倾听幼儿艺术表现的想法或感受，领会并尊重幼儿的创作意图，不简单用"像不像""好不好"等成人标准来评价。

展示幼儿的作品，鼓励幼儿用自己的作品或艺术品布置环境。

目标2　具有初步的艺术表现与创造能力

3～4岁	4～5岁	5～6岁
1. 能模仿学唱短小歌曲。 2. 能跟随熟悉的音乐做身体动作。 3. 能用声音、动作、姿态模拟自然界的事物和生活情景。 4. 能用简单的线条和色彩大体画出自己想画的人或事物。	1. 能用自然的、音量适中的声音基本准确地唱歌。 2. 能通过即兴哼唱、即兴表演或给熟悉的歌曲编词来表达自己的心情。 3. 能用拍手、踏脚等身体动作或可敲击的物品敲打节拍和基本节奏。 4. 能运用绘画、手工制作等表现自己观察到或想象的事物。	1. 能用基本准确的节奏和音调唱歌。 2. 能用律动或简单的舞蹈动作表现自己的情绪或自然界的情景。 3. 能自编自演故事，并为表演选择和搭配简单的服饰、道具或布景。 4. 能用自己制作的美术作品布置环境、美化生活。

教育建议：

尊重幼儿自发的表现和创造，并给予适当的指导。如：

鼓励幼儿在生活中细心观察、体验，为艺术活动积累经验与素材。如，观察不同树种的形态、色彩等。

提供丰富的材料，如图书、照片、绘画或音乐作品等，让幼儿自主选择，用自己喜欢的方式去模仿或创作，成人不做过多要求。

根据幼儿的生活经验，与幼儿共同确定艺术表达表现的主题，引导幼儿围绕主题展开想象，进行艺术表现。

幼儿绘画时，不宜提供范画，特别不应要求幼儿完全按照范画来画。

肯定幼儿作品的优点，用表达自己感受的方式引导其提高。如，"你的画用了这么多红颜色，感觉就像过年一样喜庆""你扮演的大灰狼声音真像，要是表情再凶一点就更好了"等。

附录五 《新时代幼儿园教师职业行为十项准则》

新时代幼儿园教师职业行为十项准则

教师是人类灵魂的工程师，是人类文明的传承者。长期以来，广大教师贯彻党的教育方针，教书育人，呕心沥血，默默奉献，为国家发展和民族振兴作出了重大贡献。新时代对广大教师落实立德树人根本任务提出新的更高要求，为进一步增强教师的责任感、使命感、荣誉感，规范职业行为，明确师德底线，引导广大教师努力成为有理想信念、有道德情操、有扎实学识、有仁爱之心的好老师，着力培养德智体美劳全面发展的社会主义建设者和接班人，特制定以下准则。

一、坚定政治方向

坚持以习近平新时代中国特色社会主义思想为指导，拥护中国共产党的领导，贯彻党的教育方针；不得在保教活动中及其他场合有损害党中央权威和违背党的路线方针政策的言行。

二、自觉爱国守法

忠于祖国，忠于人民，恪守宪法原则，遵守法律法规，依法履行教师职责；不得损害国家利益、社会公共利益，或违背社会公序良俗。

三、传播优秀文化

带头践行社会主义核心价值观，弘扬真善美，传递正能量；不得通过保教活动、论坛、讲座、信息网络及其他渠道发表、转发错误观点，或编造散布虚假信息、不良信息。

四、潜心培幼育人

落实立德树人根本任务，爱岗敬业，细致耐心；不得在工作期间玩忽职守、消极怠工，或空岗、未经批准找人替班，不得利用职务之便兼职兼薪。

五、加强安全防范

增强安全意识，加强安全教育，保护幼儿安全，防范事故风险；不得在保教活动中遇突发事件、面临危险时，不顾幼儿安危，擅离职守，自行逃离。

六、关心爱护幼儿

呵护幼儿健康，保障快乐成长；不得体罚和变相体罚幼儿，不得歧视、侮辱幼儿，严禁猥亵、虐待、伤害幼儿。

七、遵循幼教规律

循序渐进，寓教于乐；不得采用学校教育方式提前教授小学内容，不得组织有碍幼儿身心健康的活动。

八、秉持公平诚信

坚持原则，处事公道，光明磊落，为人正直；不得在入园招生、绩效考核、岗位聘用、职称评聘、评优评奖等工作中徇私舞弊、弄虚作假。

九、坚守廉洁自律

严于律己，清廉从教；不得索要、收受幼儿家长财物或参加由家长付费的宴请、旅游、娱乐休闲等活动，不得推销幼儿读物、社会保险或利用家长资源谋取私利。

十、规范保教行为

尊重幼儿权益，抵制不良风气；不得组织幼儿参加以营利为目的的表演、竞赛等活动，或泄露幼儿与家长的信息。

参 考 文 献

一、论著类

[1] 叶澜．教师角色与教师发展新探［M］．北京：教育科学出版社，2001．
[2] 连秀云．新世纪教师职业道德修养［M］．北京：教育科学出版社，2002．
[3] 周德义，杨志红．师德修养论［M］．长沙：湖南人民出版社，2003．
[4] 黄蓉生．教师职业道德修养［M］．重庆：西南师范大学出版社，2004．
[5] 杨贤金，石凤妍．师德新论：以德治教与师德建设［M］．南京：江苏教育出版社，2004．
[6] 杜时忠．新世纪新师德［M］．武汉：湖北教育出版社，2006．
[7] 闫小柳，赵忠义．师德修养概论［M］．北京：北京师范大学出版社，2008．
[8] 张海丽．幼儿教师职业道德［M］．北京：清华大学出版社，2016．
[9] 刘晓明．幼儿教师职业道德：行为规范与自我养成［M］．长春：东北师范大学出版社，2013．
[10] 张炳生，邓之光，陈德华．教师职业道德新论［M］．南京：河海大学出版社，2000．
[11] 陈文博，韩绍祥．教师职业道德［M］．北京：北京新华出版社，2003．
[12] 王荣德．教师道德教育论［M］．北京：科学出版社，2004．
[13] 刘建．幼儿教师职业道德［M］．上海：华东师范大学出版社，2015．
[14] 申建军．师德新论［M］．北京：北京航空航天大学出版社，1998．
[15] 黄正平，刘守旗．教师职业道德新编［M］．南京：南京大学出版社，2010．
[16] 季一萌．张小红．梁运峰．幼儿教师职业道德［M］．江苏：江苏大学出版社，2016．
[17] 檀传宝．走向新师德——师德现状与教师专业道德建设研究［M］．北京：北京师范大学出版社，2009．
[18] 赵宏义．当代教师职业道德教育［M］．北京：中央广播电视大学出版社，2003．
[19] 傅维利．教师职业道德教育指南［M］．北京：高等教育出版社，2009．
[20] 于淑云，黄友安．教师职业道德、心理健康和专业发展［M］．北京：首都师范大学出版社，2007．
[21] 陈大伟．师德修养与教育法规［M］．北京：北京师范大学出版社，2012．

[22] 段文阁. 教师职业道德 [M]. 济南：山东人民出版社，2012.

[23] 钱焕琦. 教师职业道德 [M]. 上海：华东师范大学出版社，2008.

[24] 陈孔国. 师德养成读本 [M]. 长沙：湖南大学出版社，2010.

[25] 夸美纽斯. 大教学论 [M]. 傅任敢，译. 北京：教育科学出版社，1999.

[26] 约翰·洛克著，教育漫话 [M]. 傅任敢，译. 北京：教育科学出版社，1999.

[27] 教育部教师工作司. 幼儿园教师专业标准（试行）[M]. 北京：北京师范大学出版社，2013.

[28] 刘济良. 幼儿教师职业道德 [M]. 上海：复旦大学出版社，2016.

[29] 左志宏. 幼儿园教师职业道德 [M]. 北京：北京师范大学出版社，2014.

[30] 肖自明，孙宏恩，韦庆华. 现代教师道德修养 [M]. 咸阳：西北农林科技大学出版社，2010.

二、论文类

（一）期刊类

[1] 王枬. 论教师的仁爱之心 [J]. 教育研究，2016（08）：117-124.

[2] 胡忠仁. 论师范生的师德教育 [J]. 高等师范教育研究，2001（01）.

[3] 潘正荣. 浅谈师德教育与大学生素质的提高 [J]. 广西大学学报（哲学社会科学版），2002（01）.

[3] 汪飞. 教师专业化趋势下我国高等学校的师德教育浅析 [J]. 三峡大学学报（人文社会科学版），2003（04）.

[4] 刘文华. 谈师德教育的价值取向 [J]. 山东教育学院学报，2004（02）.

[5] 土庚. 浅议师范生师德教育的实效性 [J]. 湖北经济学院学报（人文社会科学版），2006（10）.

[6] 钱海娟. 关于幼儿教师职业幸福感的思考 [J]. 文教资料，2014（20）：131-133.

[7] 陈贵洲. 师德教育的本质——"以人为本" [J]. 中国西部科技（学术），2007（01）.

[8] 唐慧玲. 浅议教师的品味与师范生的师德教育——师德建设中的一个层面 [J]. 广西青年干部学院学报，2007（05）.

[9] 尤甜. 师范生师德教育的路径选择 [J]. 四川教育学院学报，2011（08）.

[10] 董耀金，冯占辉. 论师范类大学生的师德教育 [J]. 中国成人教育，2011（05）.

[11] 张淑君. 高师院校应重视和加强师范生的师德教育 [J]. 青海师范大学民族师范学院学报，2011（01）.

[12] 徐玲平，田静萍. 关于新时期高校加强师德教育的思考和对策 [J]. 牡丹江教育学院学报，2011（02）.

[13] 呼禾. 新形势下如何加强高等师范院校师德教育 [J]. 前沿，2012（07）.

[14] 刘晓莉，杨灵娥，张福英. 基于社会主义核心价值体系的师德教育 [J]. 教育教学论坛，2012（28）.

［15］戴彩虹．新形势下师范生师德教育课程策略探究［J］．吉林省教育学院学报（中旬），2012（08）．

［16］檀传宝．再论"教师德育专业化"［J］．教育研究，2012（10）．

［17］崔庆玲，章小梅．隐性知识促师德建设：本源与途径［J］．教育探索，2013（02）．

［18］胡延华．论师德的内涵及其层次［J］．教育教学论坛，2013（01）．

［19］吴华．师范生师德养成教育的实践路径研究［J］．科教文汇（上旬刊）2016（07）：30－31．

［20］陈飞．价值主体论视角下高师院校师范生师德养成研究［J］．教育探索，2015（07）：94－98．

［21］张干．师范生师德养成教育的实践路径研究［J］．管理观察，2016（11）：108－110．

［22］吕百利．师范生师德教育模式探析［J］．新乡学院学报，2017（08）：7－73．

［23］田欢欢．试论师范生的师德培养［J］．中外企业家，2012（02）．

［24］田爱丽．论教师道德教育的评价［J］．华东师范大学学报（教育科学版），2008（12）：31－40．

［25］张健．教师职业道德意志研究［J］．辽宁行政学院学报，2009（05）：79－80．

［26］王炬辉．"教师公正"研究［J］．淮南师范学院学报，2006（06）：132－137．

［27］王想平．谈教师职业理想的价值与建构［J］．宁夏教育，2013（09）：13－14．

（二）学位论文类

［1］石志丹．高师院校学生师德教育研究［D］．长春：东北师范大学，2010．

［2］何磊．免费师范生职业道德教育研究［D］．重庆：西南大学，2011．

［3］袁洁．地方高校师范生师德教育研究［D］．赣州：赣南师范学院，2013．

［4］林雪．高师院校本科师范生师德教育的研究［D］．大连：辽宁师范大学，2011．

［5］任露铭．走向实践的师德教育——以提升教师伦理思维的案例研讨为重点［D］．杭州：杭州师范大学，2015．

［6］贺春湘．当前师范生师德教育研究［D］．重庆：西南大学，2010．

［7］沈璿．师道与师德合一：构建教师专业伦理制度的理性探索［D］．西安：陕西师范大学，2012．

［8］张聪聪．师范生师德教育改革研究［D］．济宁：曲阜师范大学，2015．

［9］蒋西艳．师范生教师职业道德教育存在的问题及对策［D］．武汉：华中师范大学，2013．

［10］裴文霞．论幼儿师范学生的师德教育［D］．济南：山东师范大学，2007．

［11］周小雪．地方高校师范生师德教育中存在的问题及对策研究——以重庆市为例［D］．重庆：重庆师范大学，2017．

［12］柴跃晶．课程设置视角下我国师范生的师德教育问题研究——以沈阳师范大学为例［D］．沈阳：沈阳师范大学，2014．

[13] 房敏. 教师教育中师德教育实效性低下的理性分析与对策探讨 [D]. 长春：东北师范大学. 2006.

三、其他

[1] 李文治. 幼儿教师师德修养与专业发展 [M]. 北京：人民邮电出版社，2017.

[2] 杨春茂. 教师法制教育培训教材——师德修养师德建设与教育法制 [M]. 北京：首都师范大学出版社，2014.

[3] 全国师德教育研究课题组. 师德突出问题典型案例评析：幼儿园教师读本 [M]. 北京：北京师范大学出版社，2014.

[4] 申继亮. 师德心语——教师发展之魂 [M]. 北京：北京师范大学出版社，2006.

[5] 马修桑格，理查德·奥斯古索普. 师德教育培训手册 [M]. 北京：中国青年出版社，2015.

[6] 陈孔国. 师德养成读本 [M]. 长沙：湖南大学出版社，2010.

[7] 陈大伟. 师德修养与教育法规 [M]. 北京：北京师范大学出版社，2012.

[8] 周济. 爱与责任——师德之魂 [J]. 人民教育，2005（8）：3.

[9] 刘春花. 对教育责任失衡的思考 [J]. 教育发展研究，2005（11）.

[10] 中共中央马克思恩格斯列宁斯大林著作编译局. 马克思恩格斯选集（第四卷）[M]. 北京：人民出版社，1973.

[11] 向雄. 论教师个人教育理想 [D]. 成都：四川师范大学，2007.

[12] 中共中央马克思恩格斯列宁斯大林著作编译局，马克思恩格斯全集（第三卷）[M]. 北京：人民出版社，1961：329.

[13] 苏霍姆林斯基. 和青年校长的谈话 [M]. 赵玮，译. 上海：上海教育出版社，1983：15.

[14] 石里克. 伦理学问题 [M]. 北京：商务印书馆，1997：138.

[15] 黑格尔. 法哲学原理 [M]. 北京：商务印书馆，1961：139.

[16] 马克思，恩格斯. 马克思恩格斯全集（第六卷）[M]. 北京：人民出版社，1961：152.

[17] 张国蓉. 培养职业良心 提高职业良心水平 [J]. 经济与社会发展. 2009（12）：34-38.

[18] 王正平，周中之. 现代伦理学 [M]. 北京：中国社会科学出版社. 2001：23.

[19] 亚里士多德. 尼各马科伦理学 [M]. 北京：中国社会科学出版社，1999：9.

[20] 罗素. 走向幸福 [M]. 上海：上海人民出版社，1988：7.

[21] 中共中央马克思恩格斯列宁斯大林著作编译局. 马克思恩格斯选集（卷1）[M]. 北京：人民出版社，1972：18.

[22] 尼·阿·德米特里耶娃. 审美教育问题 [M]. 冯湘一，译. 北京：知识出版社，1983：4.

[23] 加里宁. 论共产主义教育 [M]. 北京：中国青年出版社，1979：52.

[24] 林崇德. 以德为先，为人师表 [N]. 中国教师报，2009-08-09.

[25] 中共中央马克思恩格斯列宁斯大林著作编译局. 马克思恩格斯选集（卷1）[M]. 北京：人民出版社，1972：18.

[26] 教育部师范教育司. 全国特级教师经验选（一）[M]. 北京：人民出版社，1981：109.

[27] 霍懋征. 没有爱就没有教育[J]. 人民教育. 2005（8）.

[28] 陈大庆. 叶圣陶论教师的职责[J]. 师范教育，1987（11）.

[29] 马卡连柯. 论共产主义教育[M]. 刘长松，译. 北京：人民教育出版社，1979：444.

[30] 约翰·洛克. 教育漫话[M]. 傅任敢，译. 北京：人民教育出版社，1957：72.

[31] 石成金. 人事通（传家宝全集）[M]. 郑州：中州古籍出版社，2000：52.

[32] 第斯多惠，袁一安译. 德国教师培养指南[M]. 北京：人民教育出版社，2001：25.

[33] 叶立群. 师范教育学[M]. 福州：福建教育出版社，1997.

[34] 王正平. 教育伦理学[M]. 上海：上海人民出版社，1988：84.

[35] 中共中央马克思恩格斯列宁斯大林著作编译局. 马克思恩格斯全集（第40卷）[M]. 北京：人民出版社，1979.

[36] 王正平，汤才伯. 中外教育名言集萃[M]. 上海：百家出版社，1989：58.

[37] 习近平. 决胜全面建成小康社会 夺取新时代中国特色社会主义伟大胜利——习近平同志代表第十八届中央委员会向大会作的报告摘登[N]. 人民日报，2017-10-19.

[38] 教育部. 2016年全国教育事业发展统计公报[R]，2017-07-10.

[39] 李清雁. 教师是谁——身份认同与教师道德发展[D]. 重庆：西南大学，2009.

[40] 方国才. 遵循师德规律 加强师德建设[J]. 江苏高等教育出版社，2005（6）：75-76.

[41] 韦冬雪. 高校师德修养实用教程[M]. 桂林：广西师范大学出版社，2011：174-175.

[42] 教育部等五部门. 关于印发《教师教育振兴行动计划（2018-2020）》的通知[EB/OL]. http://www.gov.cn/xinwen/2018-03/28/content_5278034.htm，2018-03-28/2018-06-11.

[43] 李昊凤. 德育方法之情感陶冶法初探[J]. 湖北经济学院学报（人文社会科学版），2008（05）：165-166.

[44] 教育部人事司. 高等学校教师职业道德修养[M]. 北京：北京师范大学出版社，2000：260.

[45] Jackson, W., Boostrom, R. E. & Hansen, D. T.. The moral life of schools [M]. San Francisco Jossey-Bass，1993.77.

[46] [英] 彼得斯. 道德发展与道德教育[M]. 杭州：浙江教育出版社，2000.

[47] [美] 柯尔伯格. 道德发展与道德教育[A]. 瞿葆奎. 教育学文集·德育[C]. 人民教育出版社，1989.

[48] 张聪聪. 师范生师德教育改革研究[D]. 曲阜师范大学，2015：28-29.

［49］廖鑫彬. 论师范生师德行为训练［J］. 四川教育学院学报，2011（11）：33.

［50］В·Н·契尔那葛卓娃，В·Н·契尔那葛卓夫，严缘华. 教师师德［M］. 上海：华东师范大学出版社，1982：203.

［51］约翰·洛克. 教育漫话［M］. 傅任敢，译. 北京：教育科学出版社，1999. 67.

［52］袁洁. 地方高校师范生师德教育研究［D］. 赣州：赣南师范学院，2013（05）：3－7.

［53］约翰·杜威. 民主主义与教育［M］. 王承绪，译. 北京：人民教育出版社，2001：200.

［54］霍力岩. 美、英、日、印四国学前教育体制的比较研究［M］. 北京：北京师范大学出版社，2013：643.

［55］Landon E. Bever. The moral contours of teacher education［J］. Journal of Teacher Education 1997，（48）.

［56］Mackenzie Sarah V. Now What? Confronting and Resolving Ethical Questions：A Handbook for Teachers［M］. California：SAGE Asian Pacific Pte. Ltd. 2010. 55—109.

［57］Landon E. Bever. Schooling, Moral Commitment, and the Preparation of Teachers［J］. Journal of Teacher Education 1991，（42）.

［58］Kenneth A. Strike, Jonas F. Solits. The Ethics of Teaching［M］. New York：Teachers College Press. 2009. 23－45.

［59］金美福. 面向21世纪的日本教师培养课程改革特点［J］. 外国教育研究，2000，27（5）：53－55.

［60］教育部师范教育司. 教师专业化的理论与实践［M］. 北京：人民教育出版社，2003：285.

［61］教育部师范教育司. 教师专业化的理论与实践［M］. 北京：人民教育出版社，2003. 154

［62］教育部师范教育司. 教师专业化的理论与实践［M］. 北京：人民教育出版社，2003：154.

［63］姜勇. 瑞典"整合编码"的教师教育课程改革述评［J］. 外国中小学教育，2013（01）.

［64］王广中. 中日师资培养的比较研究［J］. 广西青年干部学院学报. 2002（06）.

［65］教育部师范教育司. 教师专业化的理论与实践明［M］. 北京人民教育出版社. 2003：281.

［66］王维荣. 美加等国教师职业道德教育的特点［J］. 教育科学，1999（03）：56－58.

［67］傅维利. 教师职业道德教育指南［M］. 北京：高等教育出版社，2002. 48.

［68］王雪. 中学教师职业道德考核指标体系的构建研究［D］. 临汾：山西师范大学，2016（04）：12－13.

［69］Soltis, J. F. Teaching Professional Ethics［M］. Journal of Teacher Education. 1986，37（3）：2－4.

［70］王艳玲. 学前教育专业本科生的职业认同：困境与消解［J］. 长江大学学报，

2011（07）：135－137.

[71] 杨锐，赵真. 学前教育专业学生职业认同调查研究——以铜仁幼儿师范高等专科学校为例[J]. 重庆城市管理职业学院学报，2016（03）：70.

[72] 谭日辉. 当前幼儿教师职业认同存在的问题、原因分析及其提高策略[J]. 学前教育研究，2009（12）：49.

[73] 林媛. 重庆市高职学前教育专业学生专业认同感的现状研究[D]. 重庆：重庆师范大学，2016（04）：38.

[74] 柳国梁. 学前教育教师发展：取向与路径[M]. 杭州：浙江大学出版社，2013：89.

[75] 张聪聪. 师范生师德教育改革研究[D]. 济宁：曲阜师范大学，2015：35.

[76] 韩冰. 高校幼师生教师职业认同与学习能力自我效能感关系的研究[D]. 石家庄：河北师范大学，2012（08）：29.

[77] 贺春湘. 当前师范生师德教育研究[D]. 重庆：西南大学，2010：38.

[78] 中共中央 国务院. 关于全面深化新时代教师队伍建设改革的意见[EB/OL]. http://www.gov.cn/xinwen/2018－01/31/content_5262659.htm，2018－01－31/2018－06－11.

[79] 闫静. 基于职业认同的学前教育专业学生培养刍议[J]. 内蒙古教育基教版，2011（06）：26.

[80] 国务院. 关于当前发展学前教育的若干意见[EB/OL]. http://www.gov.cn/zwgk/2010－11/24/content_1752377.htm，2010－11－24/2018－06－11.

[81] 习近平. 决胜全面建成小康社会 夺取新时代中国特色社会主义伟大胜利——在中国共产党第十九次全国代表大会上的报告[R]. 人民出版社，2017－10－18.

[82] 韩冰. 高校幼师生教师职业认同与学习能力自我效能感关系的研究[D]. 石家庄：河北师范大学，2012（08）：27.

[83] 中共中央 国务院. 关于全面深化新时代教师队伍建设改革的意见[EB/OL]. http://www.gov.cn/xinwen/2018－01/31/content_5262659.htm，2018－01－31/2018－06－11.

[84] 李清雁. 困惑与选择：基于身份认同的教师德性养成论[M]. 北京：人民出版社，2016：20－26。

[85] 教育部师范司. 教师专业化的理论与实践[M]. 北京：人民教育出版社，2003：281.

[86] 周京峰. 学前儿童科学教育新体系[M]. 济南：山东人民出版社，2012：164－166.

[87] 教育部人事司. 高等教育心理学[M]. 北京：高等教育出版社，1999：24.

[88] 鲁洁. 德育社会学[M]. 福州：福建教育出版社，1998：314.

[89] 熊刚，彭智平. 师范生基本素养与师德养成[M]. 四川：四川大学出版社，2013：244.

[90] Jackson, W., Boostrom, R. E. &Hansen, D. T.. The moral life of schools[M]. San Francisco：Jossey-Bass，1993.77.

[91] 彼得斯. 道德发展与道德教育[M]. 杭州：浙江教育出版社，2000.

[92] 柯尔伯格. 道德发展与道德教育 [A]. 瞿葆奎. 教育学文集·德育 [C]. 北京: 人民教育出版社, 1989.

[93] 王晓莉, 卢乃桂. 当代师德研究的省思: 与国外教学道德维度研究的比较 [J]. 外国教育研究, 2011.38 (6): 81.

[94] 王洪钟. 师范生职业情感养成初探 [J]. 青海师专学报 (教育科学), 2003: 4.

[95] 中共中央 国务院. 关于全面深化新时代教师队伍建设改革的意见 [EB/OL]. http://www.gov.cn/xinwen/2018-01/31/content_5262659.htm, 2018-01-31/2018-06-11.

[96] 田爱丽. 论教师道德教育的评价 [J]. 华东师范大学学报 (教育科学版), 2008 (04): 31.

[97] 赵春梅, 焦敏. 地道: 中国幼教厚德载物 [M]. 福州: 福建教育出版社, 2014: 280。

[98] 倪培珍. 师德建设途径探析 [J]. 江苏广播电视大学学报. 2005 (01): 35.

[99] 王正平, 郑百伟. 教育伦理学——理论与实践 [M]. 上海: 上海教育出版社, 1998: 2.

[100] 苗成彦. 新时期师德教育: 理念、定位及体系构建 [J]. 中小学教师培训, 2015 (03): 70-71.